Klaus Altmayer

Die Papstmacherin

Klaus Altmayer

DIE PAPSTMACHERIN

Starke Frauen des frühen Mittelalters

marix verlag

INHALT

SPURENSUCHE

Sie nannte sich *senatrix et patricia Romanorum* und bestimmte zu Beginn des 10. Jahrhunderts als Herrin Roms die Geschicke der Ewigen Stadt. Nach Gutdünken setzte sie ihre marionettenhaften Kreaturen auf den apostolischen Stuhl, zuletzt ihren eigenen Sohn. Der bei seiner Wahl erst 20-jährige ging als Johannes XI. in die Geschichte der irdischen Stellvertreter Christi ein. Sein Vater war angeblich Papst Sergius III., dessen Mätresse die Herrin Roms in jungen Jahren gewesen sein soll. Dabei folgte die Senatrix scheinbar dem Vorbild ihrer Mutter, der ein langjähriges amouröses Verhältnis mit Papst Johannes X. nachgesagt wird. Dieser Nachfolger des Apostelfürsten hatte sein Pontifikat – glaubt man den zeitgenössischen Quellen – hauptsächlich seinen Qualitäten als Liebhaber zu verdanken. Als er jedoch begann, erfolgreich eine eigenständige Politik zu betreiben, ließ die Senatrix ihn absetzen und später in einem finsteren Kerker der Engelsburg erdrosseln. Neben ungezügelter Sinnlichkeit sei grenzenlose Machtgier eine ihrer hervorstechendsten Charaktereigenschaften gewesen. Mit den ihr zur Verfügung stehenden Mitteln, ränkevoll und arglistig, wie es heißt – auch vor Inzest soll sie nicht haltgemacht haben –, strebte sie nach der höchsten Würde ihrer Zeit, was letztlich zu ihrem Untergang führte. Kurz bevor sie ihr Ziel erreicht hatte, kurz vor ihrer Krönung zur Kaiserin über die westliche Christenheit wurde sie entmachtet. Nach ihrem Sturz verlieren sich ihre Spuren im Dunkeln eines römischen Verlieses, wo sie wahrscheinlich im Jahr 936 starb.[1] Die Rede ist von jener Dame, die im Titel dieses Buches als »Papstmacherin« bezeichnet wird, der aus einem mächtigen Adelsgeschlecht stammenden Römerin Marozia. Der Bericht über ihr Leben ist in gewisser Weise zugleich die Geschichte einer Familientragödie, denn für ihre Entmachtung und die nachfolgende Kerkerhaft war ihr zweiter Sohn Alberich verantwortlich. Doch auch nach ihrem Tod dominierten ihre Nachkommen den Papstthron. Berüchtigt ist ihr Enkel

1 Zum Todesjahr vgl. RI I 3,3, Nr. 1755.

Johannes XII., der den päpstlichen Palast in ein Bordell verwandelt haben soll. Beim Trinkgelage habe dieser oberste Hirte der Christenheit dem Teufel zugetrunken und beim Würfelspiel »Jupiter, Venus und andere Dämonen angerufen«.[2]

Dies alles gemahnt sehr an die Zeit der Renaissancepäpste, an die Intrigen, Ausschweifungen und Machenschaften der Borgias oder an einen Papst Julius II., der im Harnisch seine Söldner in die Schlacht führte. Doch während die Renaissance als ein kultureller Höhepunkt des Abendlandes gilt, wird die Zeit Marozias oftmals als besonders düsterer Abschnitt des Mittelalters betrachtet, jener Epoche der im kollektiven Bewusstsein ohnehin häufig das Prädikat »finster« verliehen wird. In der frühen Neuzeit bezeichnete man diesen Abschnitt der Papstgeschichte deshalb als *saeculum obscurum*, als »dunkles Jahrhundert«. Dieser Begriff wurde indes nicht – wie vielleicht anzunehmen wäre – von der reformatorischen Geschichtsschreibung geprägt. Zwar geißelten protestantische Autoren der Reformationszeit in der konfessionellen Auseinandersetzung mit dem Katholizismus das Mittelalter sehr wohl als Ära des »finsteren Papismus«, doch stammt die ausgesprochen negative Einschätzung der Zeit Marozias als *saeculum obscurum* überraschenderweise ausgerechnet von dem im 16. Jahrhundert lebenden römischen Kardinal und Historiker Cesare Baronio, der damit das kritische Urteil seiner reformierten Gegner sogar noch übertraf.[3] Für die Herrschaft Marozias, die beileibe keine Prostituierte war, hat sich daneben der Terminus »Pornokratie« eingebürgert. Damit ist allgemein die Einflussnahme von Mätressen auf die Politik und im vorliegenden Fall das Regiment von Frauen, zu denen neben Marozia auch ihre Mutter Theodora sowie ihre jüngere Schwester gezählt werden, über das Papsttum gemeint. Der evangelische Gelehrte Valentin Ernst Löscher wählte hierfür zu Beginn des 18. Jahrhunderts den Begriff »römisches Hurenregiment« und wähnte hinter der Macht Marozias das Wirken des Leibhaftigen, denn – wie er schreibt – habe »mitten im Christenthum der Satan durch sündliche Lüste« die Kirche zu vernichten gesucht.[4] Die überaus unrühmliche Beurteilung Marozias basiert hauptsächlich auf dem Bericht des zeitgenössischen Chronisten Liutprand von Cremona. Bei ihm erscheint die Senatrix Roms als blutschänderische Nymphomanin, die er als »römische Hure, Dir-

2 So Liutprand hist. Ott. 10.

3 Cesare Baronio, Annales ecclesiastici XV, Lucae 1744, S. 500.

4 Valentin Ernst Löscher, Historie des römischen Huren-Regiments, Leipzig 1705, S. 34.

ne und Sklavin der Venus« beschimpft.[5] Allerdings besteht der nicht unbegründete Verdacht, dieses einseitige Bild von der macht- und sexgierigen Unholdin könnte wenigstens zum Teil dem Umstand geschuldet sein, dass mit ihr eine Frau über dem Oberhaupt der römisch-katholischen Kirche stand – und eben nicht ein männlicher Fürst, wie später Marozias Sohn Alberich und die sächsischen Kaiser aus dem Hause der Ottonen oder zuvor die Imperatoren oströmischer und karolingischer Provenienz, die ebenfalls nach Bedarf Päpste ernannt oder abgesetzt hatten.

Jedoch um die politische Stabilität und die Lebensbedingungen der einfachen Menschen war es in jenen Tagen tatsächlich nicht zum Besten bestellt. Nach dem raschen Zerfall des fränkischen Karolingerreichs, in dem das damalige christliche Abendland erstmals zu einem staatlichen Gebilde vereinigt war, herrschten in Europa überaus chaotische Zustände. Die Erben Karls des Großen verzettelten sich in ständige Kriege gegeneinander um Macht, Führungsanspruch und Besitz. Von Skandinavien aus überfielen in teilweise großangelegten Beutezügen die gefürchteten Wikinger die Küsten und drangen tief ins Binnenland vor. Auch die Länder des Mittelmeers wurden von den nordischen Piraten heimgesucht. Dort hatten bereits im 8. Jahrhundert die Sarazenen die Seeherrschaft übernommen. Von ihnen ging eine stetige und zunächst vor allem gegen das westliche Frankenreich und das oströmisch-byzantinische Reich gerichtete Bedrohung aus. Nachdem die Sarazenen das byzantinische Sizilien erobert hatten, konnten sie sich in Süditalien festsetzen. In wiederholten Plünderungszügen verheerten sie die Küsten Italiens und zogen, eine Spur der Verwüstung hinter sich zurücklassend, über den ganzen Stiefel der italienischen Halbinsel bis zu den Alpen. Am 23. August 846 erschien eine große sarazenische Flotte vor der Tibermündung und fuhr den Fluss bis nach Rom hinauf. Ihr Ziel war das bedeutendste Heiligtum der westlichen Christenheit, die Petersbasilika. Dort raubten sie die Schätze und prächtigen Weihgeschenke, die sich in der Kirche seit Konstantin dem Großen angehäuft hatten. Sogar das Grab des Apostelfürsten selbst soll geschändet worden sein. Auch die ebenfalls vor den Stadttoren Roms liegende Basilika S. Paolo fuori le Mura wurde von ihnen gründlich ausgeplündert.[6] Einige Jahrzehnte später grün-

---

5 Liutprand antap. II 48; III 43 f., vgl. dazu die quellenkritischen Untersuchungen von Fedele, Ricerche.

6 Vgl. RI I 3, 1, Nr. 41; 4, 2, Nr. 59 f.

deten sie einen befestigten Stützpunkt am Fluss Garigliano in Mittelitalien, von wo aus sie jederzeit Streifzüge in die nähere Umgebung Roms durchführen konnten.

Ein weiterer Schrecken kam über die Menschen im ehemaligen Reich Karls des Großen in Gestalt des gefürchteten Reitervolks der heidnischen Magyaren. Aus Südrussland kommend hatten sie im 9. Jahrhundert die pannonische Tiefebene in Besitz genommen. Von dort aus unternahmen sie regelmäßig ihre Beutezüge, die sogenannten »Ungarneinfälle«, unter denen besonders das ostfränkische Reich und Norditalien zu leiden hatten. Erst Otto dem Großen gelang es am 10. August 955 in der berühmten Schlacht auf dem Lechfeld, dem Terror ein Ende zu bereiten. Italien selbst zerfiel in eine Reihe sich fortwährend bekämpfender Fürstentümer und Kleinstaaten – ein Zustand, der beinahe bis zur Wiedervereinigung Italiens im 19. Jahrhundert anhalten sollte. Die herrschenden Fürsten und Adeligen stritten um die Königskrone Italiens und die Kaiserwürde. Es war ein beständiges Hauen und Stechen, jeder gegen jeden. Aber keiner dieser Potentaten war stark genug, um sich dauerhaft an der Macht halten zu können. Infolge der ständigen Kriege und Plünderungszüge waren schließlich weite Teile des Landes entvölkert, landwirtschaftliche Nutzflächen verwandelten sich in Brachland, ganze Städte und Ortschaften lagen in Schutt und Asche und viele Klöster waren zerstört – darunter so berühmte wie Monte Cassino und Subiaco, die ehrwürdigen Mutterklöster des Benediktinerordens. Zumindest die politische Situation jener Tage vermittelt durchaus den Eindruck eines düsteren Zeitalters, das den Namen *saeculum obscurum* verdient.

Wandelt man heutzutage auf der Suche nach Überresten dieser Epoche durch Rom, so übersieht man angesichts der eindrucksvollen Ruinen aus der Antike und der prächtigen Bauwerke der Päpste aus der Zeit der Renaissance und des Barock, die beide den öffentlichen Raum dominieren, beinahe die Zeugnisse des frühen Mittelalters. Doch sind sie vorhanden, denn das mittelalterliche Rom ist nicht verschwunden. Es ist ebenso präsent wie das antike Rom. Allerdings ist es von den Bauten späterer Zeit fast überlagert. Verschwunden sind zahlreiche der bedeutendsten christlichen Bauwerke der Spätantike, die damals neben den zerfallenen antiken Monumenten das Stadtbild prägten. Viele Kirchen und Basiliken wurden spätestens in der Renaissance durch Neubauten ersetzt oder umgebaut. Als der kriegerische Papst Julius II. den Grundstein für den heutigen Petersdom legte, galt sein Vorgängerbau, die im Auftrag Konstantins des Großen als Grabeskirche für den Apostel Petrus errichtete große fünfschiffige Basilika, bereits über ein Jahrtausend lang als eine der ehrwürdigsten Kirchen der Christenheit. Die eigentliche Kathedrale des Bischofs von Rom ist jedoch die Basilika S. Giovanni in Laterano, neben der im Mittelalter auch die Residenz des Papstes lag. Sie wurde ebenfalls unter Konstantin erbaut. Ihr gegenwärtiges Erscheinungsbild geht aber auf zahlreiche Umbauten späterer Zeit zurück. Aus dem Mittelalter stammen lediglich noch die Mosaike in der Apsis[7] und das Ziborium, der hohe gotische Aufbau über dem Altar, aber beides wurde erst Jahrhunderte nach der Zeit Marozias errichtet.

Nur einige Meter von der Lateranbasilika entfernt auf der Piazza di Porta S. Giovanni glaubt man, tatsächlich fündig geworden zu sein. Hier stehen die wenigen Überreste des mittelalterlichen Papstpalastes. Was zuerst ins Auge fällt, ist ein von Pilastern eingefasster Giebel mit einer von Mosaiken geschmückten Rundnische, bei der es sich um die Apsis aus dem Triklinium von Papst Leo III. handelt. Das war einer der prächtigen Speisesäle in dem Palast, in dem Marozias Sohn residierte. Das Mosaik in der Apsis zeigt auf Goldgrund Christus, der seinen Jüngern den Missionsauftrag erteilt. Die Mosaike auf dem Bogen zu beiden Seiten der Apsis illustrieren eindrucksvoll die damalige Idee von der höchsten weltlichen und geistlichen Gewalt als die ideellen Säulen des mittelalterlichen Kosmos. Auf der linken Darstellung überreicht Christus dem vor ihm knienden Papst Silvester das Pallium,[8] eines der Amtsabzeichen des Papstes, und dem ebenfalls knienden Kaiser Konstantin das Labarum, das Feldzeichen des ersten christlichen Kaisers. Auf dem Mosaik rechts wiederholt sich das Motiv im zeitgeschichtlichen Kontext. Hier ist es Petrus, der Papst Leo III. das Pallium und Karl dem Großen das Banner der Stadt Rom übergibt. Der Vorrang der kirchlichen Gewalt über die weltliche Herrschaft wird durch die Position der Figuren verdeutlicht, da auf dem Ehrenplatz rechts neben Christus beziehungsweise dem Apostel Petrus – vom Betrachter aus folglich links – der Papst als die ranghöhere Person abgebildet ist. Der alte Papstpalast wurde im Jahr 1589 fast komplett abgerissen. Übrig blieben unter anderem jene Mosaike. Im Jahr 1743 sollten sie in der neu erbauten Nische angebracht werden. Bei dem Versuch, die Mosaike zu übertragen, gingen sie zu Bruch und wurden weitgehend durch mehr oder weniger originalgetreue Kopien ersetzt.

---

7 Apsis = Architektur: mit einer Halbkugel überwölbter Nebenraum.
8 Bei der Figur könnte es sich auch um den Apostelfürsten Petrus handeln.

Abb. 1 Rundnische mit den Mosaiken aus dem Triklinium Leos III. bei der Lateranbasilika

Ähnlich verhält es sich mit den weiteren Überresten des Lateranpalastes. Links neben dem Giebel mit den Mosaiken steht die Papstkapelle *sancta sanctorum*, die in ihrer heutigen Gestalt aus dem 13. Jahrhundert stammt. Ein Überbleibsel aus dem frühen Mittelalter ist die *scala sancta*, die Heilige Treppe. Der Legende nach war dies die Treppe aus dem Palast des Pontius Pilatus, über die Jesus bei seiner Verurteilung geschritten sein soll. Helena, die Mutter Konstantins des Großen, habe sie aus Jerusalem kommen lassen. Deshalb dürfen die heute überdachten und mit Nussbaumholz verkleideten Marmorstufen, die zur *sancta sanctorum* führen, von den Gläubigen nur kniend betreten werden. Tatsächlich handelt es sich um eine ursprünglich freistehende Zugangstreppe des alten Papstpalastes. Sowohl die Papstkapelle als auch die Heilige Treppe stehen wie die Apsis aus dem Triklinium Leos III. nicht mehr an ihrem ehemaligen Platz. Gegen Ende des 16. Jahrhunderts wurden sie in dem heutigen Gebäudetrakt untergebracht, wobei die einstige Freitreppe als Zugang zur Papstkapelle Verwendung fand.

Somit geht die Spurensuche weiter. Von der Lateranbasilika aus gelangt man in nordwestlicher Richtung zur Basilika S. Maria Maggiore auf dem Esquilin. Die im 5. Jahrhundert erbaute Kirche gehörte schon früh zu den wichtigsten Pilgerkirchen der Stadt. Trotz ihres äußeren barocken Erscheinungsbildes hat die Basilika einiges von ihrer spätantiken Innenausstattung bewahrt. Interessanter ist jedoch die wesentlich kleinere Kirche S. Prassede. Sie liegt von der Basilika aus rechterhand hinter der Piazza mit der Mariensäule. Das der legendären Jungfrau Praxedis geweihte Gebäude wurde im 9. Jahrhundert unter Papst Paschalis I. über einer früheren Hauskirche als verkleinerte zweischiffige Kopie des Petersdoms errichtet. Abgesehen von späteren Ergänzungen und dem barocken Bauschmuck im Innenraum ist die Basilika nahezu unverändert geblieben. Die Krypta diente der Unterbringung zahlreicher Märtyrergebeine aus den Katakomben, da das Gebiet außerhalb der Aurelianischen Mauer wegen der umherstreifenden sarazenischen Räuberhorden unsicher geworden war. Ihre letzte Ruhestätte fanden hier die frühen römischen Bischöfe, die ehemals in der Papstkrypta der Calixtus-Katakombe bestattet waren. Die Mosaike in der Halbkugel der Apsis und am Triumphbogen vermitteln nach der jüngsten Renovierung einen guten Eindruck ihres ursprünglichen Zustands. Das Apsismosaik zeigt die Wiederkunft Christi mit der Anbetung des Lamms aus der Offenbarung des Johannes.[9] In der Bildmitte erscheint Christus über einer angedeuteten grünen Wiese schwebend. In der Figurengruppe links von ihm steht außen der Stifter der Kirche, Paschalis I., der als lebende Person im Gegensatz zu den Heiligen keinen runden goldenen, sondern einen rechteckigen blauen Heiligenschein trägt. Das Bildprogramm greift auf spätantike Vorbilder zurück und findet sich mit anderen Schutzheiligen so ähnlich im ebenfalls erhaltenen Apsismosaik von SS. Cosma e Damiano auf dem Forum Romanum aus dem 6. Jahrhundert.

Mit diesen Mosaiken von S. Prassede besitzen wir Kunstwerke, die fast aus der Zeit Marozias stammen. Noch bemerkenswerter ist eins der Mosaike in der sogenannten Zenokapelle im östlichen Seitenschiff. Hier wurde die Ausstattung komplett in ihrem Originalzustand belassen. Die Säulen mit den darüberliegenden Kämpferblöcken sowie der Architrav am Eingangsportal sind antike Spolien[10].

---

9 Offb 7,9 f.
10 Spolien = Architektur: aus anderen Bauten stammende, wiederverwendete Teile.

Abb. 2 Papst Paschalis I. neben der legendären Jungfrau Praxedis und dem Apostel Petrus, Ausschnitt aus dem Apsismosaik von S. Prassede

Über einer Marmortäfelung erheben sich vergoldete Mosaike nach byzantinischem Vorbild. Was das besondere Interesse weckt, ist ein Frauenporträt mit der Inschrift *Theodora episcopa* – ›Bischöfin Theodora‹! Diese hier als Bischöfin titulierte Frau trägt ebenfalls einen rechteckigen blauen Heiligenschein, der für lebende Personen steht. Wer nun meint, hier das Bildnis einer weiblichen Priesterin der christlichen Kirche des frühen Mittelalters vor sich zu haben, ist leider im Irrtum. Die Dame, die hier den Ehrentitel Episcopa trägt, übte nicht selbst das Amt eines Bischofs aus, vielmehr war sie die Mutter von Papst Paschalis I., dem Bischof von Rom und Erbauer der Kirche. In der Vergangenheit glaubte man, diese Kapelle sei ihre Grabkapelle, doch hält man das inzwischen für unwahrscheinlich. Da mit dem rechteckigen blauen Heiligenschein oftmals der Stifter einer Kirche dargestellt wurde, könnte die Kapelle von ihr finanziert worden sein. Die stolze Titulatur Episcopa auf dem Mosaik hatte lediglich die Funktion, sie als Mutter des Papstes auszuweisen. Dies schien also für eine Frau im päpstlichen Rom die höchste zu erlan-

Abb. 3 Bildnis der Mutter von Paschalis I. mit der Inschrift THEODO(ra) EPISCOPA, Mosaik aus der Zenokapelle von S. Prassede

gende Würde zu sein. Wir wissen nicht, ob das Mosaik der Episcopa für Marozia, die ihren Sohn selbst zum Papst machte, eine Quelle der Inspiration war, doch sollten ihre Ambitionen weit darüber hinaus gehen.

Abb. 4 Innenansicht von S. Stefano Rotondo auf dem Caelius, errichtet in der zweiten Hälfte des 5. Jahrhunderts

Es gibt in Rom noch weitere Kirchen, die ihren spätantiken oder frühmittelalterlichen Charakter, mit dem sie sich zur Zeit Marozias dem Gläubigen präsentierten, bewahrt haben. Hervorragende Beispiele frühchristlicher Architektur sind S. Sabina auf dem Aventin und S. Stefano Rotondo auf dem Caelius. In beiden Kirchen sind der ursprüngliche Baukörper sowie der Innenraum erhalten. Hinsichtlich des Innenraums gilt dies ebenso für S. Giorgio in Velabro unterhalb des Palatin. Einer der beliebten Tourismusmagnete Roms ist der Bocca della Verità, bekannt durch den Film »Ein Herz und eine Krone« mit Gregory Peck und Audrey Hepburn. Dabei handelt es sich um einen antiken Kanaldeckel mit dem Antlitz eines römischen Flussgottes, der in der Vorhalle von S. Maria in Cosmedin steht. Das heutige Erscheinungsbild dieser Kirche entspricht einigermaßen dem Bauzustand in der Mitte des 9. Jahrhunderts. Vollständig erhalten sind außerdem zwei antike Gebäude, die später zu Kirchen umfunktioniert wurden. Die Senatskurie auf dem Forum weihte man zu Beginn des 7. Jahrhunderts zur Kirche S. Adriano. Das zu Ehren aller Götter Roms er-

Abb. 5 Arkaden des Mittelschiffs von S. Sabina auf dem Aventin, errichtet in der ersten Hälfte des 5. Jahrhunderts

richtete Pantheon, das jedem Rombesucher bekannt sein dürfte, wurde im Jahr 609 der Kirche übereignet und als S. Maria Rotunda der Gottesmutter Maria und allen Märtyrern geweiht.[11] Daneben existieren zahlreiche Kirchen, in denen sich Mosaike oder Bauteile aus der Spätantike und dem Frühmittelalter erhalten haben. Wenn man also im heutigen Rom danach sucht, so finden sich zahlreiche Zeugnisse und Bauwerke, die den christlichen Charakter Roms im *saeculum obscurum* ausmachten.

Das Rom Marozias war allerdings nicht mehr die glanzvolle Millionenstadt der Antike. Zu ihrer Zeit lebten nur noch 35 000 Menschen in der Stadt.[12] Abgesehen von den großen Weltstädten der Epoche, Konstantinopel sowie die islamischen Metropolen Bagdad, Kairo und Cordoba, war dies für das frühe Mittelalter immer noch eine ganz beachtliche Bevölkerungszahl. Gemessen jedoch an der vor-

11 Zur Umwandlung in eine Kirche vgl. Lib. pontif. I, S. 317.
12 Vgl. Krautheimer, Rom, S. 257.

Abb. 6 Innenraum von S. Maria in Cosmedin mit antiken Baustrukturen (ehemaliger Amtssitz des römischen *praefectus annonae*

handenen Bausubstanz der Antike war sie verschwindend gering. Rom hatte sich zur Agrarstadt gewandelt. Nur mehr geringe Teile des von der Aurelianischen Mauer umfassten Stadtgebiets waren besiedelt. Nachdem ein Großteil der alten Aquädukte, jenen Wunderwerken antiker Ingenieurskunst, nicht mehr in Funktion war, bildete die Wasserversorgung ein besonderes Problem der mittelalterlichen Stadt. So zog es die Menschen an den Tiber. Diese Wohngegend brachte jedoch eine Reihe von Gefahren mit sich. Der Fluss trat regelmäßig über die Ufer und überschwemmte das bewohnte Gebiet, das später Abitato genannt wurde. Üblicherweise wurden diese katastrophalen Überschwemmungen als eine Folge göttlichen Zorns gedeutet. Wie ein Chronist über ein solches Hochwasser berichtet, habe

> »der Herr die Sturzbäche des Himmels geöffnet, und die Fluten des Tibers stiegen in den Häusern bis an die Dächer, töteten Menschen und Tiere, verdarben das Korn und den Wein und trugen Betten und eine Menge großer Gefäße mit sich fort ins Meer; als die Fluten fielen, ließen sie ganze Haufen großer Schlangen in der Stadt zurück, und deren Fäulnis bewirkte, dass eine Pest die Menschen und Tiere befiel; einige starben, andere wurden krank«.[13]

Die erwähnten Schlangen gemahnen stark an alttestamentarische Beschreibungen göttlicher Strafen und erhellen gleichzeitig die mittelalterlichen Vorstellungen über die Entstehung von Epidemien. Deren Ursachen liegen jedoch auf der Hand, denn der Fluss, in den immer noch der große Abwasserkanal, die *cloaca maxima*, mündete, war wegen der defekten Wasserleitungen fatalerweise die wichtigste Trinkwasserquelle.

Hochwasser gab es selbstverständlich auch im antiken Rom, doch waren die Folgen weit weniger verheerend. Eine eigene Kommission kümmerte sich um die Verhinderung von Flutkatastrophen und ließ das Flussbett regelmäßig von Schutt und Abfall säubern. Zudem sorgten zwei Kanäle an der Tibermündung für den raschen Abfluss des Hochwassers. Im 6. Jahrhundert versandeten diese Kanäle, und eine Kommission für den Hochwasserschutz existierte nicht mehr. An der Tibermündung breiteten sich Sümpfe aus. Das führte zu den regelmäßigen Flutkatastrophen, unter denen Rom bis ins 19. Jahrhundert zu leiden hatte. Trotz der offensichtlichen Gefahren

---

13 Vita Greg. IX 578.

Abb. 7 Rekonstruktion eines herrschaftlichen Anwesens auf dem Gelände des ehemaligen Forum des Nerva im 9. Jahrhundert

durch Überschwemmungen und Seuchen lag der bewohnte Stadtkern zu Marozias Zeit vor allem zu beiden Seiten der Tiberinsel. Dort wurde auf dem Ostufer beim heute fast noch vollständig erhaltenen sogenannten Tempel der Fortuna Virilis ein Hafen errichtet, die Ripa Grande – bis in die Neuzeit der wichtigste Hafen Roms. Bevölkert waren außer den Flussufern bei der Tiberinsel noch Teile von Trastevere und des Marsfeldes um das Pantheon herum sowie das Gebiet der heutigen Vatikanstadt mit dem Petersdom, damals *civitas Leonina* – die Leostadt – oder Borgo genannt. Nahezu unbewohnt und entvölkert war der Rest des antiken Stadtgebiets. Diesen Bereich bezeichnete man später deshalb als Disabitato.

Im Abitato lebten die Menschen in mit Stroh gedeckten Hütten und einfachen eingeschossigen Ziegelhäusern oder kurzerhand in den Ruinen des Altertums. So beherbergten die mächtigen Arkaden und Gewölbe des ehemaligen Pompeiustheaters schon früh Wohnungen, Werkstätten und Läden. Ähnliches dürfte für das antike Marcellustheater anzunehmen sein. In den Säulenhallen des altrö-

Abb. 8 Rekonstruktion einfacher Wohnhäuser hinter dem Forum Romanum im 10. Jahrhundert, oben links die ehemalige Senatskurie und damalige Kirche S. Adriano

mischen Portikus der Octavia war ein Fischmarkt untergebracht. Die dort im 8. Jahrhundert errichtete Kirche trägt deshalb den Namen S. Angelo in Pescheria. Der Disabitato war hingegen weitgehend menschenleer. Hier befanden sich zwischen den Ruinen antiker Tempel, Thermen, Paläste, Aquädukte und Mausoleen hauptsächlich Viehweiden, Felder und Weingärten. Daneben standen vereinzelt Hütten und Bauernhäuser. Lediglich die im Disabitato liegenden Kirchen und Klöster wie S. Maria Maggiore oder S. Maria Nova – heute S. Francesca Romana – waren von kleineren Ansiedlungen umgeben. Aber auch einige Klöster in diesem Gebiet lagen zur Zeit Marozias verlassen da. Der vormalige Konvent von S. Erasmo auf dem Caelius wurde damals als großer Gutshof mit Feldern, Gärten, Olivenhainen und Obstbäumen beschrieben.[14] Wie es in einer Urkunde heißt, lagen daneben die »Weingärten der edlen Dame Sergia«.[15]

14 Reg. Subl., S. 31, Nr. 13.
15 Reg. Subl., S. 28, Nr. 12.

Abb. 9 Wohnbebauung auf den Arkadenreihen des antiken Marcellustheaters

Zwischen dem Forum Romanum und dem Kolosseum gab es außerdem eine kleine Siedlung, in der sich die Kalkbrenner niedergelassen hatten. Als Rohstoff verwendeten sie den Marmor der antiken Monumente, der wahrlich ausreichend vorhanden war. Die Lateranbasilika mit dem Papstpalast lag im Südosten weit außerhalb der bewohnten Stadt. Diesen verödeten und menschenleeren Gesamteindruck bestätigen sämtliche Stadtansichten Roms noch bis in das letzte Drittel des 19. Jahrhunderts. Wie man sich erzählte, sei dieses Ödland von »grünen Schlangen, schwarzen Kröten und geflügelten Drachen« bevölkert.[16] Diese mithin landwirtschaftlich genutzten Flächen gehörten überwiegend den großen Klöstern und den Adelsfamilien der Stadt.

Der römische Adel wohnte in befestigten Palästen und Villen auf den Hügeln am Rande des Abitato. Beliebt waren die Gegend um die Via Lata sowie der Quirinal- und Aventinhügel. Obwohl die Reparatur der Wasserleitungen zeitraubend und kostspielig war, wurde die Aqua Vergine, die am Quirinal vorbei über die heutige Fontana di

16 Ligurinus IV 195–199.

Trevi zum Pantheon führte, mehrfach ausgebessert. So war die Wasserversorgung an der Via Lata und auf dem Quirinal meistens gewährleistet, während man auf den anderen Hügeln Brunnen benötigte. Dennoch bot diese Lage Vorteile. Es waren ausreichend Platz für die Unterbringung der Gefolgsleute und bessere Möglichkeiten für die Anlage von Befestigungen vorhanden. Außerdem stand dort mehr Ackerland für die Versorgung der Gefolgschaft mit Lebensmitteln zur Verfügung. Von den Adelspalästen jener Zeit ist heute nichts mehr vorhanden. Es existieren einige Indizien, wonach der Familiensitz von Marozias Eltern auf dem Quirinal bei der Kirche SS. Apostoli lag.[17] Vom Aventin wird berichtet, dass es dort mehr elegante Herrenhäuser als auf irgendeinem anderen Hügel der Stadt gegeben habe. Sein hochaufragendes Plateau soll die Sommerhitze erträglich gemacht haben. Bezeugt ist auf diesem Hügel der Palast eines Gregor, der im 9. Jahrhundert Militärkommandant und Verwalter des päpstlichen Palastes war.[18] Während Marozia später in der Engelsburg, dem Bollwerk der Päpste, residierte, bewohnte sie mit ihrem ersten Ehemann zunächst ein Domizil auf dem Aventin. Dort wurde ihr Sohn Alberich geboren.[19] Wir haben nur eine vage Vorstellung, wie diese Adelsresidenzen genau aussahen. Es ist anzunehmen, dass sie häufig in die Überreste antiker Bauwerke und Villen hineingebaut wurden. Einen guten Eindruck jener herrschaftlichen Häuser vermittelt vielleicht ein Bauwerk späterer Zeit. Es handelt sich um die Casa dei Crescenzi auf dem Forum Boarium, dem ehemaligen Rindermarkt, unweit des sogenannten Tempels der Fortuna Virilis. Das Gebäude wurde im 11. Jahrhundert unter Verwendung allerlei antiker Spolien erbaut. Die Architektur erscheint dem heutigen Betrachter als eine wild zusammengewürfelte und eigenartige Mixtur antiker Versatzstücke mit mittelalterlicher Ziegelbauweise. Man kann davon ausgehen, dass für die Adelspaläste des *saeculum obscurum* ebenso in großer Zahl antike Bauteile oder ganze Baukörper wiederverwendet wurden. Die Ausstattung dieser Residenzen wird man sich recht prunkvoll mit Marmorverkleidungen, antiken Mosaikböden und luxuriösem Interieur zu denken haben.[20] Hinzugefügt sei noch, dass die für das Stadtbild des hohen Mittelalters typischen Geschlechtertürme erst ab dem 11. Jahrhundert entstanden.

---

17 Vgl. Reg. Subl., S. 202, Nr. 155.
18 Lib. pontif. II, S. 225.
19 Hugo Farfensis, Destructio, S. 39–40, vgl. die Inschrift bei Gray, Paleography, S. 142, Nr. 140.
20 Vgl. Krautheimer, Rom, S. 231 (zur Ausstattung des Lateranpalastes).

Abb. 10 Architekturdetail von der Casa dei Crescenzi aus dem 11. Jahrhundert, wiederverwendete antike Spolien und mittelalterliche Ziegelbauweise

Weiterhin genutzt wurde im frühen Mittelalter die antike Infrastruktur. Wie schon erwähnt, waren zwar die meisten antiken Aquädukte dem Zerfall preisgegeben, doch außer der obengenannten Aqua Vergine wurde auch die Aqua Claudia, welche die Bäder des Lateranpalastes, das dortige Baptisterium sowie die in der Nähe liegenden Kirchen und Klöster mit Wasser versorgte und deshalb *forma Lateranensis* genannt wurde, zum Teil instandgehalten. Ebenso wichtig war die Aqua Sabbatina westlich des Tibers, da sie die Brunnen im Atrium von St. Peter speiste. Die bedeutendsten antiken Brücken waren ebenfalls in halbwegs gutem Zustand. Sie verbanden den zu beiden Seiten des Tibers liegenden Stadtkern. Der Ponte Rotto, von dem nur noch zwei Brückenpfeiler erhalten sind, brach erst im Jahr 1589 in sich zusammen. Im Mittelalter hieß die Brücke Ponte S. Maria. Der Weg von der *civitas Leonina* in die eigentliche Stadt führte über den Ponte S. Angelo bei der Engelsburg. Von dort gelangte man über die Via del Parione, die weitgehend dem heutigem Corso Vittorio Emanuele entsprach, über das alte Forum Romanum und am Kolosseum vorbei zum Lateranpalast. Diesen Weg nahmen die in St. Peter gekrönten Kaiser beim Einzug in die Stadt und die päpstlichen Prozessionen, weshalb die Straße auch Via del Papa genannt wurde.

Im Vergleich zu den immer noch vorhandenen und allenthalben als Steinbrüche genutzten Bauwerken des Altertums, diese waren weit augenfälliger und zahlreicher als heute, dominierten die Kirchen das Stadtbild des mittelalterlichen Rom in wesentlich geringerem Maße. Die Stadtbeschreibung eines unbekannten Autors aus dem Kloster Einsiedeln, den man deshalb *Anonymus Einsidlensis* nennt, verzeichnet neben den christlichen Kirchen auch die damals erhaltenen architektonischen Zeugnisse der Antike, deren Funktion und Bedeutung allerdings in Vergessenheit geraten waren.[21] Größere Ruinenkomplexe bezeichnete man pauschal als *palatium.* Damit waren im frühen Mittelalter sowohl Tempelruinen als auch öffentliche Gebäude und die Kaiserforen gemeint. Die Überreste der großen Thermen, der Theater und Amphitheater sowie der Wagenrennbahnen kannte man unter dem Begriff *theatrum.* Um diese Ruinen rankten sich allerlei Sagen und Legenden. So glaubte man, auf der Spitze des großen Obelisken neben dem Petersdom, der einst die Mittelbegrenzung der Wagenrennbahn im Circus des Caligula und Nero zierte, sei in einer goldenen Kugel die Asche Julius Caesars beigesetzt worden. Deshalb erhielt das Monument den Namen *sepulcrum Caesaris.*[22] Das Rom Marozias muss einen eigentümlichen und doch auch faszinierenden Anblick geboten haben. Es war eine zweifellos pittoreske und zuweilen bizarre Mischung von vergangenem Glanz, von großartigen mit Pflanzen überwucherten Ruinen und bescheidenen Hütten, Wohnhäusern, Kirchen, Klöstern, Adelssitzen sowie von landwirtschaftlichen Nutzflächen und Ödland. Auf dem Forum Romanum, dem glanzvollen Mittelpunkt des ehemaligen römischen Weltreichs, weidete das Vieh. So präsentiert sich die Stadt auch auf zahlreichen Skizzen und Zeichnungen der frühen Neuzeit. Das war das Rom der Päpste, über das Marozia herrschte.

Forscht man nach den Ursachen und den historischen Entwicklungsprozessen, die es im frühen Mittelalter einer Frau ermöglichten, das Papsttum zu dominieren, wie und warum der Bischof von Rom den Primat über die westliche Christenheit erlangen konnte,

---

21 Einsiedeln, Stiftsbibliothek, Codex 326 (1076), 79v–86r.

22 Vgl. Jordan, Topographie II, S. 185.

nur um dann kurze Zeit später auf dem Zenit seines Triumphs über das karolingische Kaisertum so tief zu fallen und zur Marionette einer ehrgeizigen Adeligen zu werden, so entdeckt man – bemerkenswert und verwunderlich genug in dieser von Gewalttätigkeit, Brutalität, Mord und Krieg gezeichneten Epoche – eine Reihe weiterer bedeutender Herrscherinnen und Frauen, die aus dem vermeintlichen Dunkeln jener Zeit hervortreten. Marozias Mutter Theodora gebot gemeinsam mit ihrem Ehemann, dem Senator Theophylakt, über Rom. Man bezeichnete sie als *serenissima vesteratrix*, was man frei als ›erlauchte Schatzmeisterin‹ des Papstes übersetzen könnte,[23] oder weniger schmeichelhaft als »von der Hitze der Venus« entflammte »schamlose Hure«. Doch sogar der missgünstige Liutprand von Cremona, der sie so schmähte, kam nicht umhin, ihr respektvoll zu bescheinigen, dass sie »nicht unmännlich über die Stadt Rom« geherrscht habe.[24] Der Aufstieg von Marozias Familie ist eng verknüpft mit der Vormachtstellung, die das Adelshaus von Spoleto gegen Ende des 9. Jahrhunderts erlangte – ein Geschlecht, das man auch Widonen oder Lambertiner nennt. Zu ihnen gehörte die kriegerische Kaiserin Ageltrude, die unter anderem die Verteidigung der Ewigen Stadt leitete und der man unterstellte, dass sie eine arglistige Giftmischerin gewesen sei.[25] Die Lebensgeschichte Marozias ist ein Stück weit auch die Geschichte der Stadt Rom im frühen Mittelalter und ebenso die der Päpste. Wie konnte aus der einstigen Millionenstadt, dem glanzvollen Haupt der antiken Welt, dem *caput mundi*, überhaupt eine entvölkerte Ruinenlandschaft werden? Sucht man nach einer einschneidenden Zäsur, so bieten sich die Gotenkriege des 6. Jahrhunderts an, in denen Rom mehrfach von den jeweils gegnerischen Parteien eingenommen wurde. Gleichsam als Auftakt der Gotenkriege steht die Ermordung der ostgotischen Königin Amalasuntha, die von dem oströmischen Autor Prokop als hochgebildete und edle Herrscherin beschrieben wird.[26] Zum Gegenbild stilisiert Prokop Kaiserin Theodora, die Gattin Kaiser Justinians, die nach seiner Aussage eine ehemalige Prostituierte gewesen sein soll.[27] Die orientalische Überlieferung verklärt sie hingegen zur Heiligen. In dieser Epoche des gewaltsamen Umbruchs vollzogen sich

23 Vgl. Loewenfeld, S. 517–519, Nr. 1; Gray, Paleography, S. 141, Nr. 139.
24 Liutprand antap. II 48.
25 So laut Liutprand antap. I 32.
26 Vgl. Prok. bell. Goth. I 2.
27 Prok. hist. 9,9–26.

der endgültige Wandel vom heidnischen zum christlichen Rom und der Aufstieg des Papsttums. Im Machtvakuum des frühen Mittelalters entwickelte sich der römische Bischof nicht nur zum geistlichen Oberhaupt der westlichen Christenheit, sondern auch zum weltlichen Machthaber.

Die Vorstellung vom Papsttum und Kaisertum als die ideellen Grundpfeiler der mittelalterlichen Welt resultierte aus der Verbindung der Päpste mit den karolingischen Herrschern. Ein erster Höhepunkt dieser Reichsidee war die Kaiserkrönung Karls des Großen am Weihnachtsfest des Jahres 800. Zwar erhoben die Kaiser in Konstantinopel den Anspruch, die alleinigen Nachfolger der römischen Imperatoren zu sein, allerdings herrschte zu jener Zeit am Bosporus die Kaiserin Irene. Als Frau wurde sie nicht überall als legitime und alleinregierende Kaiserin anerkannt, weshalb man im Frankenreich den Kaiserthron als vakant betrachtete. Die Schuld für den Zerfall des Karolingerreichs wies man in der Vergangenheit oftmals der Kaiserin Judith zu. Den Quellen zufolge wurde sie bei einer Schönheitskonkurrenz zur zweiten Gemahlin Ludwigs des Frommen erkoren.[28] Weil sie um einen angemessenen Erbteil für ihren Sohn Karl den Kahlen kämpfte, bezichtigten sie ihre Feinde des Ehebruchs. Nach der Entmachtung Marozias regierte ihr Sohn Alberich als »Fürst und Senator aller Römer« die Ewige Stadt 22 Jahre lang. Sein noch jugendlicher Sohn Octavian und somit der Enkel Marozias vereinigte wieder die weltliche und geistliche Macht und übernahm schon bald nach dem Tod seines Vaters den Papstthron. Als Papst nannte er sich – wie eingangs erwähnt – Johannes XII. Er gilt als ein besonders unwürdiger und unfähiger Nachfolger des Apostelfürsten, doch krönte er Otto den Großen zum Kaiser, womit die wechselvolle Herrschaft der mittelalterlichen römisch-deutschen Kaiser begann. Auch im Reich der Ottonen wurde die Politik von starken Frauen mitgeprägt. Nach dem frühen Tod von Otto II. übernahmen seine Mutter Adelheid und seine Gemahlin Theophanu die Regentschaft für den noch unmündigen Otto III. Wegen ihrer Mildtätigkeit wurde Adelheid, die zweite Frau Ottos des Großen, später heiliggesprochen. Theophanu entstammte dem byzantinischen Kaiserhaus. Selbstbewusst trat sie an der Seite ihres Sohnes als Regentin auf und nannte sich Kaiser, nicht Kaiserin. Auf einem offiziellen Dokument ist ihre bemerkenswerte Titulatur überliefert: *Theophanius gratia divina im-*

---

28 Ann. reg. Franc. 819; Astronomus 32.

perator augustus – ›Theophanius, durch göttliche Gnade erhabener Kaiser‹.[29] Ein letztes Kapitel ist der Päpstin Johanna gewidmet, da man verschiedentlich vermutet, das Leben Marozias könnte als Vorlage für ihre Legende gedient haben.

Die hier aufgezählten Herrscherinnen stellen aber nur eine bescheidene Auswahl dar. Bei der großen Zahl bedeutender weiblicher Persönlichkeiten, die uns das frühe Mittelalter bietet, musste zwangsläufig stark selektiert werden. Berücksichtigt wurden vor allem Frauen, deren Schicksal mit historischen Entwicklungsprozessen verbunden war, die sich mit der Lebensgeschichte Marozias und dem päpstlichen Rom ihrer Zeit verknüpfen lassen. Aber auch unter dieser Maxime fiel die Auswahl schwer. Nicht berücksichtigt werden konnten zum Beispiel die berüchtigte Königin Brunichild, die eine beherrschende Gestalt im frühen Frankenreich der Merowinger war. Da sie für ein mächtiges fränkisches Königtum eintrat, hatte sie fortwährend gegen eine starke Adelsopposition anzukämpfen. Ihr Bild wurde von den zeitgenössischen Quellen ebenfalls stark verzerrt. Doch gelang es ihr über ein halbes Jahrhundert lang, die Politik entscheidend mitzugestalten. Schließlich wurde sie von ihren Gegnern gefangen genommen und im Jahr 613 nach langen Folterqualen von einem wilden Pferd zu Tode geschleift.[30] Die Reihe bedeutender Frauen dieser Epoche ließe sich problemlos fortsetzen. Dazu zählt zweifellos auch so manche Gutsherrin, Bäuerin, Bürgersfrau, Magd oder Leibeigene. Sie würden ebenfalls eine angemessene Würdigung verdienen, doch sind ihre Einzelschicksale kaum greifbar und verschwinden weitgehend im Meer der Anonymität. Nach alldem, was hier schon zu Anfang über Marozia mitgeteilt wurde, wird es gewiss nicht verwundern, dass die Person der Senatrix und das *saeculum obscurum* nicht nur Gegenstand wissenschaftlicher Untersuchungen waren, sondern ebenso die Phantasie beflügelt haben. Es gibt in der Weltliteratur mehrere Werke, in denen die Senatrix als Protagonistin auftritt. Auch der Film hat sich schon einmal des Themas angenommen. Im Jahr 1911 wurde der teilweise kolorierte italienische Stummfilm »Marozia« mit der heute fast vergessenen damaligen Filmdiva Vittoria Lepanto in der Titelrolle produziert.

29 MGH DO III (Theophanu), S. 876, Nr. 2 (= Reg. Farf. III, S. 114, Nr. 436).
30 Fredegar IV 42; Lib. hist. Franc. 40.

AGELTRUDE

Der strukturelle Zerfall des Frankenreichs setzte schon bald nach dem Tod Karls des Großen ein. Sein Sohn Ludwig der Fromme hielt demonstrativ an der Reichseinheit fest. Doch nach einer kurzen Phase imperialer Herrlichkeit scheiterte er an der Auseinandersetzung mit seinen Söhnen, von denen er zweimal vorübergehend abgesetzt wurde. Schuld an diesem Familienzwist sei vor allem der verderbliche Einfluss seiner jungen zweiten Gemahlin, der eingangs genannten Kaiserin Judith, gewesen. Die Söhne Ludwigs des Frommen teilten das Reich im Vertrag von Verdun schließlich in drei Teilreiche auf. Dadurch entstanden das Westfrankenreich - daraus entwickelte sich das heutige Frankreich -, das Ostfrankenreich - woraus Deutschland hervorging - und ein schmales von der Nordsee bis nach Italien reichendes Zwischenreich, das nach dem Kaiser Lothar I. Lotharingien (*regnum Lotharii*) genannt wurde - davon leitet sich die heutige Bezeichnung Lothringen her. Die Herrscher dieses Zwischenreiches sahen ihre Macht schon bald auf Burgund und das Königreich Italien reduziert, wodurch die territoriale Basis der kaiserlichen Autorität zunehmend dahinschwand. Kaiser Karl III., der zu Unrecht den wenig schmeichelhaften Beinamen »der Dicke« erhielt, verdankte es einem Zufall, für kurze Zeit über alle drei Teilreiche herrschen zu können. Damit war für wenige Jahre die Reichseinheit im Frankenreich, das schon von den verheerenden Einfällen der Wikinger heimgesucht wurde, wiederhergestellt. Als Erben hinterließ Karl der Dicke seinen unmündigen Adoptivsohn Ludwig III., auch »der Blinde« genannt, der zunächst jedoch nur über Niederburgund gebot.

Je mehr das Herrschaftsgebiet der karolingischen Kaiser dahinschmolz und je geringer die räumliche Nähe zum Imperator wurde, desto drückender empfand man die kaiserliche Autorität in Rom. Doch der rapide Niedergang des karolingischen Kaisertums verringerte zwangsläufig auch die kaiserliche Gewalt über den Papst und die Stadt Rom. Diese Entwicklung führte zu einer zeitweiligen Suprematie des Papstes über den Kaiser. Allerdings konnte das Papsttum nur für kurze Zeit über das Kaisertum triumphieren. Kaum befreit von der kaiserlichen Bevormundung nahmen schon bald die römischen Adelsgeschlechter und italienischen Fürsten Einfluss auf die Besetzung des apostolischen Stuhls. Auch die Familie des Papstes profitierte von seiner Wahl. Nicht nur ihr Ansehen stieg dadurch, es galt auch zahlreiche geistliche und weltliche Ämter in der Kirchenverwaltung und der Administration des Kirchenstaates zu besetzen, die der Papst bevorzugt an Verwandte und seine Parteigänger vergab. Diese vornehmen Geschlechter im Rom des frühen Mittelalters hatten nichts mehr mit den alten Senatorenfamilien spätrömischer Zeit gemein. Der altrömische Senat existierte nicht mehr. Wenn in zeitgenössischen Quellen von einem Senat die Rede ist, so ist damit kein eigener Stand oder ein altehrwürdiges Gremium, sondern das Kollektiv der führenden Familien gemeint. Ebenso signalisiert der singuläre Ehrentitel Senator nur einen Vorrang gegenüber den Oberhäuptern der anderen römischen Clans.

Diese herrschenden Familien stammten oft von Neuankömmlingen germanischer oder griechischer Herkunft ab. Als man in Rom noch die Oberherrschaft des Kaisers in Konstantinopel anerkannte, ließen sich byzantinische Beamte und Militärs in der Stadt nieder. Diese Funktionsträger, die der Papst schon bald selbst ernannte, bekleideten die wichtigsten Verwaltungsämter und befehligten die städtische Miliz. Hinzu kamen langobardische Grundbesitzer, die Landgüter in der Nähe Roms besaßen. Sie wurden schnell integriert und fühlten sich rasch heimisch. Der päpstliche Verwaltungsapparat bot nicht nur Klerikern, sondern auch Laien vielfältige Aufstiegsmöglichkeiten. Aus diesem Amtsadel entstand der neue Adel Roms, wie er sich uns zur Zeit Marozias präsentiert. Das erstarkende Selbstbewusstsein dieser Geschlechter führte dazu, dass man vermehrt wieder auf altrömische Titel zurückgriff. Diese Adelsfamilien waren auf vielfältige Weise miteinander vernetzt, verschwägert und versippt oder verfeindet, und so kamen die hochgestellten Kleriker, die Zivilbeamten, die Militärbefehlshaber und auch die Nachfolger Petri letztlich alle aus denselben Familien.[31] Traditionellerweise erfolgte die Wahl des römischen Bischofs durch die Akklamation des Volkes, d. h. durch die stadtrömische Bevölkerung männlichen Ge-

31 Zur Zusammensetzung des römischen Adels vgl. Zimmermann, Das dunkle Jahrhundert, S. 40 f.; Krautheimer, Rom, S. 82; Schimmelpfennig, Papsttum, S. 66–72.

schlechts. Der Wahlkörper setzte sich aus dem gesamten römischen Klerus, dem Heer und der in Zünften organisierten Bevölkerung zusammen. Für die Wahlversammlung nutzte man üblicherweise das alte Forum Romanum. Die Wähler trafen ihre Entscheidung aber nicht frei und unabhängig. Vielmehr waren die jeweiligen Wählergruppen durch unterschiedliche Gefolgschafts- und Abhängigkeitsverhältnisse mit den Adelshäusern verbunden. Zum Klerus zählte auch die Spitze der päpstlichen Verwaltung, deren Mitglieder oftmals die niedrigen Weihen empfangen hatten. Sie hatten innerhalb des Klerus maßgeblichen Einfluss und stammten weitgehend aus den Reihen der Adelsgeschlechter. Diese Gruppe bezeichnete man als die *iudices de clero*, wobei hier *iudex* für Würdenträger steht. Die weltlichen Beamten und die Anführer des Heeres hießen *iudices de militia*. Ausschlaggebend für die Bischofswahl war das Votum dieser beiden Gruppierungen. Das bedeutet, dass die Adelsfraktionen die Wahl ganz erheblich beeinflussten. Es gab Wahlabsprachen, und manchmal einigte man sich auf einen Kandidaten. Die Mindestanforderung, die dieser zu erfüllen hatte, war das Amt eines Priesters oder Diakons in einer der stadtrömischen Kirchen. Da die Clans aber zumeist verschiedene Interessen verfolgten, spalteten sich Heer und Volk in die Parteigänger der jeweiligen Adelshäuser. Deshalb fanden die Bischofswahlen oft unter tumultuarischen Bedingungen statt und wurden von Gewaltakten begleitet. Ein Bestätigungsrecht hatte der Kaiser beziehungsweise sein Stellvertreter, also zunächst der byzantinische Statthalter in Ravenna und später der fränkische Gesandte (*missus*) in Rom. Erst mit seiner Billigung konnte die Ordination des neuen Papstes erfolgen. War das Kaisertum aber geschwächt wie in jener Zeit, als die Imperatoren aus dem Hause der Karolinger zunehmend an Autorität verloren, oder war der Kaiserthron überhaupt vakant, fiel das Papsttum ganz in die Abhängigkeit der römischen Adelsgeschlechter.[32]

Nachdem im Jahr 767 unter bürgerkriegsartigen Begleitumständen ein Laie auf den Stuhl Petri gelangt war, beschloss man zwei Jahre später auf einem Konzil eine neue Wahlordnung.[33] Der Papst sollte ausschließlich vom römischen Klerus gewählt werden. Den Adeligen, dem Heer und dem übrigen Volk verblieb nur ein rein

32 Zu den Wahlmodalitäten vgl. Schimmelpfennig, Papsttum, S. 92–95; Goez, Papstwahl, Sp. 600–604.

33 MGH Conc. 2.1, S. 74, Nr. 14.

formelles Zustimmungsrecht. Es beschränkte sich faktisch auf die Huldigung des gewählten Papstes als Herrn der Stadt und aller Römer – *omnium dominus*, wie es in dem Dekret heißt. Vorgesehen war außerdem die Schließung der Stadttore, sodass während der Wahl niemand aus den umliegenden Gebieten in die Stadt gelangen konnte. Damit wollte man eine bewaffnete Einflussnahme der Fürsten aus der Umgebung Roms auf die Wahl vermeiden. Wer dennoch versuchen sollte, die Bischofswahl zu behindern oder mit Waffengewalt zu stören, dem drohte die Strafe der Exkommunikation und des Kirchenbanns. In die Zukunft weisend war zudem die Hervorhebung der *cardinales*, womit die Priester der römischen Haupt- oder Titelkirchen gemeint sind. Mit diesem Wahldekret griff man allerdings seiner Zeit weit voraus. Strikt eingehalten wurde es allenfalls bei der nächsten darauffolgenden Papstwahl. Den Einfluss der Adelsclans konnte es nicht eindämmen, da die ausschlaggebenden Mitglieder des Klerus weiterhin aus diesen Familien stammten. Erst gegen Ende des 11. Jahrhunderts wurde das Wahlrecht auf das Kardinalskollegium beschränkt. Und bis zur Ausbildung des Konklaves in seiner heutigen Form sollten noch einige Jahrhunderte vergehen.

Wichtig für die Parteibildung in Rom war daneben der Einfluss der mächtigen Fürstentümer in der Nähe der Ewigen Stadt, die von fränkischen Adeligen beherrscht wurden. Die bedeutendsten Herrschaftsgebiete im Königreich Italien, dem ehemaligen Reich der Langobarden, das eigentlich nur Norditalien umfasste, waren die Markgrafschaften von Friaul, der Toskana (Tuszien) und von Spoleto. Die beiden letzteren lagen in unmittelbarer Nachbarschaft zum Patrimonium Petri, dem Kirchenstaat. Während Tuszien seit dem Jahr 890 von dem Markgrafen Adalbert II., auch »der Reiche« genannt, regiert wurde, amtierte als Markgraf von Spoleto seit dem Jahr 883 ein Herr namens Wido. Dieser war mütterlicherseits ein Onkel Adalberts und hatte einige Jahre zuvor, als er noch Markgraf von Camerino war – einem Herrschaftsgebiet, das im Rahmen einer erbdynastischen Teilung zeitweise von Spoleto abgetrennt worden war –, Ageltrude, die Tochter des Fürsten von Benevent, geheiratet.[34] Das Mädchen war bei der Hochzeit ungefähr 15 Jahre alt, ein in dieser Zeit für Frauen durchaus typisches Heiratsalter. Zwei Jahre später wurde ihr gemeinsamer Sohn Lambert geboren.[35] Benevent

34 Zur Herkunft vgl. Dümmler, Geschichte III, S. 251, Anm. 4; Leporace, S. 19–21.
35 Zur Heirat und der Geburt Lamberts vgl. RI I 3,2, Nr. 808.

war ein langobardisches Herzogtum in Süditalien, in dem man zeitweise die fränkische Oberherrschaft anerkannte. Um 850 zerfiel es in die drei Fürstentümer von Benevent, Salerno und Capua. Die dortigen Regenten hatten ständige Abwehrkämpfe gegen die Sarazenen zu bestehen. Hinzu kamen kriegerische Auseinandersetzungen mit den Byzantinern, die in Süditalien noch Besitzungen hatten. Durch die Heirat mit der beneventanischen Prinzessin Ageltrude eröffnete sich den Ambitionen des Abenteurers Wido ein weites Betätigungsfeld in Süditalien. Mit seinem spoletinischen Heer zog er gen Süden. Dort gelang es ihm, Benevent kurzzeitig in Besitz zu nehmen.[36]

Rom wurde währenddessen hart von den Sarazenen bedrängt. Man hoffte in der Stadt, dass der Kaiser – damals lebte Karl der Dicke noch – einen energischen Feldzug gegen die plündernden Eindringlinge aus Nordafrika führen würde. Abgesehen von Notsituationen, in denen man sich nach dem militärischen Schutz des Imperators sehnte, ignorierten die Römer jedoch die kaiserlichen Rechte. So wurde der neugewählte Papst Stephan V. ohne die formell erforderliche Zustimmung Karls des Dicken ordiniert. Dieser lehnte deshalb die inständige Bitte der Römer um Unterstützung ab. Als sich so die Hoffnung auf einen Romzug Karls des Dicken zerschlagen hatte, gedachte der Papst, sich des Markgrafen von Spoleto als mächtigem Verbündeten zu versichern, der sich obendrein durch seine erfolgreichen Unternehmungen in Süditalien empfahl. Im Frühsommer des Jahres 886 folgte Wido einer Einladung des Papstes und wurde von Stephan an Sohnes statt adoptiert. Anscheinend erfolgte die Adoption durch die Vermittlung des Erzbischofs Fulko von Reims, den man »den Ehrwürdigen« nannte, – einem Verwandten des Markgrafen von Spoleto. Dieser riet dem Papst, sich ganz Wido anzuvertrauen.[37] Die Adoption eines weltlichen Machthabers durch einen Nachfolger des Apostelfürsten erscheint etwas ungewöhnlich. Man sah darin zuweilen eine Designierung zum Kaiser. Zumindest dürfte sich Stephan einen wirkungsvollen Schutz durch seinen kriegerischen Adoptivsohn erwartet haben. Aber Wido verfolgte weiterhin seine Pläne in Süditalien und bemächtigte sich erneut des Fürstentums Benevent, auf das er nun zeitweilig eine Art Oberherrschaft ausübte.[38] Allerdings konnte in diesen unruhigen Zeiten eine terri-

36 Erchempert 59 f.
37 Flodoard hist. Rem. eccl. V 1.
38 Erchempert 79.

toriale Hegemonie ohnehin nur solange aufrechterhalten werden, solange sich der jeweilige Machthaber in dem betreffenden Gebiet aufhielt. Zog er mit seinem Gefolge und seinen Truppen wieder ab, so blieb nur ein leerer Herrschaftstitel zurück. Und Wido kehrte Benevent schon bald den Rücken.

Ein Jahr nach der Adoption Widos durch den Papst verbreitete sich die Nachricht, dass Karl der Dicke, der schon seit langem an Epilepsie litt, von schwerer Krankheit gezeichnet und regierungsunfähig daniederlag. Damit bot sich dem Markgrafen von Spoleto eine neue Zukunftsperspektive. Vielleicht einer Einladung seines Verwandten, des Erzbischofs Fulko von Reims, folgend zog Wido ins Westfrankenreich.[39] Höchstwahrscheinlich wurde er von seiner Gattin Ageltrude und seinem jungen Sohn Lambert begleitet. Um diese Zeit herrschte in Friaul – dem dritten bedeutenden Fürstentum Norditaliens mit der Hauptstadt Verona – der Markgraf Berengar, mütterlicherseits ein Enkel Ludwigs des Frommen. Mit ihm scheint Wido vorher die Interessensphären aufgeteilt zu haben. Während Wido beabsichtigte, die Nachfolge Karls des Dicken im Westfrankenreich anzutreten, überließ er Berengar I. – ganz entgegen den Absichten des Papstes in Rom – das Königreich Italien.[40] Am 13. Januar 888 starb schließlich Karl der Dicke. Offenbar war Berengar zugegen, denn er behauptete später, der Kaiser habe ihn auf dem Sterbebett zum Nachfolger über das Königreich Italien und im Kaisertum erkoren.[41] Es ist ungeklärt, ob dies tatsächlich der Wahrheit entsprach, oder nur eine Erfindung Berengars war, mit der sein Anspruch auf die italienische Königskrone und den Kaiserthron im Nachhinein gerechtfertigt werden sollte. Jedenfalls wurde Berengar kurz darauf in Pavia, der alten Hauptstadt des *regnum Italiae* (Königreich Italiens), zum König gewählt und gekrönt. Auch Widos Plan schien zunächst aufzugehen. Einige Mitglieder des burgundischen Hochadels wählten ihn im März 888 in Langres ebenfalls zum König. Doch scheiterte er mit seinem Plan, die Königsherrschaft im Westfrankenreich zu übernehmen. Anscheinend zog Wido mit seinem Heer bis vor die Tore der Stadt Metz.[42] Es gelang ihm aber nicht, die Großen des Westfrankenreichs auf seine Seite zu ziehen. Obendrein hatte er sich inzwischen offenbar mit dem Erzbischof

---

39 Erchempert 79; Ann. Vedast. 887.
40 Nach Liutprand antap. I 14 habe es eine förmliche Absprache gegeben.
41 Vgl. Gesta Bereng. imp. I 32–40.
42 Vgl. Liutprand antap. I 16.

Fulko von Reims entzweit.[43] Ausgestattet mit einer Königswürde, deren territorialer Anspruch äußert vage war, kehrte Wido ins Spoletinische zurück, um die Herrschaft in Italien zu ergreifen. Zu seinem Gefolge gehörten zahlreiche abenteuerlustige Krieger aus dem nördlichen Frankenreich. Seine Rückkehr und die Absichten Widos mussten zum Konflikt mit dem völlig überraschten Berengar führen. Zudem wechselte eine Reihe unzufriedener Adeliger ins Lager Widos. Noch im Herbst desselben Jahres kam es bei Brescia, zwei Tagesreisen von Verona entfernt, zu einer blutigen Schlacht zwischen den Heeren Berengars und Widos. Nach langem und erbittertem Kampf behaupteten schließlich die Krieger Berengars das Schlachtfeld.[44] Da jedoch beide Seiten schwere Verluste hinnehmen mussten, wurde ein dreimonatiger Waffenstillstand vereinbart – bis zum kommenden Erscheinungsfest (Epiphanias[45]) am 6. Januar 889, wie es bei einem zeitgenössischen Chronisten heißt.[46]

Kurz nach dieser denkwürdigen Schlacht erschien auf der politischen Bühne – von beiden Kontrahenten unerwartet – eine dritte Größe im Streit um das *regnum Italiae* in Gestalt Arnulfs von Kärnten. Dieser war ein Neffe Karls des Dicken und hatte noch zu Lebzeiten seines Onkels die Herrschaft im Ostfrankenreich übernommen. Mit einem großen fränkisch-alemannischen Heer zog Arnulf im November über den Brenner. Die übrigen Regenten in den fränkischen Teilreichen hatten bereits Arnulfs Oberherrschaft anerkannt, und so beeilte sich auch Berengar, Arnulf den Treueeid zu leisten. Dieser nahm ihn als Vasall an und bestätigte ihm die Herrschaft in Italien. Wido hatte sich unterdessen eiligst in sein spoletinisches Stammland zurückgezogen, um sich für die zweite Runde im Kampf gegen Berengar zu rüsten. Darüber hinaus konnte Arnulf nichts weiter ausrichten, denn in seiner Streitmacht war inzwischen eine Pferdeseuche ausgebrochen.[47] Die Kerntruppen der Heere jener Zeit setzten sich aus gepanzerten Reitern zusammen, den Vorläufern der hochmittelalterlichen Ritter. Als Rüstung diente zumeist ein Kettenhemd und den Kopf schützte ein Spangenhelm oder ein konischer Nasalhelm mit dem namensgebenden Nasenschutz. Am linken Arm wurde ein großer

---

43 Vgl. RI I 3,2, Nr. 857.
44 Gesta Bereng. imp. I 147–272, vgl. auch Erchempert 82; Ann. Fuld. cont. Ratisb. 888; Liutprand, antap. I 17–20.
45 Auch als Dreikönigsfest oder Heilige Drei Könige bezeichnet.
46 Erchempert 82.
47 Ann. Fuld. cont. Ratisb. 888.

Rundschild getragen, der mit individuellen Symbolen oder geometrischen Mustern bemalt war, woraus sich später die Heraldik entwickelte. Neben dem Langschwert wurde als Hauptwaffe eine Stoßlanze verwendet. Der sich ab dem 6. Jahrhundert verbreitende Steigbügel gab dem Reiter zusätzlichen Halt. Diese Ausrüstung einschließlich der erforderlichen Ersatzpferde und des Begleitpersonals konnten sich nur begüterte Grundbesitzer leisten, was zur Entstehung des Ritterstandes führte. Naturgemäß musste eine Krankheit, die sich unter den Pferden ausbreitete, die Schlagkraft dieser Reitertruppen entscheidend lähmen. Arnulf sah sich einstweilen zur Rückkehr gezwungen.

Kaum hatte Arnulf von Kärnten Italien den Rücken gekehrt, kaum war der vereinbarte Waffenstillstand zwischen Berengar und Wido abgelaufen, standen sich beide Heere an der Trebbia bei Piacenza erneut zur Schlacht gegenüber. Wido hatte Verstärkung aus Westfranken und Burgund erhalten, und auf der Seite Berengars dürften Kontingente Arnulfs von Kärnten gestanden haben. Die Größe beider Heere kann man auf maximal 10 000 Krieger schätzen. Diesmal dauerte das Gemetzel bis zum Einbruch der Dunkelheit. Eine Verwundung Berengars im Kampf leitete den Rückzug seiner Getreuen ein. Wido blieb als Sieger auf dem leichenbedeckten Schlachtfeld zurück. Dem verletzten Berengar gelang es, sich in das gut befestigte und sichere Verona abzusetzen.[48] In der Folgezeit konnte er das Gebiet nördlich des Po behaupten, was von Wido offenbar geduldet wurde, denn er machte später keine Anstalten, Berengar aus seinem Stammland zu vertreiben. In der Königsresidenz zu Pavia hatten sich im Februar 889 zahlreiche Bischöfe und Edle des Königreichs versammelt. Hier erschien Wido – zufälligerweise wie es scheint, denn die Versammlung war eigentlich damit beauftragt, eine Synode vorzubereiten. Allerdings war dies von Papst Stephan V., der seinem Adoptivsohn zur Krone Italiens verhelfen wollte, wohl so arrangiert worden. Erwartungsgemäß wählten die versammelten Würdenträger Wido zum König Italiens. Es hat sich der Text von Widos Wahldekret erhalten, der die Intention des Papstes hinreichend verdeutlicht.[49] In vier Absätzen (*capitula*) wird Wido zum Schutz der römischen Kirche verpflichtet. Diese Schutzverpflichtung war zwar obligatorisch, dürfte hier aber dennoch auf die Urheberschaft des

48 Ausführliche Schilderung in Gesta Bereng. imp. II, vgl. auch Ann. Alam. 889 (= Ann. Laubac.); Liutprand antap. I 17–20 (der die Schlacht an der Brescia mit jener an der Trebbia verwechselt).
49 Widonis Capitulatio electionis (MGH Capit. 2, S. 104, Nr. 222).

Abb. 11 Gepanzerte fränkische Kavallerie, Miniaturmalerei aus dem Psalterium Aureum um 890, Stiftsbibliothek St. Gallen

Papstes hinweisen. Vier weitere Capitula betrafen den Schutz der Bevölkerung vor Willkürakten und Überfällen. Da Gesetze und Verbote immer auch über die tatsächlichen Zustände Auskunft geben, nämlich darüber, was üblicherweise praktiziert wurde und deshalb verboten werden musste, vermittelt das Wahldekret Widos einen anschaulichen Eindruck von den Verhältnissen im *regnum Italiae* zum Ende des 9. Jahrhunderts.

Es existieren keine Hinweise auf eine eigene Krönungszeremonie für die nunmehrige Königin Ageltrude. Die explizite Krönung der Ehefrau des Königs zur Königin war im frühen Mittelalter ohnehin nicht nötig. Ageltrude war die rechtmäßige Gattin Widos und somit die legitime Königin. Generell waren die Aufgaben einer damaligen Königin nirgendwo institutionell festgelegt, doch wie ein Gelehrter dieser Zeit verkündete, solle sie dem König »eine Helferin in der Regierung am Hof und im Reich« sein.[50] Traditionellerweise oblag der Königin als *domina palatii* (Herrin des Palastes) die königliche Hofhaltung. Das war eine nicht zu unterschätzende Position. Sie war damit die direkte Vorgesetzte sämtlicher Hofbeamten einschließlich des Kämmerers. Somit kontrollierte sie den königlichen Finanzhaushalt und hatte außerdem die Aufsicht über die von den Vasallen zu leistenden Abgaben. Nach einer zeitgenössischen Schrift über die Hofordnung Karls des Großen war es die Aufgabe der Gemahlin des Herrschers, ihm den Rücken »von allen Sorgen um Hofhaltung und Palast« freizuhalten.[51] Auch konnte die Königin aus eigener Machtbefugnis heraus Königsboten (*missi dominici*) entsenden, die mit außerordentlichen Vollmachten ausgestattet waren. Es kam auf die Persönlichkeit der Königin an, inwieweit sie ihren Handlungsspielraum nutzte. Da Ageltrude im weiteren Verlauf durchaus als energische Herrscherin in Erscheinung tritt, kann davon ausgegangen werden, dass sie Wido tatkräftig unterstützt hat.

Wido unternahm auch nach seiner Krönung zum König Italiens keine größeren Anstalten, endlich einen Feldzug gegen die Sarazenen zu führen. Ein lohnenderes Ziel schien ihm der Kaiserthron zu sein, der seit dem Tod Karls des Dicken vakant war. Immerhin scheint Wido dem Papst entgegengekommen zu sein, da er zugunsten seines Großneffen auf seine angestammte Herrschaft in Spoleto und Camerino verzichtete. Aber schon ein Jahr nach der von ihm geförderten Krönung seines Adoptivsohns zum König Italiens versuchte Stephan V., die angestrebte Kaiserkrönung zu hintertreiben. Vielleicht fürchtete er die zunehmende Macht Widos. Über einen Mittelsmann bat er Arnulf von Kärnten, nach Rom zu ziehen, um dort selbst die Herrschaft zu übernehmen und »das Königreich Italien von bösen Christen und gefährlichen Heiden zu befreien«.[52]

50 Agobard lib. apol. II 2.

51 Hinkmar de ordo 74; zu den Aufgaben der Königin vgl. auch Capit. de villis 84,16; 85,27; 87,47; 88,58.

52 Ann. Fuld. cont. Ratisb. 890.

Als die »gefährlichen Heiden« sind unschwer die Sarazenen auszumachen, und mit den »bösen Christen« werden Wido und seine Anhänger gemeint sein. Der Augenblick war jedoch schlecht gewählt, da Arnulf den Vorschlag wegen dringender anderer Aufgaben zu seinem Bedauern nicht annehmen konnte. Deshalb musste Stephan einstweilen sein Doppelspiel aufgeben und sich weiter mit Wido verständigen. Nachdem die Vorverhandlungen mit dem apostolischen Stuhl abgeschlossen waren, zog Wido im Februar 891 nach Rom, um die Kaiserkrone aus den Händen seines Adoptivvaters entgegenzunehmen. Unter dem zahlreichen Gefolge Widos befanden sich auch die Königin Ageltrude und sein Sohn Lambert. In diesen unruhigen Zeiten versteht es sich von selbst, dass Wido von seinem Heer begleitet wurde, das – falls sich der Papst oder die Römer widerspenstig zeigen sollten – seinen Wünschen den nötigen Nachdruck verleihen konnte. Der Einzug eines Herrschers in die Ewige Stadt orientierte sich im Mittelalter immer noch an der uralten Zeremonie der antiken römischen Kaiser, dem *adventus Augusti*. Wido erreichte Rom am 21. Februar 891. Er kam von Norden her über die alte *via triumphalis*, jener Straße auf der einst die römischen Triumphatoren in die Stadt eingezogen sind. Eine Delegation der Vornehmen Roms mit den Bannern der städtischen Miliz und den Fahnen der römischen Kirchen war ihm entgegengezogen. Dann erreichte er den Monte Mario. Von dort aus eröffnete sich dem König und seinen Begleitern ein grandioser Blick auf das damalige Rom.

Was sie von dieser Entfernung aus erkennen mochten, waren vor allem die von der Aurelianischen Mauer eingefassten großartigen Ruinen des Altertums, die vielleicht aus der Distanz noch intakt wirkten, und die großen christlichen Basiliken der Spätantike. Auch das Ensemble des Papstpalastes mit der Lateranbasilika im Südosten war zu erkennen. Direkt vor ihnen lag der Vatikan, den man zu dieser Zeit als Leostadt bezeichnete. Inmitten der mächtigen Mauern Leos IV. stand die fünfschiffige Basilika St. Peter mit dem davor liegenden Atrium und dem Petersplatz. Daneben standen in dichter Bebauung päpstliche Repräsentationsräume, die Pilgerherbergen und die Häuser von Kaufleuten und Handwerkern. Innerhalb der Leonidischen Mauer befanden sich außerdem die Wohnquartiere der Angelsachsen, Franken, Langobarden und Friesen. Zwar war die Lateranbasilika die Bischofskirche Roms und somit die Kirche des Papstes, doch der Petersdom galt als das große und ehrwürdige Pilgerzentrum der Stadt. Dies war die Grabeskirche des Apostels Petrus.

Schon seit langem stritten sich die Kleriker um den Vorrang der beiden Kirchen, doch im Ansehen der Bevölkerung nahm St. Peter schon immer den höheren Rang ein. Die Kirche selbst und die Sakristei beherbergten unzählige Schätze und Weihgaben. Die Verluste und Schäden durch die sarazenische Plünderung waren in materieller – wenn auch nicht in kunstgeschichtlicher Hinsicht – bald schon wieder ersetzt. Links von der Leostadt war für die Besucher vom Monte Mario aus das mächtige zur Festung ausgebaute Grabmal Hadrians erkennbar, das Castel St. Angelo oder die Engelsburg, von dort aus wurde der Zugang zur eigentlichen Stadt Rom kontrolliert.

Unterhalb des Monte Mario wurde Wido von der städtischen Miliz und den Zünften der Stadt erwartet. Das restliche Volk hatte sich auf dem Petersplatz versammelt. Vor dem Petersdom erwartete Stephan V. auf einem Thron sitzend den König Italiens. Nachdem Wido vor dem Papst einen Eid abgelegt hatte, in dem er sich abermals zum Schutz der Kirche verpflichtete, geleitete man ihn in die Basilika. Dort erfolgte die Krönungszeremonie, in deren Verlauf Wido von Stephan gesalbt und gekrönt wurde. Daraufhin wurde er durch die Akklamation des römischen Volkes zum Kaiser ausgerufen. Erst jetzt konnte Wido mit seinem Gefolge – der Großteil seines Heeres lagerte unterdessen auf dem Feld vor der Leostadt – über den Ponte S. Angelo nach Rom einziehen. Der Festzug führte an den beeindruckenden Überresten des Altertums vorbei zum Lateranpalast, wo mit einem prächtigen Gastmahl die Krönung gefeiert wurde. Zwar besitzen wir keine genaue Schilderung vom Einzug und der Kaiserkrönung Widos – gerade die ostfränkischen Quellen, die Wido zumeist einen Tyrannen schimpfen, übergehen das Ereignis geflissentlich –, doch wird zu erwarten sein, dass beides nach dem üblichen Zeremoniell erfolgte, für das uns eine Reihe von Berichten vorliegt.[53] Bei der Zeremonie im Petersdom dürfte auch Ageltrude zur Kaiserin (*imperatrix*) gekrönt worden sein. In den Urkunden, die kurz nach der Kaiserkrönung in Rom ausgestellt wurden, wird sie von Wido ausdrücklich als »unsere geliebte Gemahlin Ageltrude, Kaiserin und Teilhaberin unserer Herrschaft« tituliert.[54] Am Rande sei hier erwähnt, dass die Mitwirkung des Papstes bei der Kaiser-

---

53 Die obige Beschreibung orientiert sich an den Berichten über die Kaiserkrönung Arnulfs von Kärnten 896 und Berengars 915; zur Krönung Widos vgl. Ann. Vedast. 888; bei Liutprand antap. I 15 heißt es beiläufig, dass Wido in Rom gesalbt worden sei; in den Ann. Fuld. cont. Ratisb. 893 wird er als Tyrann bezeichnet.

54 Schiaparelli, Guido e di Lamberto, S. 9 ff., Nr. 4–7.

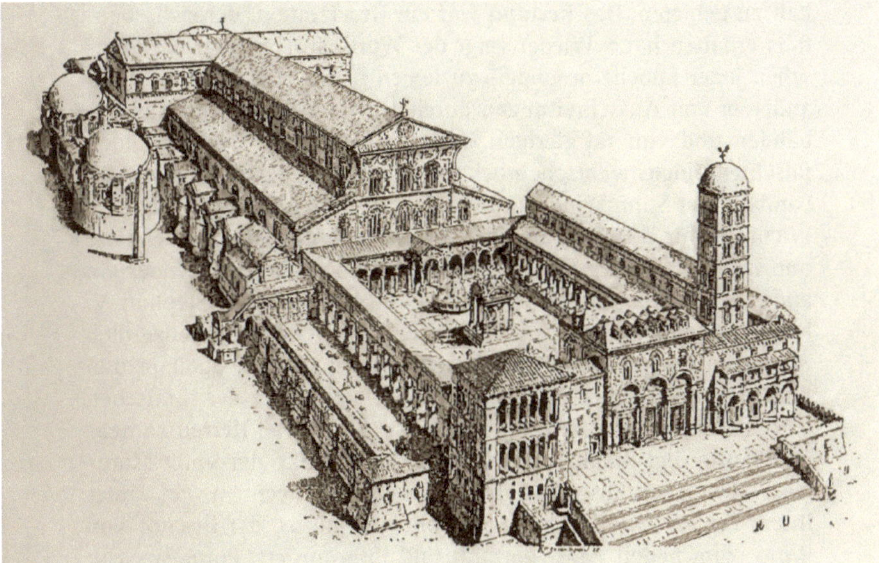

Abb. 12 Rekonstruktion der konstantinischen Petersbasilika im Mittelalter

krönung gar nicht zwangsläufig erforderlich war. Entscheidend war die Akklamation durch das römische Volk als eigentlicher Erhebungsakt. Karl der Große folgte dem Beispiel der byzantinischen Kaiser und krönte im Jahr 813 seinen Sohn Ludwig den Frommen selbst zum Mitkaiser. Die Verleihung der Kaiserherrschaft durch den römischen Papst, die seit der Mitte des 9. Jahrhunderts üblich geworden war, offenbart vor allem einen erhöhten Legitimationsbedarf und das Fehlen einer anderen geeigneten Autorität, welche die Kaiserkrone vergeben konnte. Das Kaisertum wurde damit abhängig von der Weihe und Krönung durch den Papst. Wido wurde so zum ersten mittelalterlichen Kaiser des Abendlandes, der nicht aus dem Hause der Karolinger stammte.

Nach der Krönung verließen Wido und Ageltrude bald schon wieder die Ewige Stadt. Gegen die Plünderungszüge der Sarazenen unternahm Wido zwar immer noch nichts, doch schien er davon abgesehen seine Herrscherpflichten ernst zu nehmen. Schon zwei Monate später rief er in Pavia eine Bischofssynode ein, auf der versucht wurde, den politischen und juristischen Missständen jener Zeit Einhalt zu gebieten. Das Resultat war ein Gesetzestext, der sich ebenfalls erhalten hat.[55] Wieder zeigt der Wortlaut, worunter die Menschen jener Epoche besonders zu leiden hatten. Die Rede ist unter anderem von Ausschreitungen durchziehender Heere, von Räuberbanden und von raffgierigen Grundbesitzern, die Besitzurkunden fälschten. Höchstwahrscheinlich wurde während dieser Synode auch Lambert, der Sohn Widos und Ageltrudes, zum Mitkönig erhoben.[56] Wichtiger für den Verlauf der hier zu berichtenden Geschehnisse und für den Aufstieg der Familie Marozias gestaltete sich indes ein anderes Ereignis. Am 14. September 891 starb Papst Stephan V. Das Haus von Spoleto war in der Ewigen Stadt zwischenzeitlich zur beherrschenden Größe geworden. Als Gefolgsleute Spoletos und Führer des römischen Senats, d. h. als Oberhäupter der römischen Adelsfamilien dieser Zeit, werden etwas später zwei Herren namens Constantin und Stephan bezeichnet. Theophylakt, der Vater Marozias, dürfte ebenfalls schon diesen Kreisen zuzurechnen sein. Unter ihrem Einfluss wurde Anfang Oktober Formosus, der Bischof von Porto, zum neuen Papst gewählt und inthronisiert. Formosus war ein bewährter und erfahrener Diplomat des apostolischen Stuhls. Er wurde schon mit vielerlei wichtigen Missionen beauftragt und war zum Zeitpunkt seiner Wahl bereits 75 Jahre alt. Seine Ordination litt nur an einem kleinen Formfehler. Der Papst musste aus den Reihen der Diakone und Priester Roms gewählt werden. Entschied man sich für den Bischof einer anderen Diözese, so musste dieser seinen Bischofssitz gegen den der Stadt Rom tauschen. Dies bezeichnete man als Translation. Nach damaligem Kirchenrecht war das jedoch nur in Ausnahmefällen erlaubt, keineswegs aber, wenn es nur dem Ehrgeiz des neuen Amtsträgers diente. Doch genau das wurde Formosus später vorgeworfen. Außerdem zeigte sich bald, dass Formosus keineswegs nur das willfährige Werkzeug der Partei Widos war.

In der Zwischenzeit war Berengar im Norden immer mehr zurückgedrängt worden, sodass er nur noch über die Stadt Verona herrschte. Wido konnte nun gänzlich als der Herr Italiens auftreten. Er lud Formosus zu einem Treffen nach Ravenna, wo der Papst – vermutlich bereits widerstrebend – am 30. April 892 den erst 16-jährigen Lambert zum Mitkaiser Widos krönte.[57] Nachdem

55 MGH Capit. 2, S. 107, Nr. 224.
56 Dieser ist spätestens im Januar 892 als Mitkönig bezeugt, vgl. RI I 3,2, Nr. 923.
57 Invect. in Rom., S. 140, vgl. Flodoard hist. Rem. eccl. IV 2.

der Kaiser im Herbst nochmals Rom besucht hatte, formierte sich im Verlauf des folgenden Jahres eine Opposition gegen ihn, an deren Spitze der Papst stand. Formosus ließ sich wie zuvor Stephan V. zu einem gefährlichen Doppelspiel hinreißen und sandte im Bunde mit den Großen des *regnum Italiae* Boten zu Arnulf von Kärnten mit der Bitte, das Patrimonium Petri vor seinen Feinden und insbesondere vor dem »Tyrannen« Wido in Schutz zu nehmen.[58] Zu den genannten Großen des Königreichs wird wahrscheinlich auch Berengar gehört haben. Im Gegensatz zur früheren Aufforderung Stephans V., schien Arnulf jetzt abkömmlich zu sein und schickte eine Vorhut unter Führung seines Sohnes über die Alpen. Die Geheimhaltung der päpstlichen Gesandtschaft ließ ganz offensichtlich zu wünschen übrig. Der Gegenstand ihrer Mission muss sich bald überall herumgesprochen haben, denn der Kaiser erhielt eine Warnung von seinem westfränkischen Verwandten, dem Bischof Fulko von Reims, der sich inzwischen wieder mit Wido ausgesöhnt hatte.[59]

Ungeachtet des damals überaus strengen Winters überquerte Arnulf im Januar 894 mit einem Heer die schneebedeckten Alpenpässe. Berengar öffnete bereitwillig die Tore Veronas. Zum Zeichen seiner Unterwerfung trug er beim Einzug in die Stadt den Schild Arnulfs. Dem Versuch, weiter nach Süden vorzustoßen, leisteten die Anhänger Widos anfangs Widerstand. Nach kurzer Belagerung und heftigen Kämpfen konnte die Stadt Bergamo erobert werden. Dort statuierte Arnulf ein Exempel. Bergamo wurde geplündert und die Bevölkerung hatte die Gewaltexzesse der ostfränkischen Soldaten zu erdulden. Das brutale Vorgehen Arnulfs verfehlte seine Wirkung nicht. Davon aufgeschreckt boten die Bürger der Königsstadt Pavia freiwillig ihre Unterwerfung an. Auch zahlreiche Gefolgsleute des Kaisers gingen zu Arnulf über, darunter Widos Neffe Adalbert von Tuszien. Dieser forderte aber zu dreist nach einer Belohnung für seinen Verrat, weshalb er bei seinem neuen Lehnsherrn rasch in Ungnade fiel.[60] Da Wido sich in seine spoletinischen Stammlande zurückgezogen hatte, beschloss Arnulf, nach Rom weiterzuziehen. Zuvor wollte er den wankelmütigen Berengar aus dem Weg räumen und beschloss, diesen blenden zu lassen. Das war ein probates Mittel jener Zeit, um einen Konkurrenten durch den Verlust des Augen-

58 Ann. Fuld. cont. Ratisb. 893, vgl. Liutprand antap. I 20.
59 Flodoard hist. Rem. eccl. IV 5.
60 Ann. Fuld. cont. Ratisb. 894.

lichts herrschaftsunfähig zu machen. Berengar war ebenfalls immer noch rechtmäßig gewählter König Italiens. Arnulf hätte somit selbst die Königsherrschaft in Italien übernehmen können. Auch in diesem Fall versagte die Geheimhaltung. Berengar erfuhr rechtzeitig von Arnulfs Vorhaben und setzte sich nach Verona ab.[61] Allmählich rächte sich das undiplomatische und brutale Vorgehen des Ostfranken, denn auch Adalbert von Tuszien wechselte abermals die Seiten und blockierte die Straßen nach Rom. Nach einem blutigen Intermezzo von knapp drei Monaten sah sich Arnulf deshalb schon im März zum Rückzug gezwungen. Der Plan des Papstes, Wido durch Arnulf zu ersetzen, war damit gescheitert. Von Spoleto aus zog Wido nach Norden, um sein Königreich wieder in Besitz zu nehmen. Er konnte sich des Erfolgs nicht lange erfreuen. Im Herbst 894 starb er überraschend an den Folgen eines Blutsturzes.

Als Nachfolger hinterließ Wido seinen Sohn Lambert, der als Mitherrscher seines Vaters bereits zum König Italiens und zum Kaiser gekrönt worden war. Wie zu vermuten sein wird, dürfte die Kaiserin Ageltrude auf die Regierung ihres noch jungen Sohnes einen nicht zu unterschätzenden Einfluss ausgeübt haben. Darüber hinaus wird es nicht überraschen, wenn Berengar nach dem Tod Widos die Gunst der Stunde nutzte, um die Königsstadt Pavia einzunehmen. Gleichzeitig empfing Lambert die Huldigung der Anhänger seines Vaters und zog mit dem spoletinischen Heer gegen Norden, woraufhin Berengar Pavia räumte und sich erneut nach Verona zurückzog. Das Verhältnis zum apostolischen Stuhl blieb weiterhin problematisch. Hier schaltete sich vermittelnd der Erzbischof Fulko von Reims ein. Formosus versicherte dem Erzbischof, dass »er für Lambert wie ein Vater sorgen, ihn wie einen Sohn lieben und dauerhafte Eintracht mit ihm wahren« wolle.[62] Während Fulko Lambert über die vermeintlich wohlwollende Gesinnung des Heiligen Vaters informierte und ihn aufforderte, den Papst »wie einen Vater zu lieben und ihm und der römischen Kirche zum Nutzen seines Reiches wie ein wahrer Sohn Treue und Gehorsam zu erweisen«,[63] setzte Formosus sein Doppelspiel fort. Wieder wandte er sich an Arnulf von Kärnten mit der dringenden Bitte, nach Rom zu kommen.[64] Arnulf, der trotz der Schlappe vom Vorjahr seine Ambitionen in Italien nicht aus den

61 Liutprand antap. I 34 f.
62 Flodoard hist. Rem. eccl. IV 2.
63 Flodoard hist. Rem. eccl. IV 5.
64 Ann. Fuld. cont. Ratisb. 895, vgl. Liutprand antap. I, 28.

Augen verloren hatte, malte sich nach dem Tod seines Widersachers Wido bessere Chancen aus. Wie eine sich stets wiederholende Naturgewalt zog Arnulf im Oktober 895 erneut über den Brenner, abermals in Begleitung eines großen Heeres. Berengar unterwarf sich und beteuerte, zugunsten Arnulfs ganz auf das Königreich Italien verzichten zu wollen. Klugerweise setzte Arnulf zur Verwaltung Veronas einen ihm ergebenen Statthalter ein. Nach den Erfahrungen vom Vorjahr teilte er sein Heer, das auf zwei verschiedenen Wegen den Apennin überschritt und unaufhaltsam nach Rom vorrückte. Allerdings hatte er eine ungünstige Jahreszeit gewählt. Der Heerzug wurde durch unaufhörliche Regenfälle behindert. Auch diesmal brach eine Pferdeseuche aus, die aber wohl nicht so gravierend war. Es genügte, das Gepäck auf Ochsen umzuladen. Die Treue Berengars hielt jedoch nicht lange. Während des Vormarschs gelang es ihm, sich abzusetzen. Daraufhin schloss er ein Bündnis mit Adalbert von Tuszien,[65] der schon im Vorjahr den Zug Arnulfs nach Rom aufgehalten hatte. Lambert selbst reiste nach Burgund, um den westfränkischen König als Verbündeten zu gewinnen.[66]

Wer nun glaubt, das Haus von Spoleto habe Rom schutzlos dem Zugriff Arnulfs preisgegeben, irrt sich. Die Verteidigung der Stadt übernahm niemand anders als die Kaiserin Ageltrude, die wohl schon einige Zeit zuvor als Stellvertreterin ihres Sohnes mit ihren Gefolgsleuten nach Rom gekommen war. Wir besitzen heute keine Informationen, ob sie Formosus, der Arnulf ins Land gerufen hatte, vielleicht unter Arrest stellte, wovon fast auszugehen wäre. Gesichert ist nur, dass sie über eine bedeutende Anhängerschaft in der Stadt verfügte, wozu die Oberhäupter der wichtigsten Adelsfamilien gehörten.[67] Constantin und Stephan, die angesehenen »Führer des römischen Senats«, hatten ihr die Stadt übergeben.[68] Als Arnulf im Februar 896 vor Rom erschien, ließ Ageltrude die Stadttore und vor allem die Tore zur Leostadt verschließen und setzte die Römer in Alarmbereitschaft. Arnulfs Truppen bezogen ihr Lager auf dem offenen Feld südlich des Vatikans. Im Gegensatz zu den erprobten ostfränkischen Recken verfügte die römische Miliz über nur geringe Kampferfahrung. Als Arnulf die Leonidische Mauer inspizierte, wag-

65 Vgl. Gesta Bereng. imp. III 125 f.; Liutprand antap. I 34.

66 Vgl. RI I 3,2, Nr. 1007.

67 Zur Rolle Ageltrudes vgl. Ann. Fuld. cont. Ratisb.; Regino; Herim. Aug. chron., jeweils zum Jahr 896.

68 Ann. Fuld. cont. Ratisb. 896.

ten die Römer dennoch einen Ausfall. Aus dem Kampf vor den Mauern entwickelte sich ein allgemeiner Angriff auf die Leostadt, die von den Ostfranken mit geringen Verlusten im Sturm genommen werden konnte. Die Soldaten Arnulfs sollen dabei mit Hilfe ihrer Pferdesättel die Leonidische Mauer erklommen haben.[69] Während der Kämpfe scheint es zu einem Umsturz in Rom gekommen zu sein. Die Anhänger des Formosus unterstützten Arnulf offenbar bei der Eroberung der Leostadt,[70] was die geringen Verluste auf ostfränkischer Seite erklärt. Nach dem Fall der Leostadt setzte sich Ageltrude mit dem Rest ihrer Getreuen rasch in die Gegend von Spoleto ab.

Am nächsten Tag hatten sich die Wogen geglättet und Arnulf wurde an der Milvischen Brücke protokollgerecht von einer Abordnung des römischen Adels empfangen und über den Monte Mario nach St. Peter geleitet. Vor der Basilika erwartete ihn Papst Formosus, der ihn anschließend in der Kirche des Apostelfürsten zum ersten Gegenkaiser des Abendlandes krönte. Die höchste weltliche Instanz hatte somit ihren Tiefpunkt erreicht. Wer Arnulf anerkennen wollte, musste das Kaisertum Lamberts als Usurpation ansehen. Allerdings nahm man in Italien kaum Notiz vom Gegenkaiser Arnulf. In den notariellen Urkunden erscheint sein Name nur vereinzelt. Aufschlussreich ist außerdem die Tatsache, dass Arnulf nach seiner Krönung darauf verzichtet hat, gemäß der Tradition durch Rom zum Lateranpalast zu ziehen. Vielmehr begab er sich zur Basilika S. Paolo fuori le Mura, die – wie der Name schon sagt – außerhalb der Stadtmauern liegt. Dort hatte sich auf sein Geheiß das römische Volk versammelt, das Arnulf und Formosus unverbrüchliche Treue schwören und geloben musste, »Lambert nebst seiner Mutter Ageltrude weder zu unterstützen noch ihnen die Stadt Rom in irgendeiner Weise zu übergeben«.[71] Der Zug nach S. Paolo fuori le Mura zeigt, dass Arnulf es tunlichst vermieden hat, die Stadt Rom selbst zu betreten. Offenkundig vertraute er weder den Römern noch der Unverbrüchlichkeit seines Bündnisses mit dem Papst. Über die Anhängerschaft der Spoletiner wurde Gericht gehalten. Constantin und Stephan verurteilte man wegen Hochverrats zur Verbannung nach Bayern. Arnulf ließ einen seiner Getreuen als Stellvertreter in der Ewigen Stadt zurück und nahm, der alten Via Flaminia folgend, die Verfol-

69 So laut Liutprand antap. I 27; Benedikt v. S. Andrea 30.
70 So nach Regino 896.
71 Ann. Fuld. cont. Ratisb. 896.

gung Ageltrudes auf. Die Kaiserin hatte sich in einem Kastell in der Nähe Spoletos verschanzt.[72] Auf dem Weg dorthin muss sich Arnulf eine ernsthafte Krankheit zugezogen haben. Er brach seinen Vormarsch plötzlich ab, begab sich in großer Eile nach Norditalien und kehrte schon bald wieder über die Alpen ins Ostfrankenreich zurück. Liutprand von Cremona behauptet, der Gegenkaiser sei von Ageltrude vergiftet worden, die »mit Schlangenlist« einen seiner Diener dazu überredet habe.[73]

Der dritte Zug Arnulfs von Kärnten brachte ihm zwar die Kaiserkrone ein, doch darüber hinaus war für niemanden etwas gewonnen. Kaiser Lambert zog wenige Wochen später schon wieder in Pavia ein, und Berengar konnte Verona ebenfalls wieder in Besitz nehmen. Die Stadt Rom und ihr Klerus waren nunmehr gespalten in eine Adelspartei, die hinter Formosus stand, und eine Fraktion, die weiterhin zu Lambert von Spoleto hielt. Formosus, dessen wankelmütige Politik gescheitert war, musste zu Recht die Vergeltung der Spoletiner fürchten. Doch das Schicksal bewahrte ihn zu Lebzeiten vor der Rachsucht seiner Feinde. Am 4. April 896, gerade zwei Monate nach der Kaiserkrönung Arnulfs, starb Formosus. Nach seinem Tod kam es in Rom zu gewalttätigen Auseinandersetzungen.[74] Die zu Lambert haltenden Antiformosianer konnten sich schließlich durchsetzen und wählten Bonifatius VI. auf den Stuhl Petri. Der neue Papst, dem schon als Priester ein unsittlicher Lebenswandel nachgesagt wurde, verstarb allerdings nach zweiwöchiger Amtszeit unter ungeklärten Umständen. Sein Nachfolger wurde Papst Stephan VI. Obwohl dieser ein erklärter Antiformosianer war und von den Anhängern des Hauses Spoleto unterstützt wurde, erkannte er zunächst Arnulf von Kärnten als rechtmäßigen Kaiser an und setzte somit anfangs die Politik des verhassten Formosus fort. Der Grund lag vermutlich darin, dass die Herrschaft Lamberts noch nicht hinreichend gefestigt war. Ansonsten ließ Stephan seinen Rachegelüsten freien Lauf. Wie schon erwähnt, war das Pontifikat des Formosus nach damaligem Kirchenrecht anfechtbar, da er zuvor Bischof von Porto und eben nicht Priester einer stadtrömischen Kirche gewesen war. Dasselbe Problem hatte Stephan, der vor seiner Wahl den Bischofssitz von Anagni innehatte. Auch er konnte nur mittels Translation den Stuhl Petri übernehmen.

---

72 Ann. Fuld. cont. Ratisb. 896, vgl. Regino 896; Liutprand antap. I 32; Gesta Bereng. imp. III 151.
73 Liutprand antap. I 32; zur Erkrankung Arnulfs vgl. auch Ann. Fuld. cont. Ratisb.; Regino; Ann. Alam., jeweils zum Jahr 896.
74 Reg. pontif., S. 439.

Das Bistum Anagni wurde ihm von niemand anderem als von Formosus übertragen. Wenn man Formosus nun postum verurteilen und sämtliche seiner Amtshandlungen für ungültig erklären würde, dann hätte Stephan zwei Fliegen mit einer Klappe geschlagen. Er könnte dadurch demonstrativ seine Loyalität zum Hause Spoleto bekunden und gleichzeitig sein eigenes Translationsproblem lösen, denn dann wäre die Bischofsweihe durch Formosus ungültig und Stephan de jure niemals Bischof von Anagni gewesen.

Genau dieses Vorhaben setzte Stephan in die Tat um. Und so kam es zu dem makabersten Schauprozess und spektakulärsten Leichenfrevel des Mittelalters.[75] Ende Dezember 896 wurde in Rom eine Synode einberufen, die man wahrscheinlich im Lateranpalast abhielt. Neun Monate nach seinem Tod wurde die verwesende und wohl auch olfaktorisch deutlich wahrnehmbare Leiche des Formosus aus seinem Grab gerissen. Der grauenhaft anzusehende »Angeklagte« wurde in päpstliche Gewänder gekleidet und auf einen Thron gesetzt. Ein Diakon lieh dem toten Papst stellvertretend seine Stimme. Formosus wurde erwartungsgemäß der missbräuchlichen Translation angeklagt. Daneben beschuldigte man ihn des Eidbruchs und der Missachtung seiner Zurückversetzung in den Laienstand. Im Jahr 878 war Formosus tatsächlich seines Bischofsamtes enthoben worden, auch schwor er damals, niemals mehr Rom betreten zu wollen. Einige Jahre später hatte man ihn aber wieder als Bischof eingesetzt und seines Eids entbunden, womit diese Anklagepunkte eigentlich hinfällig waren. Doch stand das Urteil von vornherein fest: Man erklärte Formosus für abgesetzt und alle seine Amtshandlungen sowie die von ihm gespendeten Weihen für ungültig. Der Tote wurde vom Stuhl gerissen und in Umkehr der feierlichen Einkleidung des erwählten Papstes vor seiner Weihe der päpstlichen Kleider beraubt. Damit wurde ihm symbolisch das Papsttum aberkannt. Außerdem hackte man der Leiche wegen des vermeintlichen Eidbruchs die Schwurfinger der rechten Hand ab. Den so geschändeten Leichnam ließ Stephan zunächst auf einem Pilgerfriedhof als namenlosen Fremdling verscharren. Das schien aber nicht genug zu sein. Wenige Zeit später wurden die sterblichen Überreste des Formosus nochmals exhumiert und in den Tiber geworfen. Damit sollte sein Name end-

---

75 Zur Leichensynode vgl. Reg. pontif., S. 439 f.; dass sich ähnliches auch in unserer Gegenwart ereignen kann, zeigt der Fall des Russen Sergei Leonidowitsch Magnitski, der 2009 verstarb und im Juli 2013 von einem Moskauer Gericht postum wegen Steuerhinterziehung zu neun Jahren Haft verurteilt wurde.

Abb. 13 Die Leichensynode von 897, Gemälde von Jean Paul Laurens, 1870, Musée des Beaux-Arts in Nantes

gültig aus dem Gedächtnis der Lebenden getilgt werden. Seine Anhänger zogen den Kadaver heimlich aus dem Fluss und bestatteten ihn erneut. Nach dem Tod Stephans wurde Formosus rehabilitiert und wieder ehrenvoll bestattet.[76]

Mit diesem makaberen Spektakel, das als absoluter moralischer Tiefpunkt in der ereignisreichen und an Skandalen nicht armen Historie der Nachfolger Christi gilt, schoss Stephan bei weitem über das Ziel hinaus. Unmittelbar nach der Aburteilung des Formosus erkannte der Papst zwar Lambert als den rechtmäßigen Kaiser an, doch fand der Schauprozess sicherlich ohne die Zustimmung der Kaiserin Ageltrude und Lamberts statt, die sich beide zum Zeitpunkt der Leichensynode nachweislich nicht in Rom, sondern in Spoleto aufhielten.[77] Erst Anfang Februar trafen beide in Rom ein.

76 Gelegentlich nimmt man eine dritte Exhumierung an, was jedoch auf einem Irrtum Liutprands basiert, der das Pontifikat von Stephan VI. mit dem von Sergius III. verwechselt.

77 Cat. reg. Langob., S. 497, vgl. RI I 3,2, Nr. 1040.

Die Spoletiner mussten schon deshalb an der Legitimität des Formosus festhalten, da dieser Lambert in Ravenna zum Kaiser gekrönt hatte. Überdies musste das Urteil über den toten Papst auch von sämtlichen Klerikern abgelehnt werden, die von Formosus geweiht worden waren und deren Ordination nun ungültig war. Wir wissen nicht, was die junge Marozia, die damals noch ein kleines Mädchen war, über das monströse Ereignis dachte, für die Mehrzahl der Zeitgenossen war es aber vor allem ein unerhörter Fall von Leichenschändung. Als kurze Zeit später während eines Erdbebens die morschen Dachbalken der Lateranbasilika zusammenbrachen und die Decke der Kirche mit sich in die Tiefe rissen, erkannten die Menschen darin ein Zeichen göttlichen Zorns über den Leichenfrevel. Im August 897 kam es in Rom zur Revolte. Stephan VI. wurde von der aufgebrachten Menge ergriffen, in den Kerker geworfen und dort wenige Zeit später erdrosselt.[78] Wohl auf Initiative der Formosianer wurde Romanus, ein Priester unbekannter Herkunft, zum Nachfolger gewählt. Schon nach vier Monaten verschwand er von der Bildfläche. Es ist unklar, ob er freiwillig zurücktrat, abgesetzt oder vergiftet wurde. Das Pontifikat des auf ihn folgenden Theodorus II. währte nur 20 Tage. Immerhin gelang es ihm, in dieser kurzen Zeit die Rehabilitierung des Formosus einzuleiten. Die Antiformosianer versuchten nun, sich wieder des Papstthrons zu bemächtigen. Ihr Kandidat war der Diakon Sergius, der schon als erbitterter Gegner von Formosus in Erscheinung getreten war. Lambert, der an einer Wiederherstellung von Ruhe und Ordnung im Kirchenstaat interessiert war, nahm keinen Einfluss auf die anstehende Papstwahl. Sergius verbündete sich offenbar mit Adalbert von Tuszien.[79] Er wurde zwar von seinen Anhängern gewählt, doch konnten sich die Formosianer gegen ihn durchsetzten. Sie wählten ihrerseits Johannes IX. zum Papst, während Sergius mit Waffengewalt aus Rom vertrieben wurde und ins Exil flüchtete.[80] Nominell gab es somit nun gleichzeitig zwei Kaiser und zwei Päpste.

Die Wahl von Johannes IX. fand die Zustimmung Kaiser Lamberts, der seine Herrschaft zunehmend festigen konnte. Mit Berengar schloss er einen förmlichen Friedensvertrag, in dem er ihm den nordöstlichen Teil des *regnum Italiae* abtrat.[81] Die Regierung des

78 Reg. pontif., S. 440.
79 Vgl. Liutprand antap. I 30.
80 Reg. pontif., S. 442; 445, vgl. auch Gregorovius, Geschichte I.2, S. 573.
81 Gesta Bereng. imp. III 235–240; Ann. Fuld. cont. Ratisb. 896.

jungen Kaisers Lambert gab Anlass zu großen Hoffnungen. Wie Johannes strebte er eine rasche Klärung des Formosus-Problems an. Gemeinsam mit dem Papst berief er im Frühjahr 898 in Ravenna eine Synode von 70 Bischöfen ein. In den erhaltenen Synodalakten wird Lambert vom Papst als »unser Sohn im Geiste und offenkundig glorreicher Imperator« tituliert.[82] Die Rechtmäßigkeit seines Kaisertums bestätigte man ausdrücklich, während die Kaiserkrönung Arnulfs als »erpresst« verworfen wurde. Die Beschlüsse der Leichensynode und das Urteil gegen Formosus wurden für ungültig erklärt. Anscheinend hatte sich damit zuvor schon eine römische Synode befasst, deren Entscheidung man in Ravenna nochmals bestätigte. Daneben wurde die Schutzverpflichtung des Kaisers für die römische Kirche bekräftigt. Aktuell ging es dabei um »zahlreiche Gewalttaten, unter denen die päpstlichen Gebiete zu leiden« hatten, womit die heftigen Auseinandersetzungen der verfeindeten Fraktionen im Kirchenstaat gemeint sind. Lambert scheint die Synode genutzt zu haben, um ein großangelegtes Reformwerk zu initiieren. Seine Mutter, die Kaiserin Ageltrude, wird im Kontext mit der Synode von Ravenna nicht erwähnt. Im Vorjahr ordnete sie die Verhältnisse in ihrer Heimatstadt Benevent, wo sie ihren Bruder zum Fürsten einsetzte. Sie hielt dort Gerichtstage ab und kümmerte sich um die kirchlichen Angelegenheiten in Süditalien.[83] Vermutlich auf ihre Initiative hin bestätigte Lambert den Besitzstand des Bistums von Benevent, zu dem – es verwundert nicht in einer Zeit, in der Bischöfe als Kriegsherren auftraten und Schutz gegen die Angriffe der Sarazenen eine Notwendigkeit war – auch Festungen gehörten.[84]

Die alten Anhänger des Hauses von Spoleto standen der Herrschaft des jungen Kaisers jedoch zunehmend skeptisch gegenüber. So gingen zahlreiche ehemalige Waffengefährten Widos zu Berengar über. Ein bewährter Gefolgsmann Widos war ein Adeliger namens Alberich. Erstmals genannt wird er bei der Schlacht an der Trebbia im Frühjahr 889.[85] Dort kämpfte er an der Seite Widos gegen Berengar und dürfte für seinen tatkräftigen Einsatz wohl belohnt worden sein. Jedoch ermordete er nach dem Tod Widos heimtückisch den Großneffen seines verstorbenen Lehnsherrn, dem Wido seinerzeit die Markgrafschaften von Spoleto und Camerino überlassen

82 MGH Capit. 2, S. 123, Nr. 230.
83 Vgl. Cat. reg. Langob., S. 494 f. u. 497.
84 Manaresi I, S. 376, Nr. 104.
85 Gesta Bereng. imp. II 25–29.

hatte.[86] Alberich übernahm danach selbst die Herrschaft in Spoleto und wurde ausgerechnet von Berengar, den er einige Jahre zuvor noch bekämpft hatte, der aber nun händeringend nach Verbündeten suchte, als Markgraf anerkannt. Dass Lambert den Mord an seinem Vetter unmöglich gutheißen konnte und deshalb Alberich feindlich gegenüberstand, dürfte sich von selbst verstehen. Ebenfalls ein Vetter Kaiser Lamberts war Adalbert von Tuszien, der sich schon beim dritten Italienzug Arnulfs von Kärnten mit Berengar verbündet hatte. Eine Leidenschaft, der Lambert frönte und die er mit fast sämtlichen adeligen Standesgenossen seiner Zeit gemeinsam hatte, war die Jagd. Während sich der junge Kaiser bei einem gemütlichen Jagdausflug in dem großen Waldgebiet in der Nähe von Marengo verlustierte, erreichte ihn die Nachricht, dass sich Adalbert von Tuszien mit anderen Adelsherren gegen ihn verschworen hatte und mit einem großen, aber »wenig tüchtigen« Heer gegen ihn heranrückte. Entschlossen und todesmutig ritt Lambert mit nur wenigen Begleitern den Verschwörern entgegen. In einem nächtlichen Handstreich gelang es ihm, Adalbert und weitere hochrangige Aufständische gefangen zu nehmen. Lambert ließ die Gefangenen nach Pavia bringen.[87] In aller Seelenruhe begab er sich wieder in den Wald von Marengo, um sein Jagdvergnügen fortzusetzen. Dort kam er im Oktober 898 bei einem Jagdunfall ums Leben. Verständlicherweise kam schon bald das Gerücht auf, Lambert sei ermordet worden. Es findet sich erstmals bei Liutprand von Cremona,[88] dürfte aber reine Erfindung sein. Lambert starb wahrscheinlich wirklich an den Folgen eines Unfalls.

Im *regnum Italiae* gab es damit nur noch den einen regierenden König Berengar, der nun allgemein anerkannt wurde. Sogar die Anhänger Lamberts sollen ihn dazu aufgefordert haben, die Regierung über das ganze Königreich Italien zu übernehmen. Schon im November wohnte Berengar im Königspalast von Pavia. Eine seiner ersten Regierungshandlungen als Alleinherrscher war die Freilassung Adalberts von Tuszien. Auch der nunmehrigen Exkaiserin Ageltrude blieb nichts anderes übrig, als sich mit Berengar zu ar-

86 So laut Gesta Bereng. imp. II 29 f.; 89; andere Quellen erwähnen nur, dass der Großneffe von Kaiser Wido – er hieß ebenfalls Wido (IV.) – ermordet worden sei; letztmalig erwähnt wird er im Jahr 897 (Cat. reg. Langob., S. 497); Alberich könnte evtl. noch von Kaiser Wido zum Markgraf von Camerino ernannt worden sein (so Zimmermann, Das dunkle Jahrhundert, S. 40).
87 Liutprand antap. I 40–42.
88 Liutprand antap. I 42, vgl. auch Gesta Bereng. imp. III 249–279.

rangieren. Sie schloss mit ihm einen Bündnisvertrag (*amicitia*), was ganz wesentlich zur Akzeptanz Berengars in Italien beitrug.[89] Im Gegenzug bestätigte Berengar der Exkaiserin, *olim imperatrix*, wie sie in der erhaltenen Urkunde tituliert wird, sämtliche Besitzungen, die sie durch Schenkung von den Kaisern Wido und Lambert sowie von anderen Personen erhalten hatte.[90] Er verpflichtete sich außerdem, ihren Besitz zu schützen. Die Exkaiserin zog sich auf ihre Güter zurück, wo sie sich der Gründung von Klöstern und der Verwaltung ihrer Ländereien widmete. Aber auch von dort aus nahm sie immer wieder Einfluss auf die Politik. Nach der Anerkennung durch Ageltrude fand sich nun auch Papst Johannes IX. mit Berengar als König Italiens ab. Allerdings war man in Rom weit davon entfernt, Arnulf von Kärnten, der bei der Synode von Ravenna zum Usurpator abgestempelt wurde, als rechtmäßigen Kaiser zu akzeptieren. Dieser starb gegen Ende des Jahres 899 an den Folgen eines Schlaganfalls. Somit war der Kaiserthron wieder vakant, und dem verständigen Leser wird mittlerweile zweifellos klar sein, dass mit dem Tod des Kaisers aus dem Hause Spoleto die Machtkämpfe in Italien keineswegs beendet waren. Wie man eigentlich annehmen sollte, hätte nun endlich Berengar zum Zuge kommen müssen. Doch scheiterte er kläglich bei der Abwehr der Magyaren. Diese fielen im Herbst 899 in Norditalien ein. Nach anfänglichen Erfolgen schlugen die Ungarn das Heer Berengars, auf dessen Seite auch der Markgraf Alberich mit den Kontingenten von Spoleto und Camerino stand. Das überraschte christliche Heer sei dabei gänzlich vernichtet worden, was allerdings eine Übertreibung sein wird.[91] Nachdem die Magyaren im Laufe eines Jahres eine Reihe von Klöstern zerstört sowie ganze Städte und Ortschaften entvölkert hatten, konnten sie von Berengar schließlich durch hohe Tributzahlungen und die Stellung von Geiseln zum Abzug bewegt werden.

Da der Abwehrkampf Berengars gegen die heidnischen Ungarn in einem Fiasko endete, wandten sich die Großen Italiens an Ludwig von Niederburgund, den zu Beginn des Kapitels erwähnten Adoptivsohn und Erben Karls des Dicken, den man später »den Blinden« nannte. Die Adelsopposition – allen voran offenbar wiederum Adalbert von Tuszien – bat ihn, die Herrschaft im Königreich zu über-

89 MGH Capit. 2, S. 126, Nr. 231.
90 Schiaparelli, Berengario, S. 65, Nr. 22.
91 Vgl. Liutprand antap. II 7–15; zum Datum der Schlacht vgl. Cat. abb. Nonant. 899.

nehmen.[92] Sein Kriegszug über die Alpen entspricht dem Muster der Italienzüge Arnulfs von Kärnten. Berengar zog sich ins sichere Verona zurück, während man Ludwig bereitwillig die Tore der Stadt Pavia öffnete. Dort wurde er zum König gewählt. Auf seinem Weg nach Rom empfing ihn Adalbert, der inzwischen als eine Art Königsmacher Italiens auftrat, mit großem Prunk und Pomp.[93] In Rom hatte inzwischen Papst Benedikt IV. den Stuhl Petri als Nachfolger des verstorbenen Johannes IX. übernommen. Benedikt wird üblicherweise zu den Formosianern gezählt, doch wurde die Stadt zunehmend von den Anhängern Adalberts von Tuszien, die bei der Wahl des Sergius noch gescheitert waren, kontrolliert. Vermutlich unter ihrem Einfluss krönte der neue Papst Ludwig im Februar 901 zum Kaiser. Kennt man die Umstände, so wird es nicht verwundern, wenn das ohnmächtige und auf Italien beschränkte Kaisertum nördlich der Alpen kaum ernst genommen wurde. Der neu gekrönte und noch ledige Imperator schien anfangs vom Glück begünstigt. Durch die Heirat mit einer byzantinischen Prinzessin, der Tochter Kaiser Leos VI., die zum fraglichen Zeitpunkt erst zwölf Jahre alt war, schloss er eine Allianz mit dem Kaiserhaus von Konstantinopel.[94] Der Siegeszug Ludwigs fand indes schon bald ein jähes Ende. Berengar konnte in der Zwischenzeit ein neues Heer aufstellen. Ungeachtet eines neuerlichen Ungarneinfalls – vielleicht erfolgte dieser Plünderungszug sogar eigens auf Veranlassung Berengars – zog er mit seinen Truppen gegen Ludwig, der daraufhin in aller Eile das Land verließ.

Weder Adalbert von Tuszien noch Ludwig gaben sich damit geschlagen. Und so wiederholte sich das Spiel im Jahr 905. Wieder wurde der Adel Italiens durch die Veranlassung Adalberts bei Ludwig vorstellig, der daraufhin ein zweites Mal mit einem großen Heer über die Alpen zog.[95] Ausgerechnet in dieser Situation erkrankte Berengar. Er musste diesmal selbst seine Zuflucht Verona räumen und floh nach Bayern.[96] Die Stadt fiel kampflos in die Hände Ludwigs. Im Sommer 905 glaubte Ludwig vorschnell, über Berengar gesiegt zu haben und entließ seine Kriegsleute, die nach Burgund zurückkehrten. Ludwig hat jedoch nicht mit der Kühnheit des in-

92 Liutprand antap. II 32 f.
93 Vgl. Liutprand antap. II 38, der dies auf den zweiten Italienzug Ludwigs bezieht.
94 Vgl. PG 111, Sp. 197, Nr. 32.
95 Liutprand antap. II 36.
96 Regino 905; Liutprand antap. II 37.

zwischen wieder genesenen Berengar gerechnet. Dieser hatte heimlich in Begleitung weniger Anhänger das bayrische Exil verlassen. Mit seinem überschaubaren Gefolge gelang es ihm, nachts in Verona einzudringen und die Stadt im Handstreich zu nehmen. Kaiser Ludwig wurde in der Kirche S. Pietro in Castello aufgespürt, wo er sich versteckt hatte. Am nächsten Morgen ließ Berengar seinen Gegner kurzerhand die Augen ausstechen, womit dieser nach damaliger Anschauung herrschaftsunfähig war.[97] Der seines Augenlichts beraubte Kaiser durfte daraufhin nach Burgund abziehen. Somit dürfte sich auch die Herkunft seines späteren Beinamens »der Blinde« erklärt haben.

Ungeachtet ihres Bündnisvertrages mit Berengar hatte sich die Exkaiserin Ageltrude sogleich auf die Seite Ludwigs gestellt, was seiner allgemeinen Anerkennung gewiss förderlich war.[98] Berengar schien ihr das nicht übel zu nehmen, da er später in einem Gerichtsverfahren zugunsten der Exkaiserin entschied. Aus den vorhandenen Quellen lassen sich immerhin einige Anhaltspunkte über die Regierungsbeteiligung Ageltrudes während der Herrschaft Widos und der ihres Sohnes Lambert gewinnen. Wie wir sehen konnten, leitete sie beim Angriff Arnulfs die Verteidigung der Ewigen Stadt, die sie mit ihren Gefolgsleuten schon einige Zeit zuvor besetzt hatte. Sie übernahm den Vorsitz bei Gerichtsverhandlungen und ihr Votum war ausschlaggebend für die Akzeptanz der Herrschaft Berengars und Ludwigs. Nach dem Tod Lamberts hat sie wahrscheinlich schon bald die Königskrone mit dem Schleier der Nonne vertauscht. Dies entsprach den Gepflogenheiten ihrer Zeit. Zahlreiche Adels- und Königswitwen des frühen Mittelalters zogen sich ins Kloster zurück, wo sie fortan als Äbtissinnen wirkten. Diese Praxis entsprach überdies dem kirchlich-christlichen Ideal. Obgleich die Wiederverheiratung von Witwen durchaus üblich war, wurde sie kirchlicherseits nicht gerne gesehen. Der Rückzug ins Kloster in Weltabgeschiedenheit und Enthaltsamkeit galt allenthalben als gottgefälliger.

Bemerkenswert sind die erhaltenen oder überlieferten Urkunden zugunsten Ageltrudes, die den Eindruck vermitteln, das Bestreben der Kaiserin sei vor allem auf die Mehrung ihrer Besitztümer ausgerichtet gewesen. Schon als König musste Wido seiner Gemahlin

---

97 Liutprand antap. II, 39–41, ebenso Cat. reg. Langob. Ottobon., S. 133; Regino 905; Ann. Alam. 902; Gesta Bereng. imp. IV 32–65.
98 So aus Schiaparelli, Lodovico, S. 3, Nr. 1, zu schließen.

eine Reihe von Besitzungen überlassen haben, darunter das Kloster S. Agatha in Pavia.[99] Nach seiner Kaiserkrönung bestätigte er ihr in drei Urkunden den gesamten Besitzstand und schenkte ihr obendrein zwei in Pavia gelegene Abteien mit allem Zubehör.[100] In einem Diplom vom April 894 lesen wir von der Übertragung zweier Gutshöfe bei Bergamo und Piacenza.[101] Auch Lambert bestätigt seiner Mutter nochmals ihren gesamten Besitz mit der Erlaubnis, »darüber zu ihrem Seelenheil frei zu verfügen«; zusätzlich bekam sie hierbei das Kloster S. Eutizio bei Perugia, das zum Zwecke der Memorienstiftung für sich selbst, Wido und Lambert dienen sollte.[102] Wenig später schenkte er ihr ein weiteres Anwesen bei Tortona.[103] Von Ludwig dem Blinden erhielt sie zudem Königsgüter in der Nähe von Piacenza.[104] Wie schon erwähnt, wurde ihr Besitz im Rahmen ihres Bündnisvertrages auch von Berengar bestätigt, obendrein übernahm er die Verpflichtung, diesen zu schützen. Daneben existieren zahlreiche Urkunden, in denen Ageltrude Schenkungen an bewährte Gefolgsleute, Verwandte oder Klöster veranlasste.[105] Im Text der Diplome Widos oder Lamberts heißt es dann häufig »auf Bitten seiner Gemahlin Ageltrude« oder »auf Bitten seiner Mutter der Kaiserin«. Auch noch als Exkaiserin setzte sie sich bei Berengar zugunsten eines Vizegrafen ein, dem mehrere Gehöfte übertragen wurden.[106] Mochte dies ein geeignetes Mittel sein, um treue Anhänger zu belohnen, so dienten die Schenkungen an die Kaiserin selbst primär ihrer materiellen Absicherung. Wir werden später von umfangreichen Güterübertragungen an andere Königinnen erfahren und sehen, dass dies der gängigen Praxis entsprach. In der Bestätigungsurkunde Berengars heißt es außerdem, dass die Kaiserin ihren Besitz zur Gründung zweier Klöster verwenden wolle. In einer weiteren Urkunde vom Dezember 907 überträgt die Kaiserin einige Besitztümer dem Kloster S. Eutizio in Campoli.[107] Bei all der Gewalttätigkeit des frühen Mittelalters, bei all den politischen oder von Habgier motivierten Morden erweckt es den Anschein, als ob die Adeligen jener Zeit weder Tod noch Teufel ge-

99 Schiaparelli, Guido e Lamberto, S. 63, Nr. 1, vgl. S. 13, Nr. 6.
100 Schiaparelli, Guido e Lamberto, S. 9 ff., Nr. 4–7.
101 Schiaparelli, Guido e Lamberto, S. 54, Nr. 21.
102 Schiaparelli, Guido e Lamberto, S. 110, Nr. 10.
103 Schiaparelli, Guido e Lamberto, S. 78, Nr. 4.
104 Schiaparelli, Lodovico, S. 3, Nr. 1.
105 Vgl. Schiaparelli, Guido e Lamberto, S. 76, Nr. 3; S, 94, Nr. 10.
106 Schiaparelli, Berengario, S. 192, Nr. 71.
107 Leporace, S. 173, Nr. 20.

fürchtet hätten. Zutreffend ist jedoch das Gegenteil. Die Menschen des frühen Mittelalters waren von tiefer Frömmigkeit, Wundergläubigkeit und von der Furcht vor dem Jenseits erfüllt. So wurde in den von ihr gegründeten Klöstern nicht nur für das Seelenheil Ageltrudes, sondern auch für Wido, Lambert und deren Vorfahren gebetet.

Klostergründungen und Stiftungen hatten darüber hinaus eine wichtige Funktion im Rahmen der herrschaftlichen Selbstdarstellung. So war eine letzte Schenkung der Kaiserin vom 27. August 923 an die Kirche von Parma dem Andenken Kaiser Widos gewidmet, der in der Kathedrale von Parma vor dem Altar des heiligen Remigius seine letzte Ruhestätte gefunden hatte.[108] Diese letzte Schenkung kann man gewissermaßen als Testament Ageltrudes verstehen. Die Exkaiserin wird in der Urkunde als »fromme Magd Gottes« (*deo devota ancilla*) tituliert; das war die übliche Bezeichnung für eine Nonne. Daneben hatte die Gründung von Klöstern gerade im frühen Mittelalter einen politischen Hintergrund. Klöster waren auch Wirtschaftsbetriebe. Sie erwirtschafteten große Erträge, von denen ihre Eigentümer profitierten. Dem König direkt unterstellte Abteien hatten zudem – so sehr dies auch unseren Vorstellungen von einem friedvollen klösterlichen Leben widerspricht – Kriegsdienst zu leisten. Das Aufgebot setzte sich aus den Vasallen des jeweiligen Klosters zusammen, und manchmal führte der Abt sein Kontingent persönlich in die Schlacht. Außerdem übernahmen Äbte wichtige Verwaltungsaufgaben und diplomatische Missionen. Bei der Größe ihres Kloster- und Immobilienbesitzes erstaunt es nicht, dass Ageltrude in allerlei Rechtstreitigkeiten involviert war. Ein beliebtes Mittel jener Zeit bei der Aneignung von Grundbesitz war das Fälschen von Urkunden, ein Betrug vor dem auch Kirchenmänner nicht zurückschreckten. Ein berühmtes Beispiel dafür ist die sogenannte Konstantinische Schenkung. Auch die Exkaiserin blieb von solchem Betrug nicht verschont. So klagte Ageltrude im August 912 in einer Gerichtsverhandlung unter dem Vorsitz König Berengars gegen die Ansprüche des Bischofs von Piacenza. Der Bischof legte ein Diplom vor, demzufolge die Kaiserin ihre Besitzungen bei Piacenza einer von ihr dort gegründeten Kirche mit der Vorgabe geschenkt habe, dass diese nach ihrem Tod an das Bistum Piacenza fallen sollten. Nach der Vernehmung von Zeugen wurde diese Urkunde als Fälschung entlarvt und von Berengar für nichtig erklärt.[109]

---

108 Leporace, S. 174, Nr. 23.
109 Schiaparelli, Berengario, S. 226, Nr. 85.

Geboren wurde Ageltrude vermutlich um das Jahr 860 als Tochter des Fürsten Adelchis von Benevent. Nachdem das letzte erhaltene Lebenszeichen der Kaiserin vom August 923 datiert – die obige Schenkungsurkunde an die Kirche von Parma –, wird sie wohl kurze Zeit später gestorben sein. Sie muss also mindestens 63 Jahre alt geworden sein; ein für ihre Zeit respektables Alter. Die durchschnittliche Lebenserwartung lag für Frauen im Mittelalter bei etwa 25 Jahren. Dieser Durchschnittswert ist jedoch vor allem der hohen Kindersterblichkeit geschuldet. Hatte man die kritischen ersten Lebensjahre überstanden, so konnte man sehr wohl erheblich älter werden. Trotz des allgemein negativen Urteils, das Liutprand von Cremona über die Kaiserin fällt, die er für verschlagen und für eine Giftmörderin hält, entsprach das Leben Ageltrudes insgesamt den damaligen Vorstellungen von den Aufgaben einer Monarchin, die ihrem Gatten – oder in ihrem Fall auch dem noch jungen Sohn – »eine Helferin in der Regierung« sein sollte. Es ist außerdem nicht auszuschließen, dass Ageltrude, die in der älteren Forschung zuweilen als »männliches und herrschsüchtiges Weib« beschimpft wurde,[110] die eigentlich treibende Kraft hinter Wido und Lambert war. Nach dem raschen Abzug Ludwigs des Blinden, dem Ageltrude als eine ihrer letzten politischen Handlungen zum Kaisertum verholfen hatte, blieb Berengar als weitgehend anerkannter König Italiens zurück. Die mächtigen Männer in der Umgebung Roms waren indes die Markgrafen Adalbert von Tuszien und Alberich von Spoleto und Camerino.

110 So Dümmler, Geschichte III, S. 422.

THEODORA

Bisher konnte über die Rolle Theophylakts in den innerrömischen Parteikämpfen nur spekuliert werden. In den Quellen wird er erstmals in einer Gerichtsurkunde aus dem Jahr 901 genannt.[111] In dem Dokument sind die Beschlüsse einer Gerichtsversammlung (*placitum*) wiedergegeben, die Kaiser Ludwig der Blinde kurz nach seiner Krönung in einer großen Halle der bei St. Peter liegenden vatikanischen Paläste abhielt. Zugegen waren der Papst, die bei den Krönungsfeierlichkeiten anwesenden italienischen Bischöfe und Fürsten sowie die obersten Richter Roms (*iudices*). Sämtliche Beisitzer sind in der Urkunde aufgelistet. Und unter den römischen Richtern erscheint an zweiter Stelle ein gewisser »Teufilatus«, bei dem es sich mit ziemlicher Sicherheit um unseren Theophylakt handelt. Diese obersten römischen Richter repräsentierten die Häupter der stadtrömischen Aristokratie.[112] Zudem zeigt die Liste, wer in Rom zur Anhängerschaft Ludwigs des Blinden zählte. Theophylakt gehörte somit zum fraglichen Zeitpunkt bereits zum Kreise der einflussreichsten Männer der Stadt. Außerdem war er ein zuverlässiger Verbündeter Adalberts von Tuszien, denn Theophylakts Gemahlin Theodora war die Schwester des mächtigen Markgrafen.[113]

Die Hochzeit fand wohl gegen 890/891 statt und könnte von Papst Stephan V. arrangiert worden sein, der damit vielleicht versuchte, das Haus Spoleto noch stärker an die Kurie zu binden – Wido von Spoleto, mütterlicherseits ein Onkel Adalberts, war ja bereits sein Adoptivsohn. Es wäre demnach einleuchtend, wenn Stephan eine familiäre Allianz zwischen einem stadtrömischen Aristokraten, der gleichzeitig als zuverlässiger Diener der Kirche und des Papstes galt, und den Spoletinern gefördert hätte. Die Heirat würde gut in

111 Schiaparelli, Lodovico, S. 18, Nr. 6.

112 Vgl. Libellus, MGH SS 3, S. 720.

113 Dass Theodora eine Tochter Adalberts I. von Tuszien (ca. 847–890) war, wird von Gregorovius, Geschichte I.2, S. 581, abgelehnt, vgl. jedoch die genealogische Untersuchung von Liverani, Opere II, S. 65–72, sowie RI I 3,2, Nr. 1126.

den Rahmen der Vorverhandlungen anlässlich der Kaiserkrönung Widos im Februar 891 passen. Womöglich trat sogar die Königin und spätere Kaiserin Ageltrude als Vermittlerin auf. Von der Verbindung profitierten vor allem Theophylakt, der durch die Vermählung mit einer Nichte des Kaisers gleichsam geadelt war, und Adalbert, der spätestens im Jahr 890 die Nachfolge seines Vaters als Markgraf von Tuszien angetreten hatte.[114] Adalbert verfügte damit über gute Beziehungen zu einem Mann aus der nächsten Umgebung des Papstes. Alle Überlegungen zu Theophylakts Herkunft sind rein hypothetischer Natur. Er wird in der Literatur gelegentlich als Graf von Tusculum bezeichnet, doch erst der Spross eines späteren Seitenzweigs seiner Sippe trug diesen Titel. Wie der Name nahelegt, könnte seine Familie griechischer Herkunft gewesen sein. Wahrscheinlich ist auch, dass sie schon seit längerem im Dienst der Päpste stand. Da der mächtige Markgraf von Tuszien den Senator Theophylakt für würdig befand, sich mit ihm zu verschwägern, wird dieser vermutlich schon unter Papst Stephan V. als eine herausragende Persönlichkeit innerhalb der römischen Adelskreise wie auch als treuer Anhänger der Widonen gegolten haben.

Papst Benedikt IV., der Kaiser Ludwig gekrönt hatte, starb im Sommer 903. Man einigte sich zunächst auf einen Kompromisskandidaten. So wurde ein Priester aus einem kleinen Landstädtchen südlich von Rom als Leo V. zum Nachfolger Benedikts gewählt. Angeblich soll er während der Sedisvakanz rein zufällig nach Rom gekommen sein. Aber anscheinend waren viele Römer mit der Wahl des ihnen unbekannten Priesters unzufrieden. Die sich verschlechternde Stimmung im Volk nutzte ein Herr namens Christophorus, seines Zeichens Kardinalpriester von S. Lorenzo in Damaso. Er entfachte eine Revolte gegen den neugewählten Papst. Schon nach einem Monat verschwand Leo in einem Kerker und Christophorus ließ sich von seinen Anhängern selbst zum Papst erheben.[115] Der Umsturz löste Empörung aus. Auch die Formosianer, die zu dieser Zeit politisch schon keine große Bedeutung mehr hatten, lehnten das widerrechtliche Pontifikat des Christophorus ab.[116] Die herrschenden Familien und ihre Verbündeten ergriffen nun – höchstwahrscheinlich unter der Führung Theophylakts – energisch die Initiative. Sie holten Sergius, der be-

114 Vgl. RI I 3,2, Nr. 879.
115 Vgl. Reg. pontif., S. 444.
116 Auxilius in def. app.

reits im Jahr 897 gegen Johannes IX. kandidiert hatte und anschließend vertrieben worden war, aus dem spoletinischen Exil. Adalbert von Tuszien und Alberich von Spoleto geleiteten ihn wohl gemeinsam im Januar 904 mit ihren bewaffneten Gefolgsleuten nach Rom.[117] Schon zuvor hatte sich das Volk gegen Christophorus aufgelehnt und ihn aus dem Lateranpalast vertrieben. Nach der Ankunft des Sergius wurde er inhaftiert. Sowohl Leo V. als auch Christophorus sollen im Kerker verhungert sein.[118] Einer anderen Quelle zufolge habe man Christophorus in ein Kloster abgeschoben.[119]

Sergius - nunmehr Sergius III. seines Namens - betrachtete seine Wahl im Jahr 897 als rechtmäßig. Um die Legitimität seiner ersten Erhebung zu bekräftigen, datierte er die päpstlichen Erlasse des Jahres 904 nach seinem achten Amtsjahr. Die Weihen aller Päpste seit Johannes IX. erklärte er für ungültig. Allerdings hatte auch Sergius ein Translationsproblem. Er war von Formosus zum Bischof von Cerveteri geweiht worden, aber nach dreijähriger Amtszeit mit der Begründung zurückgetreten, Formosus habe ihm den Bischofssitz aufgezwungen, um ihn so aus Rom entfernen zu können. Zur Lösung des Problems folgte Sergius dem Beispiel Stephans VI. und ließ auf einer Synode die Beschlüsse der Leichensynode wieder in Kraft setzen. Somit war seine einstige Weihe zum Bischof aufgehoben. Durch diese Maßnahme machte er sich innerhalb des Klerus viele Feinde, da damit auch zahlreiche andere Priesterweihen ungültig gewesen wären. Sergius ordnete deshalb eine Reordination dieser Priester an. Unter dem Pontifikat dieses Papstes, für den eine besondere Verehrung für die Gottesmutter Maria bezeugt ist,[120] wurde endlich mit dem Wiederaufbau der im Jahr 897 eingestürzten Lateranbasilika begonnen.[121] Die Kathedrale des Bischofs von Rom stand jahrelang als Ruine da, und die römische Bevölkerung nutzte die Gelegenheit, um das Bauwerk, das als die »Schatzkammer der Reliquien« und »Mutterkirche der Christenheit« galt,[122] sukzessive auszuplündern. So verschwanden allerlei Kunstwerke und Wertgegenstände. Den Ruhm für die Wiederherstellung der Basilika sollte

117 Vgl. Flodoard de triumph. XII 7; Reg. pontif., S. 445. Auxilius in def. I 1 und lib. post. 1 erwähnt fränkische Waffenhilfe für Sergius, womit Adalbert und Alberich gemeint sein können; Liutprand antap. I 30 und Chron. Farf., S. 239, nennen ausdrücklich Adalbert von Tuszien.

118 Auxilius in def. I 1; Vulgarius de causa Formos. 14.

119 Herim. Aug. chron. 904.

120 Vgl. Hamilton, The House, S. 199–201.

121 Benedikt v. S. Andrea 27; Lib. pontif. II, S. 236.

122 Gregorovius, Geschichte I.2, S. 579.

später Papst Johannes X. ernten, unter dem die Renovierungsarbeiten abgeschlossen wurden. Daneben ließ Sergius eine Reihe weiterer Kirchen und Klöster restaurieren. Während der Papst die von Berengar geforderte Kaiserkrönung mit allerlei Vorwänden hartnäckig auf unbestimmte Zeit verschob, förderte er die diplomatischen Beziehungen zum byzantinischen Kaiser. Nikolaos, der Patriarch von Konstantinopel, widersetzte sich dem Wunsch des Kaisers Leo VI., eine vierte Ehe eingehen zu dürfen. Sergius intervenierte zugunsten des Kaisers und erteilte ihm die Zustimmung zur vierten Ehe und zur Verbannung des widerspenstigen Patriarchen.[123]

Im Jahr 1882 fand ein italienischer Forscher eine 3,6 Meter lange Schriftrolle im Archiv des Fürsten von Savoyen. Auf der Vorderseite stand ein aus dem 5. Jahrhundert stammender Gebetstext für den Gottesdienst, doch auf der Rückseite entdeckte er die Abschrift von acht historisch bedeutsamen Briefen aus dem 10. Jahrhundert. Einer dieser Briefe war von einem Erzbischof von Ravenna – es dürfte sich mit ziemlicher Gewissheit um den späteren Papst Johannes X. handeln – an Theophylakt und Theodora adressiert.[124] Der Erzbischof bittet sie darin, sich beim Papst für die Ordination eines bestimmten Bischofs einzusetzen. In der Anrede wird Theophylakt als *gloriosissimus dux et magister militum* und *vesterarius* tituliert. Theodora wird dort gleichfalls als *serenissima vesteratrix* bezeichnet. Wurde die Titulatur *dux* (›Herzog‹) im damaligen Rom hauptsächlich als Ehrentitel verliehen, so war das Amt des *magister militum* (›Heermeister‹) mit großer wirklicher Macht verbunden. Theophylakt unterstand damit das gesamte Heeresaufgebot des Kirchenstaates.[125] Sein Amtssitz als Magister Militum lag vermutlich bei den Ruinen der antiken Trajansmärkte. Dort erhebt sich ein mächtiger Wehrturm, der Torre delle Milizie aus dem 13. Jahrhundert, von dem später die Legende berichtete, dies sei der Turm, von dem aus Nero einst den Brand Roms besungen habe. Der Turm wurde bei einer älteren Befestigung errichtet, die man *militiae Tiberinae* nannte. Sie erhielt ihren Namen nach dem oströmischen Kaiser Tiberios Konstantinos, der den Römern im Jahr 578 empfahl, gegen die Langobarden eine Bürgermiliz aufzustellen oder Söldner anzuwerben.[126] Ebenso bedeutsam war

123 Vgl. RI II 5, Nr. 8; 51.
124 Loewenfeld, S. 517, Nr. 1; zum Autor des Briefs vgl. ebd., S. 521.
125 Beide Ämter wurden schon einmal im Jahr 875 von einem Amtsträger bekleidet, vgl. Sickel, Alberich, S. 79, Anm. 1.
126 Meand. frg. 49, vgl. Krautheimer, Rom, S. 89 f.

die Position des *vesterarius* – oder eingedeutscht ›Vestarar‹. Dieser hatte theoretisch die Obhut über die liturgischen Gewänder und den Schmuck des Papstes. Tatsächlich aber unterstanden ihm die kompletten päpstlichen Finanzen und die Besitzungen der römischen Kirche. Wenn Theodora ebenfalls als *vesteratrix* tituliert wird, bedeutet dies nun keineswegs, dass auch sie das Amt einer päpstlichen Schatzmeisterin innegehabt hätte. Gemäß dem Gebrauch ihrer Zeit trug die Gattin des Amtsinhabers ebenfalls die Titel ihres Ehemannes, was sich in diesem Falle auf das kirchliche Amt des Vestarars beschränkte und die militärischen Amtstitel nicht mit einschloss.

Überliefert ist außerdem eine Inschrift, auf der für Theophylakt und Theodora nur die Titel *vesterarius* und *vesterarissa* genannt werden.[127] Man könnte deshalb vermuten, dass Sergius seinen Verbündeten zunächst zum Vestarar und erst etwas später auch zum Oberbefehlshaber über die päpstlichen Streitkräfte ernannt hat. Allerdings wurden solche Titel zur damaligen Zeit oftmals unvollständig wiedergegeben. Vielleicht war Theophylakt vor seiner Ernennung zum Vestarar Vorsteher der päpstlichen Kanzlei (*cancellarius*). Für das Jahr 906 ist ein Cancellarius dieses Namens belegt,[128] wobei jedoch nicht sicher ist, ob es sich dabei tatsächlich um unseren Theophylakt handelt, da dieser Name damals in Rom recht häufig war. Die Ernennung zum Vestarar und Heermeister belegt, dass Theophylakt seine Karriere unter dem neuen Papst höchst erfolgreich fortsetzen konnte. Sergius stand offenbar in der Schuld des Senators und hatte wohl hauptsächlich ihm – als maßgeblichem Initiator – seine Wiedereinsetzung zu verdanken. Indem Theophylakt diese beiden Schlüsselpositionen im päpstlichen Rom auf seine Person vereinigte und zudem seinen Schwager, den Markgrafen Adalbert, hinter sich wusste, stieg er zum mächtigsten Mann hinter dem Papst auf. Er wurde damit zum geheimen und eigentlichen weltlichen Herrscher des Kirchenstaates.

Mit seiner Erhebung zum Magister Militum erhielt Theophylakt wahrscheinlich auch den Rang eines Konsuls. Diese Titulatur wurde entweder vom Papst selbst oder von den Oberhäuptern der anderen

127 Loewenfeld, S. 518 f.; Gray, Paleography, S. 141, Nr. 139. Sickel, Alberich, S. 81, Anm. 1, weist mit Berufung auf Gregorovius die Inschrift Theophylakts Tochter Theodora II. zu, vgl. jedoch Hamilton, The House, S. 202, sowie die Stammtafel auf S. 217. Nach Sickels Deutung hätte die Tochter dann auch einen Mann namens Theophylakt – zugegebenermaßen ein damals häufiger Name – geheiratet, der ebenfalls päpstlicher Vestarar gewesen wäre.

128 Marini, S. 32, Nr. 24.

Adelsclans vergeben, zumeist in Verbindung mit dem Titel *dux* (›Herzog‹). Es gab schon im 9. Jahrhundert einige Träger dieser Würde. Die letzten Konsuln vor Theophylakt sind für das Jahr 883 bezeugt. Mit Theophylakt kam der Titel anscheinend erneut in Mode, denn ab dem Jahr 913 lassen sich unter den römischen Würdenträgern zahlreiche Konsuln nachweisen.[129] Doch war dieser Status zu jener Zeit mit keiner administrativen Funktion verbunden. Es gab keine städtische Verwaltung oder einen Senat im Sinne eines Gremiums, denen ein Konsul hätte vorstehen können. Der Titel eines Konsuls war lediglich ein Ehrentitel, der den Vorrang Theophylakts über die Häupter der anderen römischen Adelsgeschlechter demonstrierte. Dasselbe dokumentiert, wie im vorherigen Kapitel bereits erwähnt, der für Theophylakt überlieferte Senatorentitel. Auch als Senator war Theophylakt kein exklusiver Träger dieses Titels. Beispielsweise wird in einer Urkunde aus dem Jahr 915 neben ihm ein weiterer Senator namens Johannes erwähnt.[130] Das alles belegt zwar die Machtstellung, die Theophylakt zwischenzeitlich in der Stadt innehatte, doch sind dies nur Ehrentitel, mit denen kein Amt verknüpft war.

Der süditalienische Priester und Dichter Eugenius Vulgarius war ursprünglich ein erbitterter Gegner des Sergius und eifriger Verteidiger des toten Formosus. Doch nachdem man seine Inhaftierung in ein Kloster angeordnet und ihn nach Rom vorgeladen hatte, machte er eine Kehrtwende und wurde zu einem äußerst devoten Anhänger des neuen Papstes. Um seine Loyalität unter Beweis zu stellen, verfasste er Sergius zu Ehren eine Reihe liebdienerischer Gedichte. Auch an Theodora schrieb er einen äußerst schmeichelhaften Brief, in der Hoffnung, so die Gunst der Vesteratrix als Fürsprecherin beim Papst zu gewinnen.[131] Aus verständlichen Gründen preist er darin die Tugenden und die Schönheit Theodoras und nennt sie die »höchst verehrungswürdige« und von Gott geliebte, vortreffliche Ehefrau des »Herrn von Rom«. Dass er Theophylakt als römischen Stadtherrn (*dominus urbi*) tituliert, passt zum opportunistischen Charakter des Briefs, doch entspricht auch den tatsächlichen Verhältnissen. In krassem Gegensatz zur lobrednerischen Verklärung des Eugenius Vulgarius stehen die Schmähungen des Liutprand von Cremona. Er beschimpft Theodora als »schamlose Hure« und »Dirne«,

129 Vgl. Sickel, Alberich, S. 85, Anm. 1, der dort für das 10. Jh. 48 Konsuln auflistet.
130 Vgl. Zimmermann PU, S. 68, Nr. 40.
131 Vulgarius epist. ad Theodoram, MGH Poetae Latini 4.1, S. 419, Nr. 9.

die »von der Hitze der Venus entflammt« sei und bezeichnet sie nach einem leichtfertigen Frauenzimmer in einer antiken römischen Komödie als *Glycerium.*[132] Außerdem unterstellt er ihr ein langjähriges amouröses Verhältnis mit Johannes, dem Erzbischof von Ravenna, den sie »genötigt« haben soll, mit ihr zu »huren«. Und nur weil ihr »verdorbenes Gemüt« die räumliche Trennung zu ihrem gutaussehenden Geliebten – Liutprand betont seine »schöne Erscheinung« – nicht ertragen habe, soll sie ihm zum Papsttum verholfen haben.[133] Wie eingangs schon erwähnt, behauptet er auch, dass sie nicht »unmännlich über die Stadt Rom« geherrscht habe. Aus der Sicht Liutprands war Theodora nicht nur eine notorische Ehebrecherin, sondern auch ein Kupplerin, die angeblich Papst Sergius ihre eigene, noch im zarten Jugendalter stehende Tochter Marozia als Mätresse überlassen habe. Marozias ältester Sohn Johannes, der spätere Papst Johannes XI., sei nach Liutprand ein Sohn von Sergius gewesen.[134]

Liutprand war kein Zeitzeuge der damaligen Ereignisse in Rom. Er wurde erst um das Jahr 920 geboren. Seine Werke verfasste er in der Mitte des 10. Jahrhunderts. Zunächst stand er als Diplomat im Dienste von Berengar II., der im Jahr 950 König von Italien wurde und nicht mit dem bereits mehrfach erwähnten Berengar (I.) verwechselt werden darf. Liutprand fiel aus unbekannten Gründen in Ungnade und wurde zu einem treuen Anhänger der Ottonen. Seine *Historia Ottonis* ist eine verklärende Lobschrift für seinen Beschützer Otto I. Das Werk, in dem er unter anderem auch über Theodora und Marozia berichtet, trägt den Titel *Antapodosis* (›Vergeltung‹) oder *Liber antapodoseos* (›Buch der Vergeltung‹). Wie bereits der Titel hinreichend verdeutlicht, handelt es sich um eine gehässige Abrechnung Liutprands mit seinen politischen Gegnern. Der Autor macht daraus auch keinen Hehl. Er schreibt selbst:

> »Die Absicht dieses Werks geht dahin, die Taten dieses Berengar [II.], der jetzt in Italien als Tyrann, nicht als König herrscht, und seines Weibes Willa, die wegen ihrer grenzenlosen Tyrannei eine zweite Isebel und wegen ihrer unersättlichen Raubgier mit

---

132 Glycerium ist eine weibliche Figur aus der Komödie Andria (»Das Mädchen von Andros«) des im 2. Jh. v. Chr. wirkenden römischen Dichters Terentius. Der Name leitet sich von dem griechischen Wort *glukeros* her und bedeutet so viel wie ›die Süße‹.

133 Liutprand antap. II 48.

134 Liutprand antap. II 48; III 43 und diesem folgend Chron. Farf. I, S. 241; Lib. pontif. II, S. 243, sowie weitere von Liutprand abhängige Quellen, vgl. RI II 5, Nr. 101.

> dem treffenden Namen Lamia genannt wird, darzustellen, aufzuzeigen und laut in alle Welt zu schreien. Beide nämlich haben mich, mein Haus, meine Sippe und Familie ohne alle Ursache mit so vielen Pfeilen der Lüge, mit so räuberischen Erpressungen und so gottlosen Ränken verfolgt, dass weder die Zunge es auszusprechen noch die Feder es zu beschreiben vermag. Darum sollen ihnen diese Blätter eine Vergeltung sein, weil ich für die mir zugefügten Leiden ihre Gottlosigkeit gegenwärtigen und zukünftigen Menschen aufdecken will.«[135]

Wie schon die Beschimpfung der Gattin Berengars II. als Isebel und Lamia zeigt, sparte der Autor nicht mit gehässigen und sarkastischen Vergleichen. Isebel ist im Alten Testament die böse Ehefrau Ahabs, des Königs von Israel, und eine fanatische Götzendienerin. Sie soll ihren Mann gegen den Gott Israels aufgestachelt und die Propheten verfolgt haben. Und Lamia galt im alten Griechenland als kinderfressendes Ungeheuer mit einem Schlangenhaupt. Häufig unterstellte Liutprand seinen Protagonisten Unmoral und sexuelle Zügellosigkeit. Über Irmgard, die Witwe des Markgrafen von Ivrea, weiß er zu berichten: »Die Quelle ihrer Macht aber war – es ist eine Schmach, das sagen zu müssen – ihr fleischlicher Verkehr mit jedermann, nicht nur mit Fürsten, sondern auch mit Leuten von niederer Herkunft.«[136] Von Berta, der Gemahlin Adalberts von Tuszien, behauptet Liutprand, sie habe ihre Gefolgsleute aus den Reihen ihrer zahlreichen Liebhaber rekrutiert.[137] Dabei war er kein ausgewiesener Frauenhasser, denn mit seinen männlichen Geschlechtsgenossen verfuhr er nicht besser. In einer anderen Schrift geißelt er die angebliche Dekadenz des byzantinischen Hofes, damit im Vergleich zum zweiten Kaiser in Konstantinopel die Ottonen umso glanzvoller erscheinen sollten. Bei Fürstinnen, denen er gewogen war, betonte er sehr wohl deren Schönheit, Geist und Ehrbarkeit.[138] Doch zu den Feinden der Ottonen zählten eben auch die Nachfahren Theodoras und Marozias. So verwundert es nicht, dass beide in möglichst schlechtem Licht dargestellt werden. Für die quellenarme Zeit des 10. Jahrhunderts sind Liutprands Schriften trotz diverser Verwechslungen und jenseits aller Bösartigkeiten von unschätzbarem Wert, doch sind sie mit großer Vorsicht zu

135 Liutprand antap. III 1.
136 Liutprand antap. III 7.
137 Liutprand antap. II 55.
138 So z. B. über die Schwester König Rudolfs II. von Burgund (Liutprand antap. II 66).

interpretieren. Besonders die unterstellten sexuellen Ausschweifungen dürften wohl meistenteils frei erfunden sein. Sie dienten vor allem der Verunglimpfung des politischen Gegners.

Wir können deshalb fast ausschließen, dass Theodora tatsächlich eine Affäre mit dem gutaussehenden Erzbischof von Ravenna hatte und die junge Marozia die Mätresse von Sergius III. war. Andere von Liutprand unabhängige Quellen berichten über Theodora und Marozia nichts dergleichen. Entsprechend den aristokratischen Gepflogenheiten jener Zeit war die Tochter der Vesteratrix und des Stadtherrn von Rom ein wichtiges Heiratspfand, das es bei der Knüpfung neuer Bündnisse und dynastischer Verbindungen möglichst vorteilhaft einzusetzen galt. Wäre die Ehre der Tochter infrage gestellt worden, so hätte das ihren »Marktwert« erheblich geschmälert. Es ist kaum vorstellbar, dass die Eltern ihre Tochter gleichsam ins päpstliche Bett gelegt hätten, um so die guten Beziehungen zum apostolischen Stuhl noch weiter zu vertiefen. Schließlich hatte Sergius sein Pontifikat der Partei Theophylakts und nicht umgekehrt der Stadtherr Roms seinen Aufstieg ausschließlich dem Papst zu verdanken. Ebenso unwahrscheinlich ist der Gedanke, der Heilige Vater hätte sich bei der Suche nach einer jungen Gespielin für das päpstliche Schlafzimmer ausgerechnet an der Tochter von Theodora und der Großnichte der Kaiserin Ageltrude vergangen. Sie wäre für ein kurzes sexuelles Abenteuer die denkbar schlechteste Wahl gewesen. Eine einvernehmliche, vielleicht sogar heimliche romantische Beziehung zwischen der blutjungen Marozia und dem alternden Papst erscheint ebenfalls sehr unglaubhaft. Aus Liutprands Unterstellung kann man bestenfalls herauslesen, dass Sergius wahrscheinlich enge Beziehungen zur Familie Theodoras pflegte. Beinahe ebenso verhält es sich mit der Behauptung des Autors, Theodora habe nicht »unmännlich über die Stadt Rom« geherrscht. Weder Theophylakt als Dux und Magister Militum noch seine Gemahlin konnten in der Stadt schalten und walten, wie es ihnen beliebte. Theophylakts Herrschaft basierte vielmehr auf Konsens. Er war nur ein *primus inter pares* und musste sich notwendigerweise mit den anderen römischen Adelsgeschlechtern arrangieren. Außerdem waren die Interessen Adalberts von Tuszien und Alberichs von Spoleto zu berücksichtigen. Und obendrein scheint Sergius keineswegs eine Marionette auf dem Papstthron gewesen zu sein. Schon die gegen die Formosianer gerichteten Maßnahmen zu Beginn seines Pontifikats bescheinigen ihm eine eigenwillige Persönlichkeit.

Für die Vesteratrix Theodora ist nicht einmal der Titel Senatrix belegt. Es stellt sich ohnedies die Frage, welchen Gestaltungsspielraum sie überhaupt als Gattin des Senators Theophylakt hatte. Vereinfacht ausgedrückt war die mittelalterliche Frau entweder Ehefrau und Mutter oder Nonne. Und was zu Ageltrude über die Aufgaben einer Königin dargelegt wurde, gilt so ähnlich auch für eine Dame aus hochadeligen Kreisen und ebenso in abgewandelter Weise für die freie Bäuerin. Wenn die Königin als *domina palatii* die königliche Hofhaltung überwachte, so war die Gutsherrin »Hausfrau«. Das mag in der Terminologie unserer Zeit abwertend erscheinen, doch war sie als Herrin des Hauses, die mit *domina* angesprochen wurde, für die Verwaltung des gesamten Besitzes und die Führung des Dienstpersonals zuständig. Bei umfangreichen Ländereien bedeutete dies, dass die Hausherrin auch ohne ihren Ehemann auf Reisen ging.[139] Im verkleinerten Maßstab übernahm so die einfache Bäuerin ebenfalls eine lebenswichtige Funktion, von der das Überleben der ganzen Familie abhing. Ein damals typisch weibliches Ressort war das Anfertigen von Textilarbeiten. Aber auch das war keine zu unterschätzende Tätigkeit. Oftmals handelte es sich um kostbare Gewänder, die der weltlichen und geistlichen Repräsentation dienten. In vornehmen Haushalten waren Kammerfauen mit dieser Verrichtung beschäftigt, doch übernahm häufig auch die Hausherrin selbst solche Handarbeiten.

Theoretisch hingen die Rechte einer Frau von den verschiedenen damaligen Rechtssystemen und ihrem gesellschaftlichen Status ab. In den germanischen Reichen gab es unterschiedliche Gesetzesbücher, doch das auf dem alten römischen Recht basierende Kirchenrecht relativierte vieles. Aus christlicher Sicht war die Frau zwar dem Mann untergeordnet, ihm aber ansonsten gleichgestellt. In den Volksgesetzen galt die Frau hingegen als schutzbedürftig und musste vor männlichen Übergriffen bewahrt werden.[140] Dies wird immer wieder ausdrücklich hervorgehoben, was nahelegt, dass Angriffe und unsittliche Belästigungen an der Tagesordnung waren. Jedoch konnten Frauen über erheblichen Besitz verfügen. Eigenständige Grundbesitzerinnen waren deshalb keine Seltenheit. Belegt sind daneben zahlreiche adelige Damen, die nach dem Tod ih-

139 Vgl. z. B. Vita Liutb. 3.
140 Diese Schutzbedürftigkeit verlor sie jedoch, falls sie selbst in einen Kampf eingriff (MGH LL nat. Germ. 2.1, S. 67, Nr. 33,5); zum Rechtsstatus vgl. Ennen, Frauen, S. 32–48.

res Gatten die Verwaltung der Familiengüter oder die Regentschaft für ihre noch unmündigen Söhne übernahmen. Rein formell waren Frauen von öffentlichen Ämtern ausgeschlossen, doch wir sahen bereits Ageltrude als Stellvertreterin ihres Sohnes agieren und Einfluss auf die Geschicke Italiens nehmen. Inwieweit sich eine Frau im frühen Mittelalter frei entfalten konnte und welchen öffentlichen Status sie einnahm, hing von ihrem Stand und ihrer Persönlichkeit ab.[141] Die Vesteratrix Theodora verfügte als Gattin des Stadtherrn und Schwester des Markgrafen von Tuszien zweifellos über ein ganz beträchtliches Ansehen in der Stadt und am Papsthof. Das beweist allein schon das obengenannte Bittgesuch des Erzbischofs von Ravenna, das an Theophylakt und Theodora gemeinsam adressiert war. Ebenso hielt es Eugenius Vulgarius für erfolgversprechend, sich zur Wiedererlangung der päpstlichen Gunst an Theodora zu wenden. Man kann sich die Vesteratrix, die First Lady des päpstlichen Rom, unschwer als glänzenden Mittelpunkt der damaligen stadtrömischen Gesellschaft vorstellen. Über ein tatsächliches Amt oder eine administrative Position verfügte sie nicht, doch wird man aufgrund ihrer Persönlichkeit so manche Entscheidung des Stadtherrn oder des Papstes auf ihre Einflussnahme zurückgeführt haben.

Man nimmt an, dass Marozia um das Jahr 892 geboren wurde. Sie war die älteste Tochter von Theophylakt und Theodora. Der Name Marozia – zuweilen auch Marozza oder Maroccia geschrieben – ist das Diminutiv, also die Niedlichkeitsform, von Maria. Ins Deutsche übertragen bedeutet er ›Mariechen‹. Ihre Schwester hieß wie die Mutter ebenfalls Theodora (II.) – sie blieb jedoch weitgehend im Hintergrund. Als Kinder von Theodora und Theophylakt sind außerdem die Tochter Sergia sowie ein Sohn namens Bonifatius inschriftlich bezeugt,[142] die aber schon im Säuglingsalter verstorben sind. Ein anderer Sohn – allerdings ohne Namensangabe – wird anlässlich der Kaiserkrönung Berengars im Jahr 915 genannt.[143] Zudem schildert ein dem Dichter Vulgarius zugeschriebener Hymnus, der in der Kirche S. Maria an der Via Lata in Rom – in nächster Nähe zum Familiensitz Theophylakts – gesungen wurde, die wundersame Heilung eines gelähmten Knaben der beiden.[144] Marozia kam wahrscheinlich im Palast ihrer

141 Vgl. dazu den Sammelband von Goetz, Weibliche Lebensgestaltung.
142 Loewenfeld, S. 518 f.; Gray, Paleography, S. 141, Nr. 139.
143 Gesta Bereng. imp. IV 124.
144 Vgl. Fedele, Teodora.

Eltern auf dem Quirinal zur Welt.[145] Auf diesem stadtbeherrschenden Hügel – unweit der Via Lata, der heutigen Via del Corso, und der Basilika SS. Apostoli – lagen die Ruinen der Thermen Konstantins des Großen und des antiken Serapeums. Das war der Tempel des Gottes Serapis, den Kaiser Caracalla im Jahr 212 errichten ließ. Das monumentale Heiligtum stand auf einem hohen Podest, umgeben von Säulenhallen. Eine breite Freitreppe führte vom Tempelhof ins Tal zur Kirche SS. Apostoli hinab. Der Palast von Theodora und Theophylakt war vermutlich in die Ruinen des Tempels hineingebaut.[146] Die hohen Mauern der Treppeneinfassungen, des Portikus und des Tempels ließen sich ausgezeichnet als Verteidigungsanlage nutzen. Daneben war genügend Raum für das Herrenhaus, Unterkünfte für das Gefolge sowie Ställe und Wirtschaftsgebäude vorhanden. Die Wasserversorgung konnte durch die nahegelegene Aqua Vergine gewährleistet werden. Überragt wurde die Anlage von der rückwärtigen Giebelwand des Tempels, die man später als *frontispicium Neronis* (›Giebel Neros‹) bezeichnete. Noch zu Beginn des 16. Jahrhunderts befand sich in den Überresten des Serapeums der alte Adelssitz der Colonna, die ihre Herkunft auf die Grafen von Tusculum und somit auf die Familie Marozias zurückführen. Es spricht also vieles dafür, dass an diesem Ort der Familiensitz Theophylakts lag. Wegen der gigantischen Dioskurenstatuen, die heute am Brunnen vor dem Quirinalspalast stehen, nannte man den Hügel einst auch Monte Cavallo.

Theodora und Theophylakt setzten die Möglichkeit, ihre Tochter Marozia für die Familie möglichst gewinnbringend zu vermählen, bald schon in die Tat um. Sobald sie das heiratsfähige Alter erreicht hatte, dürften Hochzeitspläne geschmiedet worden sein. Die Wahl fiel schließlich auf keinen Geringeren als den Markgrafen Alberich von Spoleto. Die Heirat fand vermutlich spätestens um das Jahr 910 statt. Das Jahr ergibt sich halbwegs aus dem Alter von Marozias Söhnen, von denen Johannes im März 931 das Pontifikat übernahm und Alberich (II.) im Herbst 932 zwar noch Pagendienste verrichten musste, aber doch schon die Herrschaft über Rom an sich reißen konnte.[147] Ein Chronist behauptet, Marozia und der Markgraf Alberich (I.) hätten in wilder Ehe miteinan-

145 Dort ist der Palast von Marozias Sohn Alberich bezeugt (Reg. Subl., S. 202, Nr. 155); ein weiteres Indiz ergibt sich aus der engen Beziehung der Familie zum nahegelegenen Kloster S. Maria in der Via Lata, vgl. Coates-Stephens, Dark Age, S. 209.

146 Vgl. Krautheimer, Rom, S. 282.

147 Liutprand antap. III 45.

Abb. 14 Der alte Palazzo Colonna in den Resten des Serapeums auf dem Quirinal zu Beginn des 16. Jahrhunderts, Zeichnung aus dem Kreis um Maarten van Heemskerck

der gelebt.[148] Das wäre in den Begrifflichkeiten der damaligen Zeit ein Konkubinat gewesen. Dies war eine im Frühmittelalter durchaus anerkannte Form der Lebensgemeinschaft, die auch von der Kirche zunächst geduldet wurde. Doch gab es eine derartige Beziehung in der Regel nur zwischen Angehörigen unterschiedlicher Stände, wie zwischen einem Adligen und einer Unfreien. Die Konkubine war im Vergleich zu einer Ehefrau rechtlich wesentlich schlechter gestellt. Außerdem waren die Kinder aus solch einer Beziehung (*liberi naturales*) beim Erbrecht benachteiligt. Für die dynastische Verbindung zweier Adelshäuser war diese Form des Zusammenlebens höchst ungeeignet. Es ist kaum vorstellbar, dass Theodora und Theophylakt oder auch Alberich sich auf ein Konkubinat eingelassen hätten. Liutprand von Cremona, der Sergius als Vater von Marozias Sohn Johannes ausgibt, behauptet, dieser sei im Ehebruch gezeugt worden.

148 Benedikt v. S. Andrea 29; dieser Angabe folgt Gregorovius, Geschichte I.2, S. 583, der von einer späteren Heirat ausgeht, vgl. jedoch Zimmermann, Das dunkle Jahrhundert, S. 41.

Wie daraus immerhin zu folgern ist, muss Marozia zum fraglichen Zeitpunkt der Form nach rechtskräftig verheiratet gewesen sein.

Zur Wahl ihres Gemahls wurde die junge Marozia wahrscheinlich nicht befragt. In der kirchlichen Idealvorstellung propagierte man schon im Frühmittelalter die freie Partnerwahl und betonte den freien Konsens der Eheleute. Dahinter stand die zunehmende Sakralisierung und die Idee von der Unauflösbarkeit der Ehe. Dagegen stand im realen Leben jedoch die gesellschaftliche Auffassung, der zufolge eine Heirat vor allem der Zeugung von Nachkommenschaft und der Vererbung des Familienbesitzes dient. Die spätere Herrin Roms war bei ihrer Eheschließung ungefähr 18 Jahre alt. Das war für Frauen nach mittelalterlichen Gepflogenheiten ein akzeptables Heiratsalter. Im *regnum Italiae* des frühen Mittelalters galten Mädchen bereits mit Vollendung des zwölften Lebensjahrs als heiratsfähig.[149] Aus unserer heutigen Perspektive mag das Unzucht mit Minderjährigen sein. Doch ist zu bedenken, dass die Menschen des frühen Mittelalters angesichts der niedrigeren Lebenserwartung und der hohen Kindersterblichkeit schon erheblich früher erwachsen waren als in unseren postmodernen Gesellschaften, in der sich die Adoleszenz oftmals bis über das dreißigste Lebensjahr hinaus erstreckt. Dieses Ehebündnis stärkte Theophylakts Vormachtstellung erheblich, denn damit war er nicht nur mit dem wohlhabenden und mächtigen Adalbert von Tuszien verschwägert, sondern auch der Schwiegervater Alberichs von Spoleto. Die beiden Potentaten der wichtigsten Fürstentümer in der Umgebung Roms waren nun mit dem Stadtherrn verwandtschaftlich verbunden. Alberich selbst verlegte seine Residenz nach Rom. Das frischvermählte Paar bezog einen Palast auf dem Aventin, der einige Jahre zuvor von Theodora und Theophylakt errichtet oder umgebaut worden war. Er lag auf der südwestlichen Spitze des Hügels, an der Stelle des heutigen Klosters S. Maria del Priorato. Erhalten hat sich lediglich ein Türsturz mit einer Inschrift der Bauherren.[150] Hier wurde Marozias Sohn Alberich (II.) geboren, der sein Geburtshaus später den Cluniazensern stiftete.[151] Sie gründeten dort das Kloster S. Maria in Aventino, das im 14. Jahrhundert schließlich in den Besitz des Malteserordens überging und seinen heutigen Namen erhielt. Vermutlich war dieser

149 MGH LL 4, S. 123, Nr. 112 (aus dem Jahr 729).
150 Gray, Paleography, S. 142, Nr. 140.
151 Hugo Farfensis, Destructio, S. 39–40.

Palast auch das Geburtshaus von Alberichs (II.) älterem Bruder Johannes, der mit großer Wahrscheinlichkeit ebenfalls ein Sohn des Markgrafen Alberich war.[152]

Man wird sich diese herrschaftliche Villa Marozias vielleicht so ähnlich wie den markgräflichen Palast in Spoleto vorstellen können, von dem sich eine zeitgenössische Beschreibung erhalten hat.[153] Der Text beschränkt sich hauptsächlich auf die Raumfolge und die Aufzählung von zwölf verschiedenen Funktionsbereichen. Auf eine Vorhalle folgte der Empfangsraum. Diesem schloss sich der Audienzsaal an, in dem auch Gericht gehalten wurde, gefolgt von einem Bankettsaal, der mit drei Speisetafeln ausgestattet war. Daneben gab es ein beheizbares Zimmer für den Winter und ein kühles Sommergemach. Es fehlte auch nicht an einem Arbeitszimmer, neben dem kleinere Speisezimmer lagen. Der Palast verfügte außerdem über einen eigenen Bädertrakt und einen Sportplatz sowie selbstverständlich über eine Küche. Ein weiteres Gebäude diente zur Wasserversorgung der Anlage, zu der im Außenbereich eine Pferderennbahn gehörte. Diese Beschreibung erinnert sehr an imperiale Villenkomplexe der Spätantike. Vermutlich waren die Räume mit Mosaiken und Wandverkleidungen aus Marmor geschmückt. Spoleto liegt nicht weit von Rom entfernt, und so mag die geschilderte Raumfolge auch für römische Adelssitze als repräsentativ gelten.

Die machtvolle Allianz Theophylakts mit Adalbert von Tuszien und Alberich von Spoleto funktionierte indes ausgezeichnet. Während das Land weiterhin von Sarazenen und Magyaren heimgesucht wurde, sahen sie ihre vordringlichste Aufgabe darin, eine Kaiserkrönung Berengars zu verhindern. Sowohl Adalbert als auch Alberich standen kurzfristig auf der Seite des ungeliebten Berengar, doch schon kurze Zeit später unterstützten sie Ludwig den Blinden, der sich erst auf die Veranlassung Adalberts hin zu seinem Romzug entschlossen hatte.[154] Wie sich aus der Gegenwart Theophylakts bei der zu Beginn des Kapitels genannten Gerichtsversammlung in Rom im Jahr 901 ergibt, war auch er ein Anhänger Ludwigs. Nachdem dieser nach seiner Blendung wieder über die Alpen abgezogen war, strebte Berengar nach der Kaiserkrone. Als er im Winter 906/907 deshalb

152 Vgl. Flodoard ann. 936; de triumph. XII 7, der Johannes als Bruder Alberichs (II.) bezeichnet; müßig ist ohnedies die Erörterung der biologischen Vaterschaft, wenn man bedenkt, wie viele Menschen auch in der Gegenwart hierzu nur vermittels eines Gentests Gewissheit erhalten können.
153 Mabillon, Annales ordinis S. Benedicti, S. 410.
154 Zur Unterstützung Ludwigs durch Alberich vgl. z. B. Schiaparelli, Lodovico, S. 49, Nr. 17.

beabsichtigte, in die Ewige Stadt zu ziehen, blockierten Adalbert und Alberich mit ihren Truppen die Straßen nach Rom.[155] Johannes, der Erzbischof von Ravenna und spätere Papst, durch dessen Indiskretion wir über den Vorfall unterrichtet sind, setzte sich hingegen bei Sergius für die Kaiserkrönung Berengars ein. Allerdings informierte er Adalbert, oder vielmehr dessen Gattin Berta, über den geplanten Romzug Berengars.[156] Und in Rom war man zunächst weit davon entfernt, einen neuen Kaiser krönen zu wollen. Die Partei Theophylakts hielt keineswegs weiterhin zu Ludwig dem Blinden, der nach seiner Blendung auch in Rom nicht mehr anerkannt wurde. Vielmehr glaubte man offenbar, auf eine kaiserliche Oberherrschaft ganz verzichten zu können. Alberich war in seinem Herrschaftsbereich Spoleto und Camerino nicht einmal bereit, das Königtum Berengars anzuerkennen.[157] Der Papst begnügte sich damit, Berengar mit Verhandlungen hinzuhalten. Darüber hinaus war der König Italiens so für den Papst erpressbar. Bei den ständigen Rechtsstreitigkeiten dieser Zeit konnte Sergius den Interessen des apostolischen Stuhls sehr großen Nachdruck verleihen, wenn er Berengar zwar mit der Kaiserkrone köderte, sie ihm aber weiterhin vorenthielt. So verlangte der Papst zum Beispiel die Absetzung des Grafen von Istrien und drohte, »dass Berengar nicht gekrönt werden wird, solange er nicht verspricht, dem Grafen die Markgrafschaft zu entziehen und sie einem Besseren zu geben«.[158]

Im Jahr 911 war man in Rom allem Anschein nach endlich bereit, den Wunsch Berengars zu erfüllen. Die Vorverhandlungen waren abgeschlossen und der König stand kurz davor, in die Ewige Stadt aufzubrechen.[159] Doch dann starb Anfang September überraschend Papst Sergius III.[160] Überblickt man die kurzen Amtszeiten seiner Vorgänger und seiner direkten Nachfolger, dann war ihm mit einer Dauer von sieben Jahren ein bemerkenswert langes Pontifikat vergönnt. Durch seinen Tod verschob sich die Kaiserkrönung Berengars erneut auf ungewisse Zeit. Als Sergius Nachfolger wurde schon nach wenigen Tagen der Römer Anastasius III. konsekriert. Sein

155 Loewenfeld, S. 524, Nr. 3.
156 Loewenfeld, S. 527, Nr. 4.
157 Eine Urkunde Alberichs aus Camerino von 907 datiert nicht nach den Herrscherjahren Berengars (Leporace, S. 173, Nr. 20).
158 Loewenfeld, S. 537, Nr. 7.
159 Loewenfeld, S. 539, Nr. 8.
160 Das bei Benedikt v. S. Andrea 29 angegebene Todesdatum (*IX. kal. Mai)* ist nachweislich falsch, vgl. RI II 5, Nr. 1.

Vater war ein gewisser Lutianus und gehörte wahrscheinlich den römischen Adelskreisen an. Er war ohne Zweifel der Kandidat von Theodora und Theophylakt. Es kann jedoch keine Rede davon sein, dass er vom Herrn Roms und seiner Gattin ernannt worden wäre. Aber sie dominierten durch ihre Position und ihre gesellschaftlichen Verbindungen die stadtrömische Aristokratie. Die Wahl war mit Sicherheit vorher abgesprochen und ihr Ausgang stand von vornherein fest. Wie die Papstregesten zeigen, war Anastasius zumindest in kirchlichen Belangen keineswegs eine Marionette des Stadtherrn von Rom. Allerdings verstarb er nach zweijährigem Pontifikat im Oktober 913. Wieder unzweifelhaft auf Veranlassung Theodoras und Theophylakts wurde als neuer Papst ein Herr namens Lando gewählt. Dieser stammte aus der Umgebung Roms und gehörte wohl nicht zu den großen Familien der Stadt. Vermutet wird, dass sein Vater einige Güter in der Sabina, einer Landschaft südlich von Rom, besaß. Landos Amtszeit auf dem Stuhl Petri währte allerdings nur vier Monate. Er starb im März 914. Auf den ersten Blick mag es merkwürdig erscheinen, dass beide Päpste nach nur kurzem Pontifikat gestorben sind. Das erweckt den Verdacht, sie könnten beim Stadtherrn Roms und seiner Gemahlin in Ungnade gefallen und deshalb auf deren Befehl hin beseitigt worden sein. Für eine solche Vermutung gibt es jedoch überhaupt keinen Beleg. Zutreffend ist wohl eher, dass beide Nachfolger Petri bei ihrer Wahl bereits in fortgeschrittenem Alter waren.

Möglicherweise fiel die Wahl ganz bewusst auf zwei im Greisenalter stehende Bewerber, die als Platzhalter dienen sollten, bis der Wunschkandidat Theophylakts, der rührige Erzbischof Johannes von Ravenna und angebliche Liebhaber Theodoras, die Nachfolge des Apostelfürsten antreten konnte. Wie schon aus der Tatsache zu ersehen ist, dass er mehrere Jahre lang Erzbischof von Ravenna war, hatte auch er ein nicht zu übersehendes Translationsproblem. Diesem Umstand und dem Faktum, dass er nicht aus Rom stammte, war wohl die zeitliche Verzögerung bei seiner Wahl zum Papst geschuldet. Der von Liutprand angedichteten Affäre kann man vielleicht entnehmen, dass Theodora eine besonders engagierte Fürsprecherin des Erzbischofs war – mehr allerdings auch nicht. In von Liutprand unabhängigen Quellen heißt es, Johannes sei von den Großen Roms aufgefordert worden, das Pontifikat zu übernehmen.[161] Und

161 Vgl. bes. Cat. Casinensis (= Chron. Casinensis, S. 484; Lib. pontif. II, S. 240).

die Großen Roms waren niemand anders als Theophylakt und die Vesteratrix Theodora sowie die mit ihnen kooperierenden Adelscliquen. Johannes folgte bereitwillig der Aufforderung und wurde Anfang April 914 als Papst Johannes X. inthronisiert. Anscheinend stammte er aus Ravenna, wurde aber in Bologna zum Diakon geweiht und sollte dort Nachfolger des verstorbenen Bischofs werden. Noch bevor er ordiniert werden konnte, war auch der Bischofssitz von Ravenna vakant und Johannes zog es vor, das angesehene Amt des Erzbischofs dieser Stadt zu übernehmen.[162] In Ravenna amtierte er nicht unangefochten, da die Formosianer einen Gegenbischof gewählt hatten. Die Translation dieses neuen Papstes entfachte in Rom für kurze Zeit ein letztes Mal die Diskussion um die Rechtmäßigkeit des Formosus,[163] doch schlug die Auseinandersetzung keine hohen Wellen mehr und niemand zweifelte ernsthaft an der Legitimität des neugewählten Papstes. Wie schon mit Sergius, so residierte auch mit Johannes keineswegs ein williger Handlanger Theophylakts im Lateranpalast. Auf der obengenannten Schriftrolle aus dem Archiv des Fürsten von Savoyen, die den Brief des Johannes an Theophylakt und Theodora enthält, fanden sich die Abschriften noch weiterer Schreiben des Erzbischofs. Sie belegen seinen Einsatz für die Kaiserkrönung Berengars. Doch gerade wegen seiner guten Verbindungen zu Berengar, mit dem man sich früher oder später arrangieren musste, als auch zum Stadtherrn Roms war er der ideale Kandidat für den Papstthron. Zudem war er ein bewährter Kirchenfürst, der seinen Bischofsstuhl gegen die Anfeindungen der Formosianer zu behaupten verstand. Über die Tatsache, dass man hinsichtlich seiner Translation selbst den Standpunkt der Formosianer einnahm, konnte deshalb großzügig hinweggesehen werden.

Was die Kaiser, gleich ob sie aus dem west- oder dem ostfränkischen Reich oder aus Italien stammten, über Jahrzehnte hinweg nicht zustande gebracht hatten, das setzte der neue Papst energisch in die Tat um. Immer noch ging von den Sarazenen eine latente Gefahr für den Kirchenstaat und ganz Italien aus. Schon zuvor sah sich ein Papst gezwungen, selbst militärische Maßnahmen zu ergreifen. Nachdem im Jahr 846 die Sarazenen den Petersdom und die Basilika S. Paolo fuori le Mura geplündert hatten, ließ Leo IV. nicht nur Befestigungsanlagen errichten und den Vatikan durch die Leonidische

162 So Liutprand antap. II 48; zur Herkunft vgl. Lib. pontif. II, S. 240.
163 Vgl. Invect. in Rom., S. 153.

Abb. 15 Kathedra des Papstes als Bischof von Rom in der Apsis der Lateranbasilika

Mauer sichern, sondern schloss auch ein Bündnis mit einigen süditalienischen Seestädten. Als sich im Frühjahr 849 erneut eine Sarazenenflotte der Tibermündung näherte, wurde sie von den Galeeren der christlichen Liga erwartet. Der Papst segnete die christlichen Schiffe, spendete den Kämpfern die Kommunion und betete für den Sieg. Bei der darauffolgenden Seeschlacht kam der Liga ein Sturm zu Hilfe. Die Flotte der Sarazenen wurde zerstreut und konnte anschließend vernichtet werden. Der Sieg über die »Feinde der Christenheit« – wie es im Liber Pontificalis heißt – wurde deshalb dem Beistand Gottes zugeschrieben.[164] Als Repräsentant der kaiserlichen Gewalt führte lediglich Kaiser Ludwig II. in den Jahren 871/872 einen mühseligen Krieg gegen die islamischen Invasoren. Der Kaiser wurde sogar kurzfristig von seinen eigenen süditalienischen Verbündeten vertrieben und dem Sieg des fränkischen Heeres war kein langfristiger Erfolg beschieden. Weiterhin durchstreiften die Schwärme der Sarazenen von ihrem befestigten Stützpunkt am Fluss Garigliano aus auf ihren Plünderungszügen wie »Heuschrecken« die Umgebung Roms.[165] Auch in Süditalien wurde fortwährend Krieg gegen die Eindringlinge aus Nordafrika geführt. Liutprand nennt sie in Anlehnung an die große römische Vergangenheit »Punier«, nach dem karthagischen Erzfeind Roms im Altertum. Die Bedrohung hatte sich mit der Machtübernahme der Fatimidendynastie in Nordafrika zu Beginn des 10. Jahrhunderts noch erheblich verschärft. Sie führten ihre Herkunft auf Fatima, die Tochter Mohammeds, zurück und verstanden sich als die legitimen Nachfolger des Propheten. Schon ihr erster Herrscher hatte den Titel eines Kalifen angenommen. Ihre aus der Überzeugung, sie seien die rechtmäßigen Vertreter des Islams, motivierte Expansion richtete sich vor allem gegen das Emirat von Cordoba und die Dynastie der Abbasiden im Osten. Kurz nachdem sie die Herrschaft in Nordafrika übernommen hatten, eroberten sie Sizilien, das bereits weitgehend islamisch war, und kontrollierten somit die Sarazenen in Süditalien.

Die Initiative, gemeinsam gegen diese neue Qualität der Gefahr vorzugehen, ging wohl ursprünglich von Landulf, dem Fürsten von Capua und Benevent aus. Er bat schon einige Jahre zuvor die Byzantiner, die formell die Oberherrschaft über Süditalien beanspruchten, um Unterstützung. Aber es war Papst Johannes, der nun mit

164 Lib. pontif. II, S. 118.
165 So laut Johannes VIII. (MGH Epp. 7, S. 7, Nr. 8).

Hilfe Alberichs und Theophylakts ab Herbst 914 eine rege diplomatische Tätigkeit entfaltete. Er stiftete Frieden zwischen Alberich und Berengar, denn offensichtlich war es erneut zu Spannungen gekommen. Damit stand Alberich für den Kampf gegen die Sarazenen zur Verfügung, der ja ohnehin bereits der Verbündete Theophylakts und somit auch des Papstes war. Nebenbei wurde so ein letzter Hinderungsgrund für die Kaiserkrönung Berengars beseitigt. Gleichzeitig nahm man Verhandlungen mit den Fürsten Süditaliens auf und schickte – wohl auf Anraten Landulfs – eine Gesandtschaft an den Kaiserhof von Konstantinopel. Der byzantinische Kaiser versprach, zur Unterstützung eine Flotte unter dem Befehl des Strategen Nikolaos zu entsenden.[166] Und schließlich gelang es, die christlichen Fürsten der Stadt Gaeta – nördlich von Neapel –, die sich notgedrungen mit den muslimischen Invasoren verbündet hatten, durch Geld- und Gebietsversprechungen ins christliche Lager zu holen. Landulf soll dem Papst mitgeteilt haben: »Siegen wir, so soll nicht der überlegenen Zahl, sondern Gott der Sieg zugeschrieben werden; wenn aber der Sieg den Puniern zufällt, so soll dies unseren Sünden zugeschrieben werden, nicht unserer Trägheit.«[167]

Italiens König Berengar hielt sich aus den Kriegsvorbereitungen des Papstes tunlichst heraus und war auch nicht gewillt, ihn gegen die Sarazenen zu unterstützen. Offenbar fehlte ihm der Weitblick, das neue Gefahrenpotential zu erkennen. Diese passive Haltung widersprach seinen eigentlichen Aufgaben als Herrscher, doch hatte der König keine territorialen Interessen in Süditalien – der Kaiser in Konstantinopel hingegen schon. Er hielt deshalb sein gegebenes Wort. Nachdem im Frühjahr 915 der Stratege Nikolaos mit der byzantinischen Flotte eingetroffen war, reiste im Auftrag des Papstes und unter der Führung Theophylakts eine 13-köpfige römische Delegation gegen Süden. Am Verhandlungstisch wurde unter dem Vorsitz des römischen Stadtherrn ein formeller Bündnisvertrag besiegelt und beschworen. Die Partner der Koalition waren neben dem Papst der byzantinische Stratege Nikolaos sowie die Fürsten von Neapel, Capua und Benevent, Salerno und die schon erwähnten Fürsten von Gaeta. Der Papst verpflichtete sich in dem Vertrag, am Krieg gegen die Sarazenen teilzunehmen und keinen Sonderfrieden abzuschließen.

166 Zu den Verhandlungen vgl. Liutprand antap. II 51 f.; Benedikt v. S. Andrea 29; Chron. Farf., S. 302 (Liutprand folgend), vgl. auch Martin v. Troppau chron., S. 430; da Liutprand nicht unbedingt ein Freund des Papstes war, verdient seine Schilderung umso mehr Glaubwürdigkeit.
167 Liutprand antap. II 51.

Außerdem wurde den Fürsten von Gaeta der Besitz mehrerer Territorien bestätigt. Diese Gebiete lagen zwar schon in ihrem Herrschaftsbereich, doch waren die genauen Eigentumsrechte wohl noch strittig. Auch erklärte sich der Papst bereit, den Gaetanern nach Unterzeichnung des Vertrages für ihre Teilnahme am Sarazenenkrieg 1000 Mankusen auszubezahlen. Der mancus oder mancusus war eine im frühmittelalterlichen Italien gängige Goldmünze. Dieser Betrag sollte verdoppelt werden, falls das Fürstentum von Gaeta während der Kriegshandlungen unter Verwüstungen zu leiden hätte.[168]

Das war jedoch eine relativ geringe Summe. Im Jahr 877 bot Papst Johannes VIII. der Stadt Amalfi 10 000 Mankusen für den Schutz der Küsten des Kirchenstaates. Da die Amalfier den Preis hochtreiben wollten, war Johannes VIII. schließlich bereit, den Sarazenen selbst eine Tributzahlung von 25 000 Mankusen zu leisten.[169] Der Markgraf Alberich, dem in den folgenden Kampfhandlungen eine wesentliche Rolle zukommt, wird in dem Bündnisvertrag interessanterweise mit keinem Wort erwähnt. Vermutlich verstand sich eine Kriegsteilnahme des Ehemanns der Marozia und des Schwiegersohns von Theodora und Theophylakt bei der Zusage des Papstes von selbst. Es ist denkbar, dass es zwischen ihm und Papst Johannes schon vorher eine separate Absprache oder Vereinbarung gegeben hat. Der Form nach hatte bereits Kaiser Karl der Dicke den Schutz des Kirchenstaates gegen die Sarazenen den Markgrafen von Spoleto und Tuszien übertragen.[170] Den Sarazenen blieben die Kriegsvorbereitungen auf christlicher Seite gewiss nicht verborgen. Sie stellten die Beutezüge ein und sammelten sich bei ihrem befestigten Räubernest am Garigliano. Muslimische Überläufer gingen vermehrt zu den Christen über, um sich so vor dem drohenden Strafgericht zu retten. Ein junger Überläufer habe den Papst selbst in der sarazenischen Kampftechnik unterwiesen und zu leichter Ausrüstung und Bewaffnung geraten.[171] Allerdings dürften zumindest die süditalienischen Krieger mit der Kampfweise ihrer nordafrikanischen Gegner hinreichend vertraut gewesen sein.

Nach einigen Vorgefechten begannen die eigentlichen Kampfhandlungen im Juni des Jahres 915, als die Streitkräfte der christlichen Koalition den gegnerischen Stützpunkt am Garigliano von

168 Zimmermann PU, S. 68, Nr. 40.
169 MGH Epp. 7, S. 75, Nr. 79; S. 85, Nr. 89.
170 MGH Epp. 7, S. 219, Nr. 251.
171 Liutprand antap. II 49.

allen Seiten einkreisten.[172] Die Sarazenenfestung lag auf dem *mons Garelianus*, einem Berg, den man heute entweder mit dem Monte d'Argento – etwa drei Kilometer nördlich von der Mündung des Garigliano ins Mittelmeer – oder mit einer etwas nördlicher gelegenen Örtlichkeit, die heute immer noch den Namen La Saracinesca trägt, identifiziert. Das nördliche Flussufer besetzten die Verbände aus Spoleto und Camerino unter dem Markgrafen Alberich und die Milizen des Kirchenstaates. Diese Truppen standen unter dem nominellen Oberbefehl des Papstes, der die Soutane mit dem Harnisch vertauscht hatte. Von Süden und Osten rückten die süditalienischen Verbündeten heran, während im Westen die byzantinische Flotte die Mündung des Garigliano blockierte. Die Anwesenheit Theophylakts wird in den Quellen nicht ausdrücklich erwähnt. Doch als Magister Militum der römischen Milizen war er zweifellos zugegen. Im Gegensatz zu den bewährten Kriegern Alberichs und der süditalienischen Fürsten galten die Milizen des Kirchenstaates als nicht besonders kampferprobt. Sie standen mit ihrem Anführer deshalb vermutlich in der zweiten Reihe. Theodora und Marozia waren höchstwahrscheinlich in Rom zurückgeblieben. Vermutlich agierte die einflussreiche Vesteratrix als inoffizielle Stellvertreterin ihres Mannes und kontrollierte in seiner Abwesenheit faktisch den Kirchenstaat. Sie war aber nicht genötigt, wie seinerzeit die kriegerische Ageltrude, die Verteidigung der Stadt zu leiten. Der Anteil Theodoras und Marozias am Kampfgeschehen bestand entsprechend dem Herkommen der damaligen Zeit wohl hauptsächlich darin, für den Sieg des christlichen Heeres zu beten.

Durch den Aufmarsch der christlichen Streitkräfte von allen Seiten waren die Sarazenen eingekesselt. Zunächst führte man offenbar eine Art Stellungskrieg, wobei der Ring um die Festung und das Lager des muslimischen Gegners immer enger geschlossen wurde. Allmählich gingen die Vorräte der Belagerten zur Neige. Nach drei Monaten unternahmen die Sarazenen schließlich Anfang August einen großangelegten Ausbruchsversuch. Dadurch kam es endlich zur Entscheidungsschlacht. Hier schlug die große Stunde des Markgrafen von Spoleto. Wie ein Löwe soll Alberich während des Kampfes unter den Sarazenen gewütet haben,[173] und auch Papst Johannes selbst stand, wie er später in einem Brief berichten wird, inmitten

172 Zum Jahr vgl. Leo v. Ostia I 52; RI I 3,2, Nr. 1293.
173 Benedikt v. S. Andrea 29.

des Schlachtgetümmels.[174] Das christliche Heer errang einen glänzenden Sieg. Die überlebenden Sarazenen drängten in wilder Flucht zurück in ihre Festung. Doch auch die Eroberung des muslimischen Stützpunkts, von dem aus Italien über 60 Jahre lang drangsaliert worden war, gelang der Koalition wenige Zeit später. Liutprand von Cremona schrieb dazu:

> »Im täglichen Kampf der Griechen und Lateiner blieb durch Gottes Barmherzigkeit nicht einer der Punier übrig, der nicht mit dem Schwert getötet oder sofort lebend gefangen wurde. Während der Schlacht aber erschienen den frommen Gläubigen die allerheiligsten Apostel Petrus und Paulus, deren Bitten, wie wir glauben, es die Christen zu danken haben, dass die Punier flohen und sie selbst den Sieg errangen.«[175]

Die Mitwirkung der beiden Apostel ist keine Erfindung des Bischofs von Cremona. Auch der Papst, der sich rühmte, den Kirchenschatz für diesen Krieg eingesetzt zu haben, glaubte an ihre Hilfe und war davon überzeugt, ihnen den Sieg zu verdanken.[176]

Wie ein antiker Triumphator zog der siegreiche Johannes vom Jubel des Volkes begrüßt Ende August in die Ewige Stadt ein – an seiner Seite Alberich und gewiss auch der Magister Militum Theophylakt.[177] Leider besitzen wir keinen genauen Bericht über den Einzug des Papstes und die anschließenden Dankesfeste und können nur erahnen, wie Johannes vor einem der südlichen Stadttore von einer Delegation des römischen Klerus und Adels – vielleicht sogar unter der Führung der First Lady Theodora – empfangen wurde. Womöglich führte man sarazenische Gefangene durch die Straßen und wahrscheinlich folgten dem Heiligen Vater die sieghaften Krieger aus Spoleto und Camerino sowie die römischen Milizen. Bestimmt war der Weg zur Lateranbasilika festlich mit Blumengebinden geschmückt. In der Kathedrale des Bischofs von Rom wird man im Rahmen eines feierlichen Gottesdienstes besonders den Aposteln Petrus und Paulus für den Sieg gedankt haben. Sicherlich bekam Alberich für seinen Einsatz eine angemessene Entschädigung. Vielleicht erhielt er

174 Zimmermann PU, S. 69, Nr. 49.

175 Liutprand antap. II 54; zur Schlacht und der Belagerung vgl. auch Liutprand antap. II 52–54; Benedikt v. S. Andrea 29; Chron. Farf., S. 302; Leo v. Ostia I 52.

176 So in einem Brief an den Erzbischof Hermann von Köln (Zimmermann PU, S. 69, Nr. 49).

177 Benedikt v. S. Andrea 29; Theophylakt wird hier jedoch nicht erwähnt.

den Rang eines Konsuls, wie gelegentlich angenommen wird, doch existieren dafür keine Belege.[178] Der Triumph des Papstes war zugleich der Triumph der Familie Theodoras und Theophylakts, deren Schwiegersohn Alberich als Kriegsheld gefeiert wurde.

Wenige Wochen nach seinem Sieg sandte Johannes eine Delegation an den Hof Berengars. Man überbrachte dem König Geschenke und die Aufforderung, in Rom die Kaiserkrone in Empfang zu nehmen.[179] Über die Kaiserkrönung Berengars wurde seit beinahe zehn Jahren verhandelt. Nunmehr schienen alle Hinderungsgründe beseitigt zu sein. Berengar hatte sich zumindest der Form nach mit Alberich ausgesöhnt. Trotzdem mutet der Zeitpunkt – fast unmittelbar nach dem Triumph über die Sarazenen – seltsam an. Der Krieg fand ohne den König Italiens statt. Vielmehr hatte sich der Papst nach Konstantinopel gewandt und mit dem byzantinischen Kaiser paktiert, dessen Herrschaft die Fürsten Süditaliens anerkannten. Dieses Zweckbündnis kam zustande, obgleich es um das Verhältnis zwischen der Ostkirche und Rom nicht zum Besten bestellt war. Diverse Spannungen resultierten aus der Einmischung in den Tetragamiestreit durch Sergius III., der Kaiser Leo VI. eine vierte Ehe erlaubt hatte, und aus dem Engagement der römischen Kirche bei der Bekehrung der Bulgaren, was die Interessensphäre des Patriarchen von Konstantinopel tangierte. Von rein ideellen Vorstellungen abgesehen hat es den Anschein, dass niemand einen westlichen Kaiser benötigte – niemand, außer vielleicht der Papst als Gegengewicht zu den römischen Adelsfamilien. Doch war hier von Berengar nicht viel zu erwarten. Dessen dürfte sich Johannes klar gewesen sein. Aber vermutlich hing der Papst dem Ideal vom Kaisertum als der zweiten Stütze der mittelalterlichen Welt neben dem Papsttum an. Zudem war der Augenblick günstig, um die Suprematie des Papstes über den Kaiser zu demonstrieren. Der Papst und der Kirchenstaat hatten im Sarazenenkrieg Unabhängigkeit von der kaiserlichen Gewalt und eigenständiges politisches Handeln unter Beweis gestellt. Berengar forderte nicht die Kaiserkrone, vielmehr wurde er vom Papst aufgefordert, diese in Empfang zu nehmen. Eindrucksvoller konnte man nicht zum Ausdruck bringen, dass das Kaisertum vom Papst und der Stadt Rom verliehen wurde. Dieser Standpunkt mochte auch Theophylakt und Alberich überzeugt haben.

178 Das vermutet Gregorovius, Geschichte I.2, S. 589, der hier jedoch von einem Amt mit administrativer Funktion ausgeht.
179 Gesta Bereng. imp. IV 89 f.

Der König von Italien ließ nicht lange auf sich warten und machte sich sogleich auf den Weg in die Ewige Stadt. Niemand blockierte diesmal die Straßen nach Rom. Am 3. Dezember 915 ritt Berengar, wie bei diesem Anlass üblich, mit seinem Gefolge von Norden her kommend über die alte *via triumphalis* und den Monte Mario zum Vatikan.[180] Der Weg war gesäumt vom jubelnden Volk – schließlich bot das feierliche Ereignis den Menschen eine willkommene Abwechslung. Vor den Toren der Leonidischen Mauer erwarteten ihn der Sohn des Konsuls und Stadtherrn Theophylakt, jener Sohn, dessen Namen wir leider nicht kennen, und Petrus, der Bruder des Papstes. Sie repräsentierten die geistliche und weltliche Gewalt der Stadt Rom. Beide trugen weiße Festgewänder und erwiesen dem König ihre Huldigung, indem sie auf die Knie fielen und seine Schuhe küssten. Dann geleiteten sie Berengar zu den Stufen des Petersdomes. Der Papst erhob sich von seinem goldenen Thron und begrüßte den König mit Handschlag, Umarmung und Wangenkuss. Bevor die Tore der Basilika geöffnet wurden, musste Berengar dem Zeremoniell gemäß versprechen, die Rechte der Kirche und des Papstes zu bestätigen. Nachdem der König dieses Versprechen durch einen Eid bekräftigt hatte, führte man ihn in die hellerleuchtete und festlich geschmückte Basilika an die Confessio Petri – der Überlieferung nach das Grab des Apostelfürsten –, während der Papst den Lobgesang anstimmte. Anschließend wurde Berengar vom Papst mit Chrisam gesalbt und nach der Akklamation des im Petersdom versammelten Volkes mit einer edelsteinbesetzten Goldkrone zum Kaiser gekrönt. Danach zogen Johannes und Berengar in einem Festzug über die Via del Papa zum Lateranpalast, wo der Papst zu Ehren des neugekrönten Kaisers ein Festmahl gab.[181]

Nachdem Berengar artig die Kaiserkrone aus den Händen des Papstes unter dem Zuruf des Volkes entgegengenommen hatte, blieb er noch für kurze Zeit in der Stadt. Er ließ einige Urkunden ausstellen, gewährte Schenkungen und befand sich bereits Ende Dezember wieder auf dem Rückweg. In die innerrömischen Verhältnisse griff er nicht ein. Das konnte er auch gar nicht, da ihm hierzu schlicht die Machtmittel fehlten. Ebenso beanspruchte Berengar, dessen Kaisertum sich ohnehin nur auf den Titel beschränkte, in der Stadt keine kaiserlichen Herrschaftsansprüche. Die Position der Familie

180 Der 3. Dezember ist das wahrscheinlichste Datum, vgl. RI I 3,2, Nr. 1313; II 5, Nr. 40.
181 Zu den Krönungsfeierlichkeiten vgl. Gesta Bereng. imp. IV 89–208; die Schilderung stammt wohl von einem Augenzeugen.

Theophylakts und des Markgrafen von Spoleto blieb unangetastet. Vielleicht war dies von vornherein eine Bedingung für die Kaiserkrönung Berengars. Und man gewinnt den Eindruck, dass sich in Rom die Vorstellung von einer dualen geistlichen und weltlichen Stadtherrschaft zunehmend verfestigte. Dies zeigt schon die Begrüßung Berengars durch jeweils einen Repräsentanten des Papstes und des Stadtherrn. Dennoch scheint etwas anders geworden zu sein. Die Krönung Berengars war in erster Linie ein Triumph des Papstes. In den *Gesta Berengarii imperatoris,* den ›Taten des Kaisers Berengar‹, durch die wir von den Krönungsfeierlichkeiten wissen, ist Johannes die handelnde Hauptperson. Er – und nicht etwa Theophylakt, Theodora oder gar Kaiser Berengar – erscheint dort während der Festlichkeiten als der wahre Herrscher Roms. Alle anderen Personen agieren als Statisten. Es hat beinahe den Anschein, als ob der Papst allmählich dem eigentlichen Herrn der Stadt zu entgleiten drohte. Anderseits hatte der aus Ravenna stammende Johannes in Rom kaum einen anderen Rückhalt als den Konsul Theophylakt und seine Fürsprecherin Theodora. Er war folglich weiterhin auf die Kooperation mit dem weltlichen Oberhaupt Roms angewiesen.

Überhaupt tritt Theophylakt in den historiographischen Quellen niemals in den Vordergrund, weder unter Sergius III. und schon gar nicht unter Johannes X. Er war mehr die graue Eminenz im Hintergrund, die hinter den Kulissen die Fäden zog. Womöglich handelte er auch gar nicht aus eigenem Ehrgeiz. Es wäre denkbar, dass er sich tatsächlich in erster Linie als treuer Diener der Kirche sah und es als seine Aufgabe betrachtete, dem Papsttum die Anerkennung und den nötigen Rückhalt der römischen Adelsgeschlechter zu verschaffen, den Kirchenstaat vor den Ansprüchen einer als verzichtbar angesehenen kaiserlichen Oberherrschaft freizuhalten und die leidlichen weltlichen Geschäfte der päpstlichen Herrschaft zu leiten. So konnten sich die damaligen Nachfolger des Apostelfürsten umso mehr auf die kirchlichen Belange konzentrieren. Unter solchen Voraussetzungen vermochte der Papst jene süditalienische Allianz gegen die nordafrikanischen Invasoren zustande zu bringen, wodurch die Halbinsel für eine gewisse Zeit von dieser Plage befreit wurde. Aber möglicherweise waren dies gar nicht die politischen Ziele und Maximen Theophylakts, sondern die der weitsichtigen Frau neben ihm, der Vesteratrix Theodora. Das mag vielleicht der Grund sein, weshalb sich der Fokus der zeitgenössischen Geschichtsschreibung weit mehr auf Theodora als auf Theophylakt konzentrierte.

MAROZIA

> »Eine Theodora oder Marozia des 10. Jahrhunderts milderte nicht der äußerliche Glanz klassischer Bildung, wie er Lucrezia Borgia, die Tochter eines späteren Papstes, umgab; diese Römerinnen vermochten wahrscheinlich weder zu lesen noch zu schreiben, und in einer Zeit tiefster Barbarei der Sitten werden wir ihr Wesen danach abzumessen haben. Indes war dies schwerlich unmoralischer als jenes des raffinierten Zeitalters einer Katharina von Russland oder einer Pompadour. Wir haben innerhalb des verkleinerten Kreises der römischen Welt in Theodora und Marozia keine neuen Messalinen zu suchen, sondern ehrgeizige Frauen von großem Verstande und Mut, herrschbegierig und genusssüchtig. Ihre auffallenden Erscheinungen durchbrechen seltsam genug die klösterliche Monotonie der Geschichte des Papsttums.«

So urteilte im 19. Jahrhundert der deutsche Historiker Ferdinand Gregorovius in seiner beachtlichen und immer noch lesenswerten »Geschichte der Stadt Rom im Mittelalter« über Marozia und ihre Mutter Theodora.[182] Gelten heute bereits die Berichte in den literarischen Quellen der Antike über das nymphomanische Treiben der hier genannten Messalina, der dritten Frau des römischen Kaisers Claudius im 1. Jahrhundert, als höchst fragwürdig, so wird man sich Gregorovius bei seiner Relativierung der angeblichen Schändlichkeit Marozias und ihrer Mutter zweifellos anschließen können. Interessant ist jedoch seine Feststellung zum vermeintlichen Analphabetismus beider Frauen.

Während in anderen Teilen Europas das Bildungswesen, die Architektur, die Buchkunst und besonders die Pflege der lateinischen Literatur und Sprache im 9. Jahrhundert einen enormen Aufschwung verbuchen konnte – eine Entwicklung, die man als karolingische Renaissance kennt –, galt das Rom jener Tage weder als

182 Gregorovius, Geschichte I.2, S. 584.

Hort klassischer Bildung noch als Hochburg der Theologie. Es verwundert deshalb nicht, dass die Erneuerung der mittelalterlichen Kirche von dem burgundischen Cluny ausging. Gleichwohl werden Theodora und Marozia fraglos eine standesgemäße Ausbildung genossen haben. Dazu gehörte bei adeligen Frauen selbstverständlich auch Lesen und Schreiben. Die Schriftlichkeit war in jener Zeit – gerade unter den Frauen der oberen Gesellschaftsschichten – weiter verbreitet, als man gemeinhin annimmt. Es wurde erwartet, dass eine Dame von Stand wenigstens den lateinischen Psalter lesen und ohne fremde Hilfe ihre Korrespondenz erledigen konnte. »Lesen und Hören der göttlichen Lektionen sind der Schmuck der Seele«, wie dies die Äbtissin Caesaria von Arles formulierte.[183] Auch eine in Rom lebende Adelige hatte ohne Zweifel Kenntnisse in Latein, der Kirchen- und Schriftsprache jener Zeit im Gegensatz zum gesprochenen Vulgärlatein, dem Vorgänger des Italienischen. Für die Ausbildung boten sich verschiedene Möglichkeiten an. Man konnte Mädchen zur Erziehung in ein Kloster oder eine klosterähnliche Gemeinschaft geben. Erhalten hat sich aus dem späten 9. oder frühen 10. Jahrhundert der Brief einer Klosterschülerin aus Essen, die ihre Lehrerin mit *magistra* anspricht.[184] Es war keineswegs so, dass nur Novizinnen unterwiesen worden wären. In der Vita der heiligen Liutbirg wird beschrieben, wie sie Mädchen unterrichtete, die anschließend wieder in ihre Elternhäuser zurückkehrten.[185] Von der späteren ostfränkischen Königin Mathilde, der Mutter Ottos des Großen, heißt es, dass sie ins Kloster eingetreten sei, »weniger um ein Gelübde abzulegen, sondern um Bücher zu lesen«.[186] Vermittelt wurde in den Klöstern nicht nur die Fähigkeit des Lesens und Schreibens. Auch Gesangs- und Musikunterricht waren Bestandteil der Ausbildung junger Frauen. Die Unterweisung in frauenspezifischen Disziplinen wie Handarbeiten spielte nur eine untergeordnete Rolle. Sie wurden allenthalben als Mittel gegen Langeweile empfohlen. Als Alternative zum Unterricht in einem Kloster bot sich eine Art schulische Erziehung bei älteren Frauen an. Es galt auch nicht als unschicklich, wenn Mädchen einfach beim Hauslehrer ihrer Brüder mitlernten. Gelehrte Frauen arbeiteten nicht nur in den Skriptorien der Nonnenklöster. Es sind im frühen Mittelalter zahlreiche hoch-

183 MGH Epp. 3, S. 452.
184 Universitäts- und Landesbibliothek Düsseldorf B 3, fol. 308v.
185 Vita Liutb. 35 (MGH Dt. MA 3, S. 44).
186 Vita Mathild. 1.

gebildete Frauen bezeugt, die eigene Werke verfassten. Bei der oftmals einleitenden Beteuerung dieser Frauen in ihren Schriften, sie seien dieser Tätigkeit nicht würdig, handelt es sich lediglich um ein Bescheidenheitstopos, das sich ebenso bei ihren männlichen Kollegen findet. Von der Männerwelt wurden gebildete Frauen keineswegs misstrauisch beäugt. Vielmehr betrachtete man das Lesen und Schreiben auch bei Frauen als durchaus nützliche Fähigkeit.[187]

Insgesamt gewinnt man den Eindruck, dass im Kloster erzogene adelige Damen weitaus gebildeter waren als ihre männlichen Standesgenossen. Im Gegensatz zu einigen byzantinischen Prinzessinnen oder den berühmten Frauen der Hochrenaissance wird man sich Marozia mit großer Wahrscheinlichkeit nicht als außerordentlich gelehrt vorstellen dürfen. Doch waren sie und ihre Mutter mitnichten ungebildete Analphabetinnen. Die große Anzahl von Klöstern in der Ewigen Stadt legt nahe, dass auch Marozia in einem solchen erzogen wurde. Ganz in der Nähe vom Adelssitz Theophylakts, auf der anderen Straßenseite der Via Lata, lag das Kloster S. Maria in Campo Marzio. Es wurde im 8. Jahrhundert gegründet, als sich griechische Nonnen, die vor dem byzantinischen Bilderstreit nach Rom geflohen waren, dort niederließen. Auf eine Verbindung des Klosters mit der Familie Theophylakts verweist vermutlich die Abschrift einer Urkunde aus dem Jahr 937, die den Aufenthalt einer »Maria, auch genannt Marozza«, in S. Maria in Campo Marzio belegt.[188] Dieser Name war recht beliebt, aber für ein Mitglied aus einem hochrangigen römischen Adelsgeschlecht spricht, dass in dem Dokument Papst Leo VII. als Vermittler genannt wird. Außer unserer Marozia, die schon im Jahr 936 starb, kennt man unter diesem Namen aus den hochadeligen Kreisen Roms nur noch ihre Nichte, die ebenfalls Marozia (II.) hieß. In der Urkunde wird die betreffende Dame als *ancilla dei*, als ›Magd Gottes‹, bezeichnet, womit man generell eine Nonne meinte. Marozias Nichte hatte niemals die Gelübde einer Nonne abgelegt,[189] doch waren die Übergänge fließend. Die Formulierung *ancilla dei* schloss auch Stiftsdamen und Kanonissen mit ein und könnte auf einen zeitweiligen Klosteraufenthalt hindeuten. Man darf sich die Klöster in der Welt des frühen Mittelalters nicht als abgeschlossene

187 Vgl. dazu McKitterick, Frauen und Schriftlichkeit.

188 Reg. Subl., S. 169, Nr. 121, vgl. Hamilton, The House, S. 209.

189 Sie war mit einem Herrn verheiratet, der wie ihr Großvater ebenfalls Theophylakt hieß und päpstlicher Schatzmeister war (Reg. Subl., S. 176, Nr. 126); später trug sie den Titel Senatrix, vgl. Sickel, Alberich, S. 81, Anm. 1; ihr Sohn war der spätere Admiral Gregor von Tusculum.

und weltabgeschiedene Orte vorstellen. Das Klosterleben war eng mit jenen Familien verknüpft, die eine klösterliche Gemeinschaft gestiftet hatten oder förderten. Die relativ unkomplizierte Zugänglichkeit von Nonnenklöstern für die Kreise des Hochadels war der Kirche freilich ein Dorn im Auge. Es wurde auch versucht, dagegen vorzugehen – allerdings bis ins 11. Jahrhundert hinein mit nur mäßigem Erfolg. Allein schon durch die räumliche Nähe zum Familiensitz ergab sich wohl eine engere Beziehung des Klosters S. Maria in Campo Marzio zum Hause Theophylakts. Demnach ist es sehr gut möglich, dass dort Marozia und später ihre Nichte sowie vielleicht auch die anderen Töchter und Enkelinnen der Familie erzogen wurden. Ganz im Gegensatz zu den Erwartungen, die der Epochenbegriff »Pornokratie« vielleicht wecken mag, führt dies letztlich zu der ernüchternden Erkenntnis, dass die junge Marozia keineswegs die verruchte Mätresse eines genusssüchtigen und lasterhaften Papstes, sondern eine – vielleicht sogar fromme – Klosterschülerin war.

Man kann vermuten, dass die ersten Jahre, die Marozia als Gattin des Markgrafen Alberich von Spoleto in ihrem Palast auf dem Aventin verbrachte, eine weitgehend sorgenlose Zeit waren. Aber schon wenige Jahre nach dem päpstlichen Triumph über die Sarazenen und der Kaiserkrönung Berengars hatte der Clan Marozias eine Serie von Todesfällen zu beklagen, wodurch die Vormachtstellung der Familie ernsthaft ins Wanken geriet. Das verwandtschaftliche und politische Bündnissystem, auf dem die Macht Theophylakts beruhte und das sich so lange bewährt hatte, stürzte nach und nach wie ein Kartenhaus in sich zusammen. Bereits im August 912 fehlte durch den Tod Adalberts von Tuszien ein wichtiger Eckpfeiler der Allianz. Dem aufmerksamen Leser mag aufgefallen sein, dass der Markgraf in Zusammenhang mit der Schlacht am Garigliano im Jahr 915 nicht mehr erwähnt wurde.[190] Berengar erhob sein Patenkind, Adalberts Sohn Wido, zum neuen Markgrafen von Tuszien. Bei der langjährigen Feindschaft zwischen dem König Italiens und Adalbert mag es verwundern, dass Berengar der Taufpate Widos war. Doch zählte Adalbert im Kampf gegen Kaiser Lambert zeitweise auch zu den Verbündeten Berengars. Berta, die Witwe Adalberts – ebenfalls

190 Üblicherweise wird sein Tod auf den 17. August 915 datiert (so Dümmler, Gesta Bereng. imp., S. 39, Anm. 2). Doch in einer Urkunde, die spätestens im Juni 913 ausgestellt wurde (Schiaparelli, Berengario, S. 417, Nr. 31, vgl. ebd., S. 276, Nr. 108; zum Jahr vgl. RI I 3,2, Nr. D1271) wird Wido bereits als Markgraf von Tuszien tituliert.

eine der starken Frauen des frühen Mittelalters –, übernahm für den jungen Markgrafen Wido die Regentschaft.[191] Berengar scheint seinen Patensohn anfangs gefördert zu haben. So übertrug er ihm als Laienabt die Leitung des Klosters S. Salvatore di Monte Amiata.[192] Als sich Berengar im Herbst 915 auf dem Weg nach Rom befand, wurde er in Lucca im Hause seines einstigen Gegners von Wido mit offenen Armen empfangen.[193] Unmittelbar nach seiner Kaiserkrönung stellte Berengar ebenfalls für das Kloster auf dem Monte Amiata ein Privileg zugunsten Widos aus.[194]

Als Berengar jedoch im folgenden Frühjahr auf seinem Rückweg wieder durch die Toskana zog, vollzog der frisch gekrönte Kaiser eine komplette Kehrtwende. Wohl in der Absicht, die Markgrafschaft Tuszien selbst kontrollieren zu wollen, ließ Berengar seinen Patensohn und dessen Mutter Berta in Haft nehmen und nach Mantua bringen. Allerdings gelang es Berengar nicht, die Toskana in Besitz zu nehmen, da sich die Gefolgsleute Bertas weigerten, ihm die Städte und Burgen auszuliefern. Wie Liutprand berichtet, habe die Markgräfin bei der Gewinnung ihrer Anhänger angeblich bevorzugt ihre körperlichen Reize eingesetzt: »Durch Schlauheit, Geschenke, vor allem aber durch ihren Bedarf an Liebhabern hatte sie sich viele Freunde gewonnen.«[195] Berengar sei deshalb nichts anderes übriggeblieben, als beide »nachher« wieder aus der Haft zu entlassen, doch ist davon auszugehen, dass Berta und Wido längere Zeit inhaftiert waren. Die Markgräfin Berta war übrigens eine waschechte Karolingerin. Ihr Vater war König Lothar II. von Lotharingien, ein Enkel Karls des Großen. Als Tochter Waldradas, der aus kirchlicher Sicht illegitimen zweiten Gemahlin Lothars, wurde Berta in erster Ehe mit dem Grafen Theobald von Vienne vermählt. Erst nach dessen Tod heiratete sie Adalbert von Tuszien. Ein Sohn aus ihrer ersten Ehe und somit ein Stiefbruder Widos von Tuszien war der Markgraf Hugo von der Provence.

Hugo von der Provence begann schon bald in den italienischen Machtkämpfen mitzuspielen. Für Ludwig den Blinden übernahm er in Niederburgund faktisch die Regentschaft. Berengar wurde nach seiner Kaiserkrönung durch die Fürsprache des Papstes von seinen

---

191 Liutprand antap. II 55.
192 Schiaparelli, Berengario, S. 417, Nr. 31.
193 Manaresi I, S. 475, Nr. 127, vgl. bes. S. 476, Z. 1–5.
194 Schiaparelli, Berengario, S. 276, Nr. 108.
195 Liutprand antap. II 55.

alten Feinden in Rom und Spoleto anerkannt. Doch in seinem Reich hatte er nach wie vor genügend Gegner. Und so wiederholte sich das Spiel wie einst zu den Zeiten Arnulfs von Kärnten und Ludwigs des Blinden. Von einigen unzufriedenen Adeligen und Klerikern veranlasst, vielleicht auch motiviert durch die Gefangennahme seiner Mutter Berta und seines Halbbruders Wido, zog Hugo von der Provence mit einem Heer über die Alpen. Womöglich beabsichtigte er, die Königskrone Italiens an sich zu reißen, doch wurde er vom überlegenen Heer Berengars wieder vertrieben.[196] Als gefährlicher erwies sich König Rudolf II. von Hochburgund. Nachdem Berengar den Bischofsstuhl von Mailand gegen eine hohe Geldsumme verkauft und außerdem einen hochrangigen Pfalzgrafen in Haft genommen hatte, verschworen sich die Großen Italiens gegen ihren König und Kaiser. Sie forderten Rudolf auf, die Herrschaft zu übernehmen. Er zog ebenfalls nach Italien und hatte mehr Erfolg als Hugo. Wieder einmal musste sich Berengar nach Verona zurückziehen, und Rudolf wurde in Pavia zum König gekrönt. In seiner Not verbündete sich Berengar mit den Ungarn, die nun erneut über Norditalien herfielen. Am 17. Juli 923 kam es schließlich zur blutigen Schlacht zwischen den Heeren der beiden Kontrahenten, bei dem der Burgunder einen vollständigen Sieg für sich verbuchen konnte.[197] Berengar gelang abermals die Flucht nach Verona. Rudolf glaubte daraufhin, dass seine Herrschaft in Italien ausreichend gesichert sei und kehrte im Herbst nach Burgund zurück. Diese Gelegenheit ergriff im nächsten Frühjahr Hugo von der Provence, der wieder in Italien einfiel, aber von den Truppen Berengars umzingelt wurde.[198] Hugo durfte mit dem Versprechen, zu Lebzeiten nicht mehr nach Italien kommen zu wollen, wieder abziehen.

Wir erfahren nichts über eine Mitwirkung von Roms Stadtherrn Theophylakt und seines Schwiegersohns Alberich, des Markgrafen von Spoleto, bei diesen neuerlichen Kämpfen um das *regnum Italiae*. Das hat seinen guten Grund, denn hier kommen wir auf die Todesfälle zurück, die Marozia und ihre Familie in dieser Zeit hinnehmen mussten. Theophylakt scheint schon bald nach der Kaiserkrönung Berengars im Jahr 915 gestorben zu sein. In dem Bericht von den Krönungsfeierlichkeiten in den *Gesta Berengarii*

196 Liutprand antap. III 12; die Datierung ist strittig, vgl. RI I 3,2, Nr. 1265.
197 Liutprand antap. II 65 f.; Flodoard ann. 923.
198 Konst. de admin. imp. 26, vgl. RI I 3,2, Nr. 1395.

imperatoris wird er letztmalig erwähnt. Auch sein dort genannter Sohn, der zusammen mit Petrus, dem Bruder von Papst Johannes X., Berengar zum Petersdom geleitet hatte, verschwand plötzlich von der Bildfläche. Er muss ebenfalls bald nach dem Jahr 915 aus dem Leben geschieden sein.[199] Theophylakt hinterließ seine Gattin, die Vesteratrix Theodora, und seine beiden Töchter Marozia und Theodora (II.) sowie deren unmündige Kinder, aber offenbar keinen männlichen Erben. Die historiographischen Quellen kennen überhaupt nur die beiden Töchter. Wir wissen nicht, mit wem Marozias Schwester vermählt war. Diversen Spekulationen zufolge sei sie mit einem gewissen Johannes oder ebenfalls mit einem Herrn namens Theophylakt verheiratet gewesen, doch vermag keine dieser Mutmaßungen wirklich zu überzeugen.[200] Da ihr Enkel den Namen Crescentius trug, sein Vater aber nachweislich der Herzog Johannes von Neapel war,[201] und bestimmte Vornamen innerhalb einer Familie üblich waren, könnte man vermuten, dass sein Großvater vielleicht ebenfalls Crescentius hieß. In der Gerichtsurkunde Ludwigs des Blinden aus dem Jahr 901 wird unter den Großen Roms ebenfalls ein Träger dieses Namens erwähnt. Womöglich war dies der spätere Ehemann Theodoras (II.). Obgleich dies nur Vermutungen sind, haben wir dennoch berechtigten Grund zu der Annahme, dass die Vesteratrix Theodora und der Konsul Theophylakt für ihre jüngere Tochter ebenfalls einen – entsprechend den dynastischen Interessen – möglichst angesehenen und einflussreichen Ehemann ausgewählt haben. Und eine Heiratsverbindung mit einem anderen mächtigen römischen Adelsclan wäre hier sicherlich eine naheliegende Option.

199 Im Jahr 927 erscheint in einer Urkunde ein Theophylakt *consul et dux* neben einem Paulus und einem Gratianus, die denselben Titel tragen (Reg. Subl., S. 105, Nr. 62); es ist jedoch auszuschließen, dass es sich dabei noch um den Vater Marozias handelt; ebenso gibt es keinen Grund zu der Annahme, dass er mit einem gleichnamigen Sohn unseres Theophylakt zu identifizieren ist, der dann als Oberhaupt der Familie außer in dieser Urkunde keine Spuren hinterlassen hätte und neben seinen Schwestern völlig in den Hintergrund getreten wäre.

200 Alle Spekulationen, Theodora (II.) sei mit Johannes, dem späteren Bischof von Narni (Lib. pontif. II, S. 253) oder mit einem Johannes Crescentius (so die populärwissenschaftliche These) verheiratet gewesen, basieren auf einer Verwechslung mit ihrer Tochter Theodora (III.); diese war mit dem Herzog (*consul et dux*) Johannes von Neapel vermählt, vgl. RI II 5, Nr. 198; auch bei Gray, Paleography, S. 144, Nr. 143; S. 147, Nr. 150, wird die Mutter mit der Tochter verwechselt. Der Annahme, ihr Ehemann habe ebenfalls Theophylakt geheißen, liegt eine Verwechslung mit ihrer Mutter Theodora (I.) zugrunde. Möglicherweise hieß er auch David, da der Vater des späteren Papst Benedikt VII. so hieß (Lib. pontif. II, S. 258) und der Papst vermutlich ein Sohn Theodoras (II.) war (vgl. RI II 5, Nr. 527), es könnte sich dabei allerdings auch um eine spätere zweite Ehe handeln.

201 Crescentius de Theodora, vgl. MGH Poetae Latini 5, 1.2, S. 341, Nr. 116, vgl. auch ebd., S. 340, Nr. 115, die Grabinschrift seines früh verstorbenen Bruders Landolf.

Abgesehen von der persönlichen Beziehung Theodoras zum Papst, dessen Fürsprecherin sie einst war, verfügte die Familie nunmehr wahrscheinlich über keine nennenswerte Position am Papsthof. Doch ist anzunehmen, dass Theodora nach wie vor ihre Mittelsmänner und Verbindungsleute im Lateranpalast hatte. Deshalb dürfte die Witwe Theophylakts gemeinsam mit der tatkräftigen Marozia und ihrem Schwiegersohn Alberich von Spoleto sowie durch ihre langjährigen Beziehungen und Verflechtungen mit den anderen römischen Adelsgeschlechtern dem Hause die Vorrangstellung in Rom bewahrt haben. Wie andere mächtige Frauen ihrer Zeit vertrat sie wohl auch als Witwe die Interessen ihrer Familie und übernahm die Verwaltung des Familienbesitzes. Vielleicht bezieht sich auf die Zeit nach dem Ableben Theophylakts die Bemerkung Liutprands, Theodora habe »nicht unmännlich über die Stadt Rom« geherrscht. Auf den Papst selbst und die große Politik hatte sie jedoch kaum noch Einfluss. Vielleicht gerade deshalb waren eindrucksvolle Gesten umso wichtiger. Dass die Familie Theophylakts immer noch die mächtigste Adelsdynastie der Stadt war und seine Töchter gleichrangig neben den Oberhäuptern der anderen Familien rangierten, demonstrierten Marozia und ihre Schwester, indem sie vermutlich kurz nach dem Tod ihres Vaters den Senatorentitel annahmen.[202] War es damals üblich, dass auf die Ehefrau Titulaturen ihres Mannes übertragen wurden, so erscheint der Titel Senatrix doch als etwas Außergewöhnliches. Marozia und ihre Schwester waren im mittelalterlichen Rom die ersten Frauen, die so genannt wurden. Gab es in anderen Städten Italiens später weitere *senatrices*, so blieb der Titel in Rom auf die weibliche Nachkommenschaft Theophylakts beschränkt.[203] Marozia und ihre Schwester übernahmen diesen Ehrentitel nicht von ihren Ehemännern – für Alberich ist er ohnehin nicht belegt –, sondern von ihrem Vater.

Überdies trat Marozia alsbald in die Fußstapfen ihrer Mutter, denn auch die Spuren Theodoras verlieren sich in dieser Zeit. Sie dürfte wohl schon zeitig ihrem Ehemann ins Grab gefolgt sein. Doch damit nahmen die Todesfälle in der Familie Theophylakts kein Ende. Wenige Jahre später starb auch Marozias Ehemann Alberich von Spoleto. Sein Name erscheint in einer Urkunde des Klosters Farfa

---

202 Belegt für Marozia bei Benedikt v. S. Andrea 30; postum für Marozia und ihre Schwester in einer Urkunde aus dem Jahr 945 (Marini, S. 155, Nr. 100 = Ann. Camald. I, app. I, Sp. 39, Nr. 16: *quondam Romanorum senatrix*).

203 Vgl. Sickel, Alberich, S. 80, Anm. 3, und S. 81, Anm. 1.

vom März 917.[204] Außerdem wird er in einem Dokument Berengars vom Juni 920 genannt. Darin bestätigt der Kaiser dem Kloster Farfa sämtliche Privilegien und Besitzungen. Unter den Förderern des Klosters wird auch Alberich aufgezählt, der in dem Dokument noch als amtierender Markgraf bezeichnet wird.[205] Aus den ungenauen und sich widersprechenden Angaben seiner Regierungszeit in weiteren Dokumenten lässt sich nur schließen, dass Alberich um das Jahr 922 verschieden sein muss.[206] Innerhalb von wenigen Jahren starben der Konsul Theophylakt, die Vesteratrix Theodora, ihr namentlich nicht bekannter Sohn und der Markgraf Alberich von Spoleto. War dies Zufall und starben alle eines natürlichen Todes, oder steckte dahinter womöglich eine Verschwörung, ausgeheckt von Neidern oder gar vom Papst selbst, der sich seines allmächtigen Magister Militum mitsamt Gemahlin, Sohn und Schwiegersohn entledigen wollte? Es existieren keine Indizien, die einen solchen Verdacht erhärten würden. Keine Quelle berichtet über innerrömische Parteikämpfe in dieser Zeit oder über die genauen Todesumstände. Starben Marozias Vater, Bruder und Ehemann an einer Krankheit friedlich im Bett, oder fand man sie eines Morgens von unbekannter Hand erdolcht im Tiber, wie dies in der Zeit der Renaissance nicht unüblich war? Wir können darüber nur spekulieren. Zumindest war der Papst, der zunehmend eine eigene Hausmachtpolitik vertrat, ein Nutznießer dieser Todesfälle. Die kommenden Ereignisse könnten darauf hinweisen, dass man im Umfeld Marozias vielleicht einen gewissen Argwohn gegen Johannes X. hegte. Es erscheint naheliegend, dass nach dem Tod Alberichs einer seiner beiden Söhne, Johannes oder Alberich (II.), zum Nachfolger als Markgraf von Spoleto bestimmt worden wäre. Beide waren zum fraglichen Zeitpunkt noch unmündig, allerdings hätte Marozia – nach dem Vorbild ihrer Tante Berta von Tuszien und wie dies auch in anderen Adelshäusern üblich war – die Regentschaft übernehmen können. Bei dem anfangs sehr guten Einvernehmen des Papstes mit Theodora und Theophylakt, die ihn von Ravenna nach Rom geholt hatten und denen er sein Pontifikat verdankte, wäre es zu erwarten gewesen, dass er den Anspruch von Marozias ältestem Sohn unterstützt hätte. Doch unternahm der Papst keine Schritte in diese Richtung.

204 Lib. largit., S. 69, Nr. 74.
205 Schiaparelli, Berengario, S. 322, Nr. 124.
206 Vgl. Hofmeister, Markgrafen, S. 416, Anm. 1.

Die zuständige Instanz für die Bestätigung eines neuen Markgrafen wäre eigentlich Kaiser Berengar gewesen. Noch immer wüteten die mit ihm verbündeten ungarischen Scharen in Norditalien, was dem Ansehen Berengars nicht unbedingt förderlich war. Der italienische Gegenkönig Rudolf weilte unterdessen im fernen Burgund. Hugo von der Provence war vertrieben. Und so konnte Berengar seine Herrschaft wieder zunehmend festigen. Aber bei der großen Zahl von Feinden, die sich Berengar zu machen wusste, überrascht es nicht, dass sich alsbald eine neue Verschwörung gegen ihn bildete. Diesmal rief man nicht einen auswärtigen Machthaber herbei, sondern hatte es auf das Leben des Kaisers abgesehen. Am 7. April 924 wurde Berengar in Verona vor der Kirche S. Pietro in Castello von einem seiner Gefolgsleute meuchlings ermordet.[207] Damit war das Kaisertum erneut vakant. Die Ermordung seines Widersachers nahm Rudolf zum Anlass für seine rasche Rückkehr nach Italien. Womöglich machte er sich Hoffnungen auf die Kaiserkrone. Einstweilen versuchte er seine Position zu stärken, indem er seine Anhänger belohnte. Doch auch gegen Rudolf erhob sich eine starke Adelsopposition, weshalb er im Sommer 925 wieder nach Hochburgund abzog – allerdings nur, um Verstärkung zu holen. Im nächsten Frühjahr erschien er unterstützt von seinem Schwiegervater, dem Herzog Burchard von Schwaben, wieder in Italien. Der schwäbische Herzog war jedoch so unvorsichtig, sich bei der Stadt Novara in einen Hinterhalt locken zu lassen. Er wurde mitsamt seinen Truppen getötet. Rudolf gab sich nun geschlagen und kehrte über die Alpen in sein angestammtes Herrschaftsgebiet zurück. Die gegen Rudolf agierenden Adelskreise wandten sich daraufhin gemeinsam mit Papst Johannes X. an den Abenteurer Hugo von der Provence und forderten ihn auf, in Italien die Königswürde zu übernehmen.[208] An der Rebellion gegen Rudolf waren maßgeblich auch Wido von Tuszien und besonders seine Schwester Irmgard von Ivrea beteiligt. Nachdem Widos Mutter Berta im Jahr 925 gestorben war, herrschte er allein über Tuszien. Irmgard war die Witwe des Markgrafen von Ivrea. Von ihr behauptet Liutprand in seiner gewohnten Art der gehässigen Übertreibung nicht nur, dass sie – wie im vorigen Kapitel schon berichtet – »fleischlichen Verkehr mit jedermann« gehabt hätte, sondern auch, dass sie angeblich die Herrschaft über ganz Italien ergriffen habe.[209]

---

207 Liutprand antap. II 68–72, vgl. Konst. de admin. imp. 27; Flodoard ann. 924; Cat. reg. Langob., S. 512 f.; zum Datum vgl. RI I 3,2, Nr. 1417.

208 Die Mitwirkung des Papstes erwähnt Leo v. Ostia I 61, vgl. RI I 3,3, Nr. 1477; II 5, Nr. 78.

209 Liutprand antap. III 7.

Jedoch förderten Irmgard und Wido gemeinsam mit dem Papst die Herrschaftsübernahme ihres Halbbruders Hugo in Italiens.

Marozia wird zweifelsohne schon frühzeitig klar geworden sein, dass sie unter den gegebenen Umständen den Vorrang ihrer Familie nur mit der Hilfe eines mächtigen auswärtigen Fürsten bewahren konnte. Das probateste Mittel dazu war, wie seinerzeit ihr Vater eine möglichst günstige Heiratspolitik zu betreiben. Sie besaß zur damaligen Zeit jedoch noch keine Tochter, die als Heiratskandidatin in Betracht kam. Ihre Nichten waren wohl noch nicht im heiratsfähigen Alter. Das einzige Heiratspfand, über das Marozia verfügte, war sie selbst. Aus der Perspektive frommer Kirchenmänner wäre für die Witwe der Eintritt in ein Kloster allenthalben gottwohlgefälliger gewesen – eine Sichtweise, die womöglich mit zu ihrem schlechten Ruf beigetragen hat. Aber Marozia entschloss sich, erneut zu heiraten. Die Suche nach einem angemessenen und vielversprechenden Bräutigam fiel nicht besonders schwer. Bewährt hatte sich schon zur Zeit Theophylakts eine Allianz mit der mächtigen Markgrafschaft von Tuszien. Und der aktuell regierende Markgraf Wido war unverheiratet. Für Wido von Tuszien mochte eine Verbindung mit dem bedeutendsten römischen Adelshaus ebenso lohnenswert erscheinen, konnte er auf diese Weise doch beträchtlichen Einfluss in Rom erlangen. Es war deshalb vor allem ein politisches Bündnis, das Marozia und Wido durch ihre Hochzeit im Herbst 925 oder im folgenden Frühjahr besiegelten. Dass Marozia die Cousine Widos war – ihre Mutter Theodora war ja die Schwester von Widos Vater – und dies streng genommen dem damaligen kanonischen Recht zuwiderlief, scheint niemanden interessiert zu haben. Aber vermutlich trug dieser Umstand ebenfalls zur späteren Verunglimpfung Marozias bei. Der missgünstige Liutprand von Cremona vermerkt nur lapidar in seiner üblichen Manier: Wido »hatte die römische Dirne Marozia zur Frau genommen«.[210] Papst Johannes X. gab anscheinend im Interesse seiner guten Beziehungen zu Widos Halbbruder Hugo seinen Segen. Obwohl dies keine romantische Liebesheirat war, hatte Marozia von Wido mindestens eine Tochter, die man nach Widos Mutter Berta (oder Bertha) nannte. Überliefert sind zudem zwei weitere Söhne Marozias, nämlich Sergius, der spätere Bischof von Nepi, und ein gewisser Constantinus.[211] Allerdings wissen wir nicht, ob Sergius und

---

210 Liutprand antap. III 18.

211 Marini, S. 155, Nr. 100 = Ann. Camald. I, app. I, Sp. 39, Nr. 16.

Constantinus Söhne Alberichs waren oder erst während der Ehe mit Wido gezeugt wurden. Sergius erhielt seinen Namen vermutlich zu Ehren des gleichnamigen Papstes, was für eine frühere Geburt und die Vaterschaft Alberichs spricht und wohl dem Gerücht, Marozia sei die Mätresse von Sergius III. gewesen, Vorschub leistete.

Im Sommer 926 fuhr Hugo mit nur kleinem Gefolge über das Tyrrhenische Meer nach Italien und ging in Pisa an Land, das zum Herrschaftsgebiet Widos von Tuszien gehörte. Dort wurde er von den Boten zahlreicher italienischer Fürsten sowie einem Gesandten des Papstes und wahrscheinlich auch von seinem Halbbruder Wido und dessen frischvermählter Gemahlin Marozia empfangen. Hugo machte sich sogleich auf den Weg in die Königsstadt Pavia, wo sich die Großen Italiens bereits versammelt hatten und ihn zum König erhoben. Kurz darauf traf sich Hugo mit Johannes X. in Mantua. Der neugekürte König Italiens und der Papst schlossen dort ein Bündnis.[212] Vielleicht stellte Johannes dem König auch die Kaiserkrönung in Aussicht. Verhandelt wurde außerdem zweifellos über die Neubesetzung der Markgrafschaft von Spoleto und Camerino. Wahrscheinlich bemühte sich Marozia parallel dazu um die Anerkennung eines ihrer Söhne, doch der Papst vertrat keineswegs die Interessen der Senatrix. Vielmehr war er bestrebt, eine eigene Hausmacht aufzubauen. Der Kandidat des Papstes war sein eigener Bruder Petrus. Dafür hatte der Papst sicherlich seine guten Gründe, denn mit Wido an ihrer Seite und der zusätzlichen Herrschaft über Spoleto vermittels eines ihrer Söhne hätte die Macht Marozias bedrohliche Dimensionen angenommen. Aber mit einem im Erwachsenenalter stehenden Anwärter und der Kaiserkrone in der Hinterhand hatte Johannes bei weitem die besseren Karten. Hugo erhob deshalb Petrus zum neuen Markgrafen von Spoleto und Camerino.[213] Marozia, die bis dahin vermutlich im Besitz der Markgrafschaft war, verlor damit einen Teil ihres territorialen Rückhalts und ihrer realen Machtbasis außerhalb Roms. Es mochte bitter für sie gewesen sein, sich der Entscheidung Hugos zu fügen und die Städte, Orte und Festungen, die vormals ihrem ersten Ehemann gehört hatten, dem Bruder des Papstes zu übergeben.

Der Papst hingegen gebot nun durch seinen Bruder über ein mächtiges Fürstentum in der direkten Nachbarschaft Roms. Es war

212 Liutprand antap. III 17; Chron. Farf., S. 303, vgl. RI I 3,3 Nr. 1489.
213 Vgl. Benedikt v. S. Andrea 29; Petrus wird dort als Markgraf tituliert; Spoleto und Camerino ergibt sich aus der Festung Orte, in die er sich später zurückgezogen hat.

vielleicht ein erster Schritt bei dem Versuch, das Papsttum aus den Klauen der römischen Adelsgeschlechter und der benachbarten Fürstentümer zu befreien. Vermutlich wurden sukzessive auch Marozias Parteigänger in der päpstlichen Verwaltung aus ihren Ämtern verdrängt. Es war jedoch ein gefährliches Spiel, auf das sich Johannes eingelassen hatte. Die übrigen stadtrömischen Adelshäuser und die Bevölkerung waren mit der Entwicklung der Dinge unzufrieden. Man befürchtete offenkundig, Petrus könnte im Einvernehmen mit Johannes das weltliche Regime in der Ewigen Stadt übernehmen. Darauf schien auch das Bündnis des Papstes mit König Hugo hinzudeuten, das über die Köpfe der Adelschefs hinweg geschlossen wurde. Ein stadtfremder Papst wie Johannes, dem schon als Erzbischof der Ruf eines fähigen und gewandten Kirchenmannes vorausgeeilt war und für den seinerzeit Theodora und Theophylakt gebürgt hatten, wurde in Rom hingenommen. Aber der ebenfalls aus Ravenna stammende Petrus konnte als neuer Markgraf von Spoleto oder gar als neuer *primus inter pares* unter den Adelshäuptern Roms niemals akzeptiert werden. Ganz im Gegenteil galt den Zeitgenossen jetzt schon die Senatrix Marozia – ohne ein öffentliches Amt und auch neben ihrem Ehemann – als weltliche Herrin der Ewigen Stadt.[214] Was als Streit um die Markgrafschaft von Spoleto begonnen hatte, entwickelte sich nun zum tödlichen Konflikt. Wido von Tuszien war ebenso aufgebracht über die Politik seines Halbbruders Hugo, der die Position des Papstes gegen Marozia massiv gestärkt hatte. Zur Unterstützung seiner Gemahlin und sicherlich mit der mehrheitlichen Zustimmung des römischen Adels gab er seinem Heer in der Toskana den Marschbefehl und besetzte Anfang des Jahres 927 Rom.[215] Damit war er Petrus knapp zuvorgekommen. Dieser war nach Spoleto geeilt, um ebenfalls Verstärkung herbeizuschaffen. Als er an der Spitze seiner spoletinischen Kriegsleute Rom erreichte, fand er die Stadttore verschlossen vor.

Petrus zog sich auf die Stadt Orte zurück und ließ die Mauern der dortigen Burg verstärken. Seine Streitkräfte waren anscheinend nicht besonders zahlreich. Offenbar verweigerte ihm ein Teil des spoletinischen Adels die Gefolgschaft. Um Wido dennoch aus Rom herauszulocken, ersann er angeblich einen perfiden Plan: Er soll sich wie zuvor schon Berengar heimtückisch mit den umherziehenden

---

214 Vgl. Flodoard ann. 929.

215 Zu diesen und den folgenden Ereignissen vgl. Benedikt v. S. Andrea 29, zur Datierung RI II 5, Nr. 82.

Magyaren verbündet und sie zu einem Einfall nach Tuszien motiviert haben. Es ist nicht sicher, ob der Bruder des Papstes wirklich die Ungarn ins Land gerufen hat, oder ob diese nicht nur zufällig just in dieser Zeit einen Beutezug nach Italien unternahmen, den sich Petrus dann zunutze machte. Jedenfalls brachen die plündernden und mordenden Scharen erneut über Italien herein. Wido war genötigt, aus Rom abzuziehen und seine Markgrafschaft gegen die Invasoren zu verteidigen. Petrus gelang es daraufhin, mit einigen Gefolgsleuten in Rom einzudringen. Er hegte ohne Zweifel die Absicht, seine römischen Gegner – allen voran Marozia – niederzuschlagen, solange Wido durch den Ungarneinfall außerhalb Roms gebunden war. Marozia dürfte sich mit ihrem Gefolge in die Engelsburg zurückgezogen hben, die sie anschließend weiterhin als Residenz nutzte. Von dort aus organisierte sie den Widerstand der mit ihr verbündeten Adelsgeschlechter. Petrus konnte sich einige Zeit in Rom halten. Aber allmählich brodelte es auch in der Bevölkerung, da man ihn für den Ungarneinfall verantwortlich machte. Es ist gut vorstellbar, dass die Senatrix entsprechende Gerüchte ausstreuen ließ. Schließlich kam es zum offenen Aufruhr. Die aufgebrachte Volksmenge angeführt von den Anhängern Marozias stürmte den Lateranpalast, in dem sich der Bruder des Papstes verbarrikadiert hatte. Seine Krieger konnten den wütenden Mob jedoch nicht aufhalten. Die päpstlichen Wachmannschaften hatte man zuvor wohl abgezogen – sie standen vermutlich unter dem Befehl eines stadtrömischen Adeligen, der zu Marozia hielt. Die Menge ergriff Petrus und erschlug ihn in den päpstlichen Gemächern. Den Nachfolger des Apostelfürsten, der ohnmächtig zusehen musste, wie sein Bruder gelyncht wurde, ließ man einstweilen unbehelligt.[216]

In dem labyrinthischen Gebäudekonglomerat des damaligen Lateranpalastes mutet es fast schon erstaunlich an, dass Petrus ohne weiteres aufgespürt werden konnte. Wahrscheinlich flüchtete er sich in die Räume seines Bruders in der vagen Hoffnung, die Autorität des Papstes möge ihn vor der Volkeswut retten. Wie die Lateranbasilika, so wurde auch das Haus des Bischofs von Rom auf dem Kasernengelände der ehemaligen römischen Gardekavallerie (*equites singulares Augusti*) erbaut. Konstantin der Große löste die Truppe im Jahr 312 nach seinem

216 Vgl. hierzu auch Liutprand antap. III 43. Martin v. Troppau chron., S. 430, verwechselt den Markgrafen Petrus mit Marozias erstem Ehemann Alberich – ein Irrtum mit weitreichenden Folgen, der Eingang in spätere Quellen und die Literatur gefunden hat (z. B. Gregorovius, Geschichte I.2, S. 591).

Sieg an der Milvischen Brücke auf, da sie auf der Seite seines Gegners stand, und schenkte das Gelände der Kirche. Die spätantike Villa, die man neben der römischen Bischofskirche errichtete, wurde im Laufe der Zeit zum Palast ausgebaut. In der Residenz waren überdies die päpstliche Verwaltung und kirchliche Wohlfahrtseinrichtungen untergebracht, weshalb der Palast stetig erweitert wurde und viele weitere Anbauten erhielt. So entstand über Jahrhunderte hinweg ein unübersichtlicher Gebäudekomplex mit Empfangshallen, Bankettsälen, Kapellen und den Papstgemächern, die mit prächtigen Mosaiken und Marmorverkleidungen ausgestattet waren. Daneben gab es zahlreiche Quartiere für Verwaltungsbeamte und Dienstboten sowie Amtsstuben, Lagerräume, Küchen, Speisekammern, Stallungen und die päpstliche Schatzkammer. Die unterschiedlichen Gebäudetrakte waren durch Korridore und Höfe miteinander verbunden. Die bedeutendsten Erweiterungen erfuhr der Lateranpalast im 9. Jahrhundert. Man orientierte sich nun an der byzantinischen Palastarchitektur. Nach dem Vorbild des Kaiserpalastes in Konstantinopel erhielt die Papstresidenz ein imperiales Eingangsportal (*Chalke*). Das prächtige Bronzetor war mit einem Christusporträt verziert. Papst Leo III. fügte zwei monumentale Speisesäle hinzu. Das Triklinium mit den eingangs beschriebenen Mosaiken, die der Rombesucher heute auf der Piazza di Porta S. Giovanni betrachten kann, lag in der Nähe der Papstgemächer. Ein zweiter riesiger Saal – er hatte eine Länge von 68 Metern – wurde im rechten Winkel zur Lateranbasilika erbaut. Ihn nutzte man als Staatsbankettsaal und für Synoden. Wahrscheinlich fand dort die Leichensynode statt. Dieser Bankettsaal war mit einer Loggia versehen, von der aus die mittelalterlichen Päpste den traditionellen Segen *urbi et orbi* spendeten. Davor stand das berühmte Reiterstandbild des Kaisers Mark Aurel, das Michelangelo später vor dem Konservatorenpalast auf dem Kapitol aufstellen ließ. Heute präsentiert sich dem Besucher dort nur eine Kopie – das Original befindet sich in einem überdachten Hof des Konservatorenpalastes. Im Mittelalter hielt man das Standbild irrtümlicherweise für ein Monument Konstantins des Großen und nannte es *caballus Constantini*, weshalb es der Zerstörung entging. Im Jahr 1308, als die Päpste in Avignon residierten, wurde der Lateranpalast durch ein Feuer zerstört. Und der Historiker würde sich glücklich schätzen, wenn es ihm vergönnt wäre, wenigstens die damaligen Ruinen besichtigen zu dürfen. Leider wurden die Überreste des einstigen Papstpalastes – wie schon erwähnt – später abgerissen.

Abb. 16 Das große Triklinium Leos III. mit der Loggia des Papstes zu Beginn des 16. Jahrhunderts, im Hintergrund das Querschiff der Lateranbasilika, Zeichnung von Maarten van Heemskerck

Dieser Palastkomplex war der Schauplatz des ersten Akts im sich zuspitzenden Konflikt zwischen Johannes X. und Marozia und wird auch als Kulisse für die folgenden Ereignisse dienen. Noch im Sommer 927 machte sich König Hugo auf den Weg nach Rom – vermutlich um eingedenk seines Bündnisses zugunsten des Papstes in dem innerrömischen Streit zu intervenieren, hauptsächlich aber wohl, um sich die Kaiserkrone zu holen.[217] Zur Anerkennung seiner Herrschaft entfaltete Hugo eine rege diplomatische Tätigkeit und schickte seine Gesandten unter anderem an den Hof des ostfränkischen Königs und zum byzantinischen Kaiser nach Konstantinopel. Die letztere Gesandtschaft wurde übrigens vom Vater Liutprands von Cremona angeführt.[218] Als Hugo jedoch vom Sturz des Petrus erfuhr, trat er eilig den Rückweg an. Möglicherweise wollte er eine Auseinandersetzung mit seinem Stiefbruder Wido vermeiden.

217 Vgl. RI I 3,3, Nr. 1523 f.
218 Liutprand antap. III 21–24.

Abb. 17 Der Lateranpalast mit dem Reiterstandbild Mark Aurels zu Beginn des 16. Jahrhunderts, Zeichnung von Maarten van Heemskerck

Ob sich Johannes X. nach der Ermordung seines Bruders in Rom noch sicher fühlte, dürfte höchst fraglich sein. Man könnte sich denken, dass Marozia durch die Bewachung des Lateranpalastes für seine »Sicherheit« sorgte. Nach der Rückkehr ihres Ehemanns Wido und seiner tuszischen Truppen wurden insgeheim Vorkehrungen für die Abrechung mit dem Papst getroffen. Eine günstige Gelegenheit kam im Sommer 928, als Ludwig der Blinde starb und Hugo, der ja immer noch mit Johannes verbündet war, nach Burgund abzog, um die dortige Nachfolge zu klären. Wido nutzte die Gunst der Stunde und besetzte mit seinen Gefolgsleuten im Handstreich den Papstpalast. Während Johannes in der Lateranbasilika gerade eine Messe zelebrierte, stürzen Widos Krieger in das Gotteshaus und nahmen den Papst am Altar gefangen.[219] Wido ließ ihn in das Städtchen

219 Liutprand antap. III 43; Flodoard ann. 928 f.; hist. Rem. eccl. IV 21; de triumph. XII 7; Cat. Casinensis (= Chron. Casinensis, S. 484; Lib. pontif. II, S. 240); Leo v. Ostia I 54; die Statuti di Veroli, Praefatio, berichten von der Gefangennahme in der Basilika, vgl. RI II 5, Nr. 91.

Veroli südlich von Rom verschleppen und in seiner Burg, der Rocca di San Leucio, einkerkern, um einem möglichen Eingreifen der Anhänger des Papstes zuvorzukommen. Die Bevölkerung von Veroli war allerdings nicht besonders glücklich darüber, den gefangenen Stellvertreter Christi auf Erden beherbergen zu müssen. Die Leute machten Anstalten, den Papst aus seinem Kerker zu befreien. Wido musste Johannes zur weiteren Verwahrung wieder nach Rom bringen lassen.

Die über mehrere Monate dauernden Vorbereitungen für den Staatsstreich gegen Johannes waren gründlich. Unmittelbar nach der Gefangennahme des Papstes leiteten Marozia und Wido ein formelles Verfahren zu seiner Amtsenthebung ein.[220] Auf einer Versammlung des ganzen Volkes erklärte man Johannes offiziell für abgesetzt. Sein Nachfolger stand gleichsam schon in den Startlöchern. An der Stelle von Johannes erhob man umgehend – die Sedisvakanz soll nur einen Tag gedauert haben – den aus Rom stammenden Kardinalpriester der Kirche S. Susanna als Leo VI. zum Papst. Sein Vater war ein päpstlicher Oberhofbeamter namens Christophorus, der schon zur Zeit von Papst Johannes VIII. als hartnäckiger Gegner von Formosus in Erscheinung getreten war. Vermutlich war der neue Pontifex Maximus ein zuverlässiger, aber bereits höchst bejahrter Gefolgsmann der Familie Theophylakts. Sein Pontifikat währte nur einige Monate. Schon im Januar 929 wurde er in der Papstkrypta von St. Peter zur ewigen Ruhe gebettet.[221] Während der abgesetzte Johannes noch im Kerker schmachtete, wählte die von Marozia dominierte Wahlversammlung Stephan VII. zum neuen Papst. Er stammte ebenfalls aus Rom, war germanischer Herkunft – sein Vater hieß Theudemund – und gehörte ebenfalls zur Anhängerschaft Marozias.[222] Solange aber Johannes noch lebte, schwebte als Damoklesschwert die potentielle Gefahr seiner Wiedereinsetzung über dem Haupt Marozias. Wie seine anfängliche Verbringung nach Veroli zeigt, hatte der abgesetzte Papst in Rom nicht nur Feinde, sondern auch Sympathisanten. Überdies hätte König Hugo seine Bündnispflichten doch noch ernst nehmen können. Allerdings war auch das Verhältnis der beiden Bündnispartner mittlerweile belastet. Johannes hatte kurz vor seinem Sturz den Bischof Hilduin von Lüttich, einen Verwandten Hugos, seines Amtes enthoben. Der aus seinem Bistum vertriebene Hilduin floh an den Hof Hugos

220 Vgl. Zimmermann, Papstabsetzungen, S. 74.
221 Vgl. RI II 5, Nr. 94 f.
222 Lib. pontif. II, S. 242.

und wurde zum Bischof von Verona eingesetzt.[223] Dennoch lieferte die Gefangenschaft des Papstes Hugo einen günstigen Vorwand für ein Eingreifen in Rom. Die Kaiserkrone aus den Händen des dankbaren Papstes wäre ihm sicher gewesen. Marozia und Wido beschlossen deshalb, das Problem auf ultimative Weise zu lösen. Johannes darbte unterdessen höchstwahrscheinlich in einem Verlies der Engelsburg – also gleichsam im Keller der Senatrix Roms, die inzwischen in dem Bollwerk residierte. Auf Marozias Befehl hin soll der vormalige Stellvertreter Christi im Sommer 929 von seinen Gefängniswärtern mit einem Kissen erstickt worden sein.[224] Möglich wäre aber auch, dass er im Kerker eines natürlichen Todes oder infolge der Haftbedingungen starb.

Johannes X. erhielt ein durchaus ehrenvolles Begräbnis, jedoch nicht in St. Peter, sondern in der Lateranbasilika.[225] Er war damit der erste Papst, der innerhalb des offiziellen Stadtgebiets – also in dem von der alten Aurelianischen Mauer begrenzten Territorium (*intra muros*) – bestattet wurde. Trotz seines schmählichen Endes zählt Johannes X. zu den bedeutenden Päpsten des Mittelalters. Allein schon durch sein für die damalige Zeit bemerkenswert langes Pontifikat ragt er aus dem Kreise seiner Vorgänger und Nachfolger hervor. Da sich unsere Darstellung auf die Geschehnisse in Rom konzentriert, mag der Eindruck entstanden sein, Johannes sei nach seinem Sieg am Garigliano vor allem in innerrömische Streitigkeiten involviert gewesen. Doch seine höchste geistliche Autorität wurde in der ganzen Christenheit anerkannt. Auch in Konstantinopel wandte man sich in kirchlichen Angelegenheiten an diesen Papst.[226] Seiner Allianz gegen die Sarazenen war in Süditalien nachhaltiger Erfolg beschieden, allerdings besetzten sie bereits im Jahr 929 – diesmal von Südfrankreich kommend – die Alpenpässe und blockierten die Pilgerwege nach Rom.[227]

Marozia hatte über Johannes X. gesiegt. Voller Stolz und Selbstbewusstsein nannte sie sich spätestens von diesem Zeitpunkt an *senatrix et patricia Romanorum.*[228] Der Titel *patricia* beziehungs-

223 Liutprand antap. III 42.
224 So Liutprand antap. III 43; Flodoard ann. 929 drückt sich über die genauen Umstände vorsichtiger aus; zu den weiteren Quellen vgl. RI II 5, Nr. 98.
225 Johannes descr., S. 349.
226 Zur Würdigung seines Pontifikats vgl. Zimmermann, Das dunkle Jahrhundert, S. 44–75.
227 Flodoard ann. 929.
228 So Flodoard de triumph. XII 7 (*patricia*), in ann. 929 tituliert er sie als *potens femina*, vgl. Sickel, Alberich, S. 89, Anm. 2. In einer Urkunde aus dem Jahr 1005 wird sie als ehemalige *profettissa* tituliert (Acta pontif. Rom. II, S. 57, Nr. 93 = Reg. pontif., S. 502, Nr. 3944; Zimmermann PU, S. 795, Nr. 419).

weise *patricius* lässt sich in seiner Bedeutung nicht so ohne Weiteres übersetzen. Anfangs signalisierte die spätantike Titulatur ein besonderes Nahverhältnis zum Kaiserhaus. Die oströmischen Statthalter in Italien trugen diesen Titel und man betrachtete sie als die Schutzherren Roms. Papst Stephan II. übertrug diese Funktion auf die fränkischen Könige und verlieh ihnen die Würde eines *patricius Romanorum.* Mit der Übernahme der Kaisergewalt durch die Karolinger verlor dieser Titel zunächst an Bedeutung, da der römische Imperator schon per se der Schutzherr Roms und der Kirche war. Auch das Verständnis für die ursprüngliche Rechtsnatur dieser Würde trat in den Hintergrund. Zudem war mit diesem Titel auch keine wirkliche administrative Funktion oder ein Amt verbunden. Ein absolutes Novum war es allerdings, dass eine Frau selbstständig den Titel *patricia* annahm. Lediglich Kaiser Otto III. betitelte seine Tante, die Äbtissin Mathilde von Quedlinburg, damit in ihrer Grabinschrift. Wenn sich Marozia aus eigener Machtvollkommenheit und wohl im Einverständnis mit ihren Standesgenossen *patricia Romanorum* nannte, so war dies ein Ausdruck ihrer ansonsten verfassungsrechtlich nicht definierten Herrschaft über Rom und ihrer Verfügungsgewalt über den apostolischen Stuhl. Anfangs konnte sie sich weiterhin auf ihren Ehemann Wido und den Rückhalt der mächtigen und reichen Markgrafschaft von Tuszien stützen. Aber Wido überlebte Papst Johannes X. nicht lange. Er starb gegen Ende des Jahres 929.[229] Außer dass die Ehe offenkundig vollzogen wurde und es mindestens eine gemeinsame Tochter gab, wissen wir nichts über die Beziehung zwischen Marozia und Wido. Wie zu vermuten sein wird, dürfte Marozia den Tod ihres zweiten Ehemanns auch persönlich als schmerzlichen Verlust empfunden haben. Ihre Machtstellung in Rom war jedoch einstweilen so weit gesichert, dass sie ohne einen mächtigen Verbündeten auskommen konnte. So lange sie die Interessen der anderen römischen Adelshäuser berücksichtigte und mit ihnen regierte, blieb ihre Herrschaft über die Ewige Stadt und das Papsttum unangefochten.

Marozias Hoffnung, eines der wichtigen Fürstentümer in der Nachbarschaft Roms mit einem ihrer Söhne besetzen zu können, hatte sich allmählich zerschlagen. Nach der Ermordung des Petrus setzte König Hugo nicht etwa endlich einen ihrer Söhne zum neuen Markgrafen von Spoleto ein, sondern seinen eigenen Neffen.[230] Und

229 Vgl. RI I 3,3, Nr. 1592.
230 Vgl. Liutprand antap. IV 9.

nach dem Tod Widos erhob Hugo dessen jüngeren Bruder zum neuen Markgrafen von Tuszien, der als aufbrausend und gewalttätig charakterisiert wird.[231] Spätestens jetzt muss Marozia für ihren ältesten Sohn Johannes eine kirchliche Laufbahn ins Auge gefasst haben. Eingangs wurde gemutmaßt, das Mosaik der Mutter von Papst Paschalis I. mit der Titulatur *episcopa* in S. Prassede könnte für die junge Marozia eine Quelle der Inspiration gewesen sein und womöglich ihren Ehrgeiz angefacht haben. Die Mutter des Papstes zu sein, war bis zu den Zeiten Theodoras und Marozias in der Tat die höchste Würde, die eine Frau im päpstlichen Rom des Mittelalters erlangen konnte. Die Position Marozias als Senatrix und Patricia ging indessen weit über das bloße Ansehen einer Papstmutter hinaus. Sie war die Herrin der Stadt und der Päpste. Nach all den Unabwägbarkeiten, die das Pontifikat Johannes X. zutage gefördert hatte – eines vom Hause Theophylakts protegierten Papstes, der sich dennoch zum erbitterten Gegner Marozias gewandelt hatte –, liegt es auf der Hand, dass es nur Vorteile haben konnte, das Pontifikat mit einem Kandidaten aus der eigenen Familie zu besetzen. Ihr Sohn Johannes sollte deshalb der nächste Papst werden. Johannes, der anfangs vermutlich eher für eine weltliche Karriere vorgesehen war, erhielt schnell die nötigen Weihen und wurde zum Kardinalpriester der Kirche S. Maria in Trastevere ernannt.[232] Mit diesem Vorhaben sollte ganz sicherlich nicht nur der Machthunger der Senatrix gestillt werden, hauptsächlich diente dieser Schritt der Herrschaftssicherung. Immerhin müssen wir uns vor Augen halten: Wer sich in jener Zeit zu einer derartigen Machtposition wie Marozia erhoben hatte, für den bedeutete ein Sturz aus solcher Höhe – und dieser war durch die Auseinandersetzung mit Johannes X. in greifbare Nähe gerückt – nicht nur den sozialen und gesellschaftlichen Abstieg, vielmehr hätte er mindestens den Verlust der Freiheit zur Folge gehabt. Ja, er wäre mit einer akuten Gefahr für das eigene Leben und das ihrer Familienangehörigen verbunden gewesen.

Papst Stephan VII. war anscheinend ebenfalls schon in fortgeschrittenem Alter auf den Stuhl Petri gekommen, denn er verschied Ende Februar 931. Die beiden kurzen Pontifikate von Leo VI. und Stephan VII. erwecken den Anschein, beide wären nur Platzhalter für Marozias Sohn gewesen. Zuweilen wird sogar vermutet, Marozia

231 So laut Liutprand antap. III 47.
232 Vgl. Lib. pontif. II, S. XV.

hätte die beiden Päpste ermorden lassen, um so den Weg für ihren Sohn freizumachen. Für derartige Mutmaßungen existieren jedoch überhaupt keine Hinweise, zumal Marozia die Papstwahl maßgeblich beeinflussen konnte. Die einfachere Erklärung ist, dass sowohl Leo VI. wie auch Stephan VII. eben schon im Greisenalter waren. Beide waren gewiss loyale Anhänger von Marozias Familie und hätten vielleicht sogar – eingedenk des Schicksals von Johannes X. und falls dies der nachdrückliche Wunsch der Senatrix gewesen wäre – freiwillig auf ihr Amt verzichtet und sich ins Kloster zurückgezogen. Stephan VII. wurde wie auch Leo VI. in St. Peter bestattet. Somit konnte Anfang März 931 Marozias ältester Sohn als Papst Johannes XI. inthronisiert werden.[233] Die Wahlversammlung fand wie üblich wahrscheinlich auf dem altehrwürdigen Forum Romanum statt. Sie hatte rein formellen Charakter, da die Wahl vorher abgesprochen war und das Ergebnis von vornherein feststand. Danach musste der Erwählte gemäß der althergebrachten Zeremonie zuerst die Bischofskirche und den Lateranpalast in Besitz nehmen. Begleitet vom Jubel des Volkes zog der neue Papst über die Via del Papa zur Lateranbasilika. Dort empfing er die Huldigung des römischen Klerus und Adels. Die Inthronisation fand anschließend an der Confessio Petri im Petersdom statt. In einer festlichen Prozession begab sich der Papst also wieder durch die ganze Stadt zum Vatikan. Dort bekleidete man ihn in einer feierlichen Zeremonie und begleitet vom einstimmigen Gesang gregorianischer Choräle mit dem päpstlichen Ornat. Hernach wurde er auf den Stufen vor der Petersbasilika im Beisein seiner gewiss stolzen und ergriffenen Mutter – wir können beides freilich nur erahnen – mit dem *camelaucum*, dem Vorläufer der päpstlichen Tiara, gekrönt. Schließlich kehrte der Festzug erneut durch ganz Rom zum Lateranpalast zurück, wo Johannes XI. von der Loggia beim großen Triklinium Leos III. dem Volk seinen Segen spendete.[234]

Damit verfügte Marozia gegenüber König Hugo, der immer noch nach der Kaiserkrone strebte, über ein erhebliches Druckmittel: Sie bestimmte nun die Verleihung der Kaiserwürde vermittels ihres Sohnes. Wer von jetzt an Kaiser werden wollte, kam nicht mehr an der Senatrix vorbei – vorausgesetzt, sie konnte sich auf die Ergebenheit ihres Sohnes verlassen. In Anbetracht der Umstände mag

233 RI I 3,3, Nr. 1607; II 5, Nr. 101.

234 Es liegen keine Berichte über die Weihe von Johannes XI. vor, doch wird diese nach dem üblichen Zeremoniell erfolgt sein, vgl. dazu LexMA IX, Sp. 558.

es vielleicht erstaunen, doch in kirchlichen Belangen erwies sich Johannes XI. als durchaus fähiger Pontifex. Besonders förderte er die von dem Benediktinerkloster Cluny in Burgund ausgehenden kirchlichen Reformen. Schon kurz nach seiner Erhebung auf den Stuhl Petri bestätigte er dem Abt Odo von Cluny die Befreiung (Exemtion) seines Klosters von jeder geistlichen und weltlichen Gewalt. In der Bestätigungsurkunde gewährte er außerdem das Recht der freien Abtwahl sowie weitere Privilegien und unterstellte Cluny dem unmittelbaren Schutz des Papstes.[235] Dieselben Vorrechte räumte der Papst auch dem ebenfalls unter der Leitung Odos stehenden Kloster von Déols ein.[236] Die beiden Urkunden, die Johannes XI. von der päpstlichen Kanzlei für Odo von Cluny ausstellen ließ, waren hinsichtlich des Umfangs der darin zugebilligten Privilegien innovativ und hatten Vorbildcharakter für spätere Schutzverleihungen an Klöster.

Als unbekannte Variable im Machtgefüge Italiens stand die bisher ausgebliebene Reaktion König Hugos auf den Staatsstreich gegen Papst Johannes X. im Raum. Es war immer noch denkbar, dass der König nach Rom ziehen könnte, um Rache für den ermordeten Papst zu nehmen. Es hat beinahe den Anschein, als habe Hugo auf die Konsekration von Johannes XI. im März einen Monat später mit der Erhebung seines noch im Kindesalter stehenden Sohnes Lothar zum Mitkönig Italiens reagiert. Das damals allerhöchstens erst fünfjährige Kind wurde im April 931 in Pavia zum König gekrönt. Hugo konnte so zeigen, dass seine Herrschaft im *regnum Italiae* hinreichend gesichert war. Hinsichtlich seiner imperialen Ambitionen demonstrierte er damit dynastische Kontinuität. Man muss sich an dieser Stelle fragen, weshalb die Könige Italiens immer noch so sehr auf die Kaiserwürde erpicht waren, eine Würde, die sich ausschließlich auf Italien beschränkte und ihren universellen Anspruch längst verloren hatte. Bereits Kaiser Wido, sein Sohn Lambert und Berengar fassten ihre kaiserliche Herrschaft als italienisches Kaisertum auf.[237] Notgedrungen, denn ihnen fehlten schlicht die Mittel, irgendwelche Herrschaftsansprüche in den übrigen Teilen des ehemaligen Frankenreichs geltend zu machen. Dennoch war die Kaiserwürde – auch realpolitisch gesehen – immer noch mit beachtlichem Prestige verbunden. Zudem bedeutete sie die nominelle Auswei-

235 Zimmermann PU, S. 107, Nr. 64.
236 Zimmermann PU, S. 108, Nr. 65.
237 Vgl. Maleczek, Otto I., S. 174–176.

tung der Herrschaft auf die Stadt Rom und den Kirchenstaat. Und schließlich konnte das Kaisertum als ein wirkungsvolles Instrument der Herrschaftssicherung verstanden werden, denn der Inhaber dieser Würde hatte ein höheres Ansehen als seine Konkurrenten um das Königreich Italien, und immerhin war Rudolf II. von Hochburgund ebenfalls immer noch rechtmäßig gekrönter König.

Bisher war es um das Verhältnis der Stadtherrin Roms zu König Hugo nicht zum Besten bestellt. Marozia hatte jedoch den politischen Weitblick, einzusehen, dass eine Feindschaft für beide Seiten nur nachteilig sein konnte. Außerdem schien die Krönung seines Sohnes Lothar zum Mitkönig ohnehin bereits auf einen geplanten Romzug Hugos hinzuweisen. Sie wartete deshalb nicht ab, bis Hugo eines Tages mit seinem Heer vor den Mauern Roms erscheinen würde, sondern griff erneut auf das altbewährte Mittel der Heiratspolitik zurück. Die Vorraussetzungen waren günstig. Hugos zweite Ehefrau Alda war vor kurzem verstorben. Mit einer Konkubine namens Roza, eine der zahlreichen Nebenfrauen des Königs, hatte er sich entzweit, nachdem deren Vater – ein hochrangiger Palastbeamter, der eine erfolglose Verschwörung gegen Hugo angezettelt hatte – auf Befehl des Königs hingerichtet worden war.[238] Der Verbindung mit Roza entstammte übrigens eine Tochter, die Liutprand zufolge wunderschön gewesen sei. Was also lag für die zweimalige Witwe Marozia näher, als ein weiteres Heiratsbündnis mit ihr selbst als Braut anzuvisieren? Im Laufe des Jahres 931 entsandte die Stadtherrin Roms eine Gesandtschaft nach Pavia an den Hof König Hugos und schlug ihm die Ehe vor.[239] Angeblich habe sie ihm auch die Herrschaft über Rom angeboten. Das könnte dahingehend interpretiert werden, dass Marozia dem König Italiens mit der Ehe zugleich die Kaiserkrönung in Aussicht stellte. In jedem Fall wäre diese mit dem Papst als zukünftigem Stiefsohn in greifbare Nähe gerückt. Hugo war Machtpolitiker genug, um die Vorteile einer solchen Verbindung einzusehen, die ihm die Tore der Ewigen Stadt von selbst öffnen und ihm überdies gleichsam als Morgengabe die Kaiserkrone bescheren würde. Er nahm das Angebot Marozias – vermutlich hocherfreut – an.

Mit dieser Offerte machte sich Marozia nicht nur einen potentiellen Feind zum engsten Verbündeten, vielmehr eröffneten sich ihr

238 Liutprand antap. III 39–41; IV 14.
239 Liutprand antap. III 44; Benedikt v. S. Andrea 32.

dadurch weitreichende Perspektiven. Denn als Ehefrau Hugos wäre sie nicht nur zur Königin Italiens aufgestiegen, sondern bei seiner Kaiserkrönung ebenfalls zur *imperatrix* gekrönt worden. Welch glanzvolleren Höhepunkt ihres Lebens hätte sich die Senatrix Roms vorstellen können? Allerdings stand der geplanten Vermählung ein Ehehindernis entgegen. Nach damaligem kanonischem Recht war eine Ehe mit dem Bruder des vormaligen Ehemanns nicht möglich. Eine derartige Verbindung galt als eine Form des Inzests. Dabei spielte es auch keine Rolle, dass Wido von Tuszien und Hugo von der Provence nur Halbbrüder waren. Dieses Hindernis ließ sich zwar durch einen von Johannes XI. zu erwartenden päpstlichen Dispens leicht beseitigen, doch war dieser Verstoß gegen geltendes Kirchenrecht einer der Gründe für Marozias schlechten Ruf. Zudem plante die Witwe damit eine dritte rein politisch motivierte Ehe. Liutprand von Cremona verglich in einem bösartigen Spottgedicht Marozia deshalb mit der biblischen Herodias, die für die Hinrichtung Johannes des Täufers verantwortlich gewesen sein soll, der sie öffentlich getadelt hatte, weil sie ebenfalls den Bruder ihres ersten Gemahls geheiratet hatte.[240] Hugo trat seinerseits bereits im Vorfeld dem Inzestvorwurf entgegen, indem er bestritt, mit dem verstorbenen Wido überhaupt verwandt gewesen zu sein. Er ließ das Gerücht ausstreuen, Wido und Lambert – der damals regierende Markgraf von Tuszien – seien gar nicht die Söhne seiner Mutter Berta. Sie soll in Ermangelung eines männlichen Erben für die Markgrafschaft Tuszien jeweils nur eine Schwangerschaft vorgetäuscht und die beiden ihrem Ehemann untergeschoben haben. Darüber kam es zum Streit mit Lambert, der seinen Halbbruder Hugo angeblich zum Zweikampf herausforderte. Hugo sei damit einverstanden gewesen, habe allerdings einen Stellvertreter geschickt.[241] Das sich im Duell manifestierende Gottesurteil soll zwar zugunsten Lamberts gesprochen haben, doch nutzte Hugo die Gelegenheit, seinen unliebsamen Halbbruder gefangen zu nehmen und blenden zu lassen. Als neuen Markgrafen von Tuszien setzte er seinen leiblichen Bruder Boso ein. Damit verfügte er über einen zuverlässigen Gefolgsmann im Nordwesten der Ewigen Stadt.

Die Vorverhandlungen über die geplante Heirat zogen sich fast über ein Jahr lang hin. Aber es zeichnete sich schon im Vorfeld ei-

240 Liutprand antap. III 44.
241 Liutprand antap. III 47.

ne verstärkte kirchliche Zusammenarbeit zwischen Hugo und dem Papst ab. Als der obengenannte Hilduin, der Verwandte Hugos und vormalige Bischof von Lüttich, zum Erzbischof von Mailand befördert worden war, bat Johannes XI. um die Einsetzung seines Wunschkandidaten über das freigewordene Bistum von Verona. Hugo erfüllte diesen Wunsch jedoch erst, nachdem besagter Kandidat ernsthaft erkrankt war und so die Hoffnung bestand, dass der Bischofsstuhl bald wieder verfügbar wäre.[242] Auf der anderen Seite setzte sich Hugo beim Papst für Odo von Cluny ein. Der Abt war wohl zuerst an den Königshof von Pavia gekommen und reiste – ausgestattet mit einem entsprechenden Gesuch Hugos – in Begleitung einer Gesandtschaft, die den Romzug des Königs vorbereiten sollte, weiter in die Ewige Stadt. Wunschgemäß bestätigte Johannes XI. dem Abt die Besitzungen des Klosters von Cluny in ihrem gegenwärtigen Umfang.[243] Im Sommer des Jahres 932 war es endlich soweit. Hugo zog mit seinem Gefolge und begleitet von seinem Heer nach Rom. In Lucca, im Herzen der Markgrafschaft Tuszien, legte er einen Zwischenhalt ein und gewährte der dortigen Kirche eine Schenkung zum Gedächtnis an seine Mutter Berta und seinen Stiefvater Adalbert von Tuszien.[244] Im Hochsommer erreichte er die Ewige Stadt. Er dürfte gemäß der althergebrachten Adventuszeremonie empfangen worden sein. Auch Hugo kam wahrscheinlich über die alte *via triumphalis* und ließ auf den sogenannten Neronischen Wiesen vor der Leostadt sein Heer lagern. Mit nur wenigen Begleitern durchschritt er ein Tor der Leonidischen Mauer und wurde vom jubelnden Volk und zahlreichen Schaulustigen begrüßt.[245] Die Stadtherrin erwartete ihren Bräutigam mit ihrem Gefolge und den Hochzeitsgästen vermutlich vor dem Petersdom, wo sie anschließend von ihrem Sohn, Papst Johannes XI. höchstpersönlich, getraut wurden. Durch die Vermählung mit dem König Italiens wurde die Senatrix gleichzeitig auch zur Königin erhoben.

Die Hochzeitsfeier fand danach in Marozias Residenz, der Engelsburg oder dem Castel S. Angelo, statt. Liutprand von Cremona liefert eine anschauliche Beschreibung, wie sich das Bollwerk zu jener Zeit dem Betrachter präsentierte:

---

242 Vgl. RI I 3,3, Nr. 1635.
243 Zimmermann PU, S. 111, Nr. 67.
244 Schiaparelli, Ugo e Lotario, S. 94, Nr. 31.
245 Liutprand antap. III 45.

»Am Eingang in die Stadt Rom steht ein Festungswerk, ein Bau von wunderbarer Ausführung und wunderbarer Stärke, vor dessen Tor eine prächtige Brücke über den Tiber errichtet ist, der Weg für die in Rom Ankommenden und Abreisenden, und zwar der einzige Zugang, passierbar jedoch nur mit Einwilligung der Festungswache. Das Kastell selbst aber, um vom Übrigen zu schweigen, ist von solcher Höhe, dass die Kirche, die dem Erzengel Michael, dem Fürsten der himmlischen Heerscharen, zu Ehren oben auf der Krönung erbaut ist, den Namen ›Kirche des heiligen Erzengels in der Himmelshöhe‹ trägt.«[246]

Ursprünglich wurde das Monument als Grabmal Kaiser Hadrians errichtet, aber bereits in der Spätantike erkannte man die strategische Bedeutung jenes massiven zylindrischen Bauwerks, das sich vortrefflich als Brückenkopf nutzen ließ. Sein heutiges äußeres Erscheinungsbild sowie die Innenausstattung mit den prunkvollen Gemächern gehen vor allem auf die Umbauten im 15. Jahrhundert durch Papst Nikolaus V. und den Borgia-Papst Alexander VI. zurück – von letzterem stammen auch die vier äußeren Bastionen. Aus dem Bericht Liutprands können wir schließen, dass sich auf dem Zylinder des Mausoleums schon zur Zeit Marozias eine mächtige, mit Zinnen bekrönte Mauer erhob. Dasselbe dürfte für den rechteckigen Sockel gelten, der offenbar ebenfalls schon mit einer zinnenbewehrten Befestigung verstärkt war. Da Marozia das Bauwerk als Adelssitz nutzte, müssen bereits zu ihrer Zeit Wohnräume vorhanden gewesen sein. Trotz des martialischen Charakters, der an einen riesigen Festungsturm gemahnt, waren im Mittelalter immer noch Details des antiken Bauschmucks erkennbar.[247] Später befand sich die Festung zeitweise im Besitz der Crescentier, jenem Geschlecht, das unter anderem von der Familie Theophylakts abstammte. Deshalb nannte man es auch *turris Crescentii*, ›Turm des Crescentius‹.

Schon vor den Hochzeitsfeierlichkeiten hatte man gewiss einen Tag für die anstehende Kaiserkrönung Hugos und Marozias ins Auge gefasst. Ein denkbar idealer und symbolträchtiger Termin wäre – eingedenk der Krönung Karls des Großen am 25. Dezember 800 –

246 Liutprand antap. III 45.

247 Eine Zeichnung im Codex Escurialensis, einem Skizzenbuch aus der Werkstatt des florentinischen Malers Domenico Ghirlandaio vom Ende des 15. Jh.s, zeigt die Engelsburg von Osten. Dort sieht man an der Nordostecke des Sockels deutlich einen antiken Pilaster sowie die alte Marmorverkleidung.

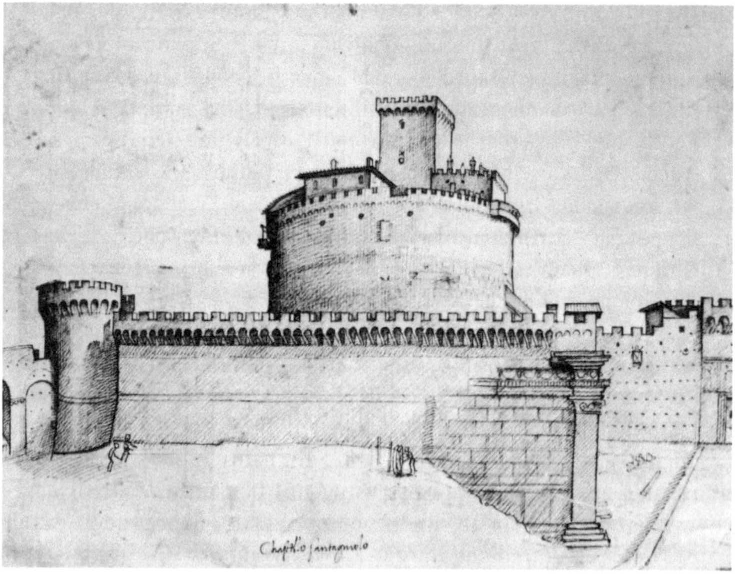

Abb. 18 Die Engelsburg gegen Ende des 15. Jahrhunderts mit Resten des antiken Bauschmucks, Zeichnung aus dem Codex Escurialensis

das kommende Weihnachtsfest gewesen, doch bis dahin waren es noch einige Monate. In den Quellen finden sich keine unmittelbaren Hinweise, dass mit der Heirat auch die Kaiserkrönung Hugos vereinbart worden wäre,[248] doch lassen sie auch keinen Zweifel daran aufkommen. Mehrmals wird betont, dass beide nach der höchsten Würde gestrebt hätten,[249] womit nur das Kaisertum gemeint sein kann. Überdies hatte der Romzug eines italienischen Königs in den zurückliegenden Jahrzehnten immer nur die Kaiserwürde zum Ziel, wie die beiden vorherigen Kapitel hinreichend verdeutlichen konnten. Die laut Liutprand von Marozia angebotene Herrschaft über die Ewige Stadt konnte Hugo außerdem nicht als Ehemann der Stadtherrin wahrnehmen – über eine klar definierte administrative Funktion verfügte sie ja nicht –, sondern nur als gekrönter Kaiser. Die Ambitionen Marozias beschränkten sich indes nicht nur auf das westliche Kaisertum.

248 Weshalb dieses Ansinnen Hugos von Maleczek, Otto I., S. 174–176, überhaupt bezweifelt wird.
249 Flodoard de triumph. XII 7; Liutprand antap. III 44.

Auch mit dem Herrscher in Konstantinopel beabsichtigte sie, ein Ehebündnis zu schließen. Noch im Vorjahr konnten die Byzantiner ihren Versuch, die Weltmachtstellung des östlichen Reiches wieder zur Geltung zu bringen, durch einen militärischen Erfolg über die Sarazenen in Südfrankreich bekräftigen, die sich dort in einer Gebirgsfestung oberhalb von Saint-Tropez festgesetzt hatten.[250] Kurz nach der Hochzeit entsandte Marozia durch Papst Johannes XI. und gewiss im Einvernehmen mit ihrem neuen Ehemann eine Delegation an den byzantinischen Kaiserhof. Vordergründig ging es dabei um den päpstlichen Dispens für die Ernennung des jüngsten und noch unmündigen Kaisersohnes zum Patriarchen von Konstantinopel. Daneben schlugen die Gesandten dem Kaiser die Verlobung seines Thronfolgers mit der Tochter der Senatrix und nunmehrigen Königin Italiens vor. Es handelte sich vermutlich um Berta, die gemeinsame Tochter von Marozia und Wido von Tuszien.[251] Die Antwort des byzantinischen Kaisers fiel günstig aus. Er lud Marozia ein, mit ihrer Tochter nach Konstantinopel zu reisen. Falls sie selbst nicht kommen könne, möge sie »ihr Kind zur Überfahrt zuverlässigen Leuten anvertrauen«. Auch bot er an, »Schiffe und Gesandte zur Einholung des Mädchens« zu entsenden.[252] Allerdings traf die Gesandtschaft mit dem Antwortschreiben des Kaisers erst im folgenden Frühjahr und damit zu spät ein.

Es wurde schon verschiedentlich darauf hingewiesen, dass weder Theophylakt noch Theodora oder Marozia allmächtig über Rom herrschen konnten. Sie waren auf die Duldung und den Konsens der anderen mächtigen Familien Roms angewiesen. Was also dachten die anderen römischen Adelsgeschlechter über die hochtrabenden Pläne der Senatrix? Seit der Ausschaltung von Papst Johannes X. baute Marozia geschickt und zielstrebig ihre Machtposition aus: zuerst die Wahl ihres Sohnes zum Papst, dann die Heirat mit Hugo von der Provence, gefolgt von ihrer Bündnispolitik mit Byzanz und schließlich die geplante Krönung zur Kaiserin an der Seite Hugos. Waren die anderen Adelsclans damit noch einverstanden? Die Antwort lautet: nein. Einigkeit bestand hauptsächlich darin, dass man eben keinen auswärtigen Kaiser benötigte und stattdessen nur eine geeignete Persönlichkeit aus den eigenen Reihen als *primus inter*

---

250 Flodoard ann. 931, vgl. RI I 3,3, Nr. 1647.

251 Berta konnte damals erst vier oder fünf Jahre alt gewesen sein; noch in einer Urkunde aus dem Jahr 945 wird sie als Mädchen (*puella*) bezeichnet.

252 Vgl. RI I 3,3, Nr. 1663; II 5, Nr. 111; 116; das Antwortschreiben von Kaiser Romanos I. Lakapenos ist wiedergegeben bei Sakkelion, S. 395.

pares die weltliche Herrschaft über die Ewige Stadt ausüben könne. Deshalb akzeptierten und unterstützten die Adelsclans das Regime Marozias. Doch war sie nun nicht mehr die ›Erste unter Gleichen‹. Durch ihre dritte Ehe hatte sie sich bereits zur Königin erhoben, und als Kaiserin stünde sie weit über ihren ehemaligen Standesgenossen. Überdies erregte die Gegenwart ihres burgundischen Ehemanns und seiner Gefolgsleute in Rom heftige Empörung. Man war erbost über das überhebliche Benehmen und die angebliche Gefräßigkeit der Burgunder. Zudem machte man sich über ihre kehlige Aussprache lustig und nannten sie *gurguliones*, was man mit ›Gurgelmenschen‹ übersetzen kann.[253] Schon seit längerem braute sich deshalb völlig im Verborgenen eine Verschwörung gegen die Senatrix zusammen. Besonders Marozias Sohn Alberich hatte allen Grund, Hugo feindlich gesinnt zu sein. Er hatte ihn, den Sohn Alberichs von Spoleto, ja um das väterliche Erbe, die Markgrafschaft von Spoleto und Camerino, gebracht, in der nun der Neffe Hugos herrschte. Auch als Nachfolger seines Stiefvaters als Markgraf von Tuszien war er übergangen worden.

Emsiges Treiben muss in jenem Dezember des Jahres 932 in Rom geherrscht haben. Obwohl man die fremden Burgunder mitsamt ihrem König verachtete, liefen die Vorbereitungen für die anstehende Kaiserkrönung Hugos und Marozias auf Hochtouren. Die Straßen und öffentlichen Plätze, vor allem aber der Platz vor dem Petersdom und die Via del Papa, wurden festlich geschmückt. Im Petersdom bereitete man alles für die geplante Zeremonie vor. Ebenso wurde das große Triklinium Leos III. im Lateranpalast für das übliche Festmahl nach der Krönung hergerichtet. Auch in den Küchen des Papstpalastes arbeitete man eifrig an den Festvorbereitungen. Unmengen von Wildbret, Geflügel und Schlachttiere mussten beschafft, zerlegt und mariniert, Pasteten, Suppen und Eintöpfe vorgekocht werden. Zudem musste der päpstliche Weinkeller wohl gefüllt sein. Doch kurz vor dem feierlichen Ereignis brach die Revolte aus.[254] Die unzufriedenen Adeligen hatten sich darauf verständigt, die Senatrix durch ihren Sohn Alberich zu ersetzen. Sie konnten in der Bevölkerung offenbar mit breiter Unterstützung rechnen. Laut Liutprand sei der Auslöser ein Streit zwischen Hugo und Alberich gewesen. Als letzterer an der königlichen Tafel in der Engelsburg Pagendienste leisten musste, soll er

253 So Liutprand antap. III 45, offenbar ähnelte der burgundische Dialekt dem heutigen Französisch.
254 Die Datierung ergibt sich aus der Verleihung des Palliums an den Erzbischof Artold von Reims durch Johannes XI., von der Flodoard im Zusammenhang mit der Inhaftierung Marozias und des Papstes berichtet, vgl. hist. Rem. eccl. IV 24; ann. 933; de triumph. XII 7.

Wasser aus einem Becken zum Händewaschen tollpatschig über den König geschüttet haben. Hugo habe die Ungeschicklichkeit mit einer kräftigen Ohrfeige quittiert. Um sich für diese Schmach zu rächen, soll Alberich die Römer in einer flammenden, aber wohl fingierten Rede zur Rebellion aufgerufen haben.[255] Einer anderen Quelle zufolge habe Hugo gar beabsichtigt, den Sohn der Senatrix durch Blendung unschädlich zu machen, aber Alberich sei ihm zuvorgekommen.[256]

Der Umsturz war gut und lange vorbereitet worden. Die Geheimhaltung hatte funktioniert. Marozia und Hugo waren völlig ahnungslos und wurden überrumpelt, als in der ganzen Stadt Trompeten erklangen – das Signal zum Losschlagen. Auch in den Kirchen Roms rief man zum Kampf gegen Marozia und die verhassten Burgunder auf. Die Aufständischen stürmten zur Engelsburg, begannen sogleich mit der Belagerung und brachen schließlich die Tore auf. König Hugo kletterte unterdessen auf der stadtabgewandten Seite des Bollwerks an einem Seil herunter und flüchtete zu seinen immer noch vor der Leostadt campierenden Getreuen.[257] Seine Gattin Marozia ließ er dabei treulos zurück. Sie wurde mitsamt ihrem älteren Sohn, dem Papst, von Alberich in Haft genommen.[258] Wir wissen nicht, ob Hugo einen erfolglosen Gegenangriff wagte, oder ob er – vielleicht weil seine Streitkräfte zu schwach waren – sofort abgezogen ist. Bereits im Januar 933 besuchte er auf dem Rückweg die Stadt Arezzo.[259] Damit war in beinahe atemberaubender Schnelligkeit der Lebenstraum Marozias zerbrochen. Das Grabmal Hadrians wurde so zum Grabmal ihrer imperialen Hoffnungen, und es begann die fast ein Vierteljahrhundert währende und in der Literatur gepriesene Herrschaft Alberichs als *princeps ac senator omnium Romanorum*. Während der neue Fürst Roms seinen Bruder Johannes XI. bald schon wieder freiließ, verblieb Marozia weiterhin in Gefangenschaft – vielleicht in einem Kerker der Engelsburg oder in einem Kloster der Ewigen Stadt. Jedenfalls verlieren sich von da an ihre Spuren. Der Papst wurde nach seiner Freilassung auf sein geistliches Amt beschränkt. Vermutlich hielt man ihn bis zu seinem Tod im Januar 936 unter strenger Bewachung. Seine restliche Amtszeit versank in Bedeutungslosigkeit.[260]

---

255 Liutprand antap. III 45.
256 Benedikt v. S. Andrea 32.
257 Wie Liutprand (antap. III 45) fälschlich berichtet, sei Marozia ebenfalls geflohen.
258 Flodoard hist. Rem. eccl. IV 24; ann. 933; de triumph. XII 7.
259 Vgl. Schiaparelli, Ugo e Lotario, S. 101, Nr. 33.
260 Seine letzte nachweisbare Urkunde stammt vom März 933 (Zimmermann PU, S. 114, Nr. 69).

Abb. 19 »Die Hochzeit von Marozia und Hugo von der Provence«, phantasievolle Illustration von Lodovico Pogliaghi aus dem 19. Jahrhundert

König Hugo gab sich jedoch nicht ganz so schnell geschlagen. Weiterhin hoffte er, durch die Einnahme Roms und die Befreiung Marozias doch noch die Kaiserwürde erringen zu können. Im Oktober 933 kehrte er mit einem verstärkten Heer zurück und belagerte die Ewige Stadt. Seine Truppen verwüsteten systematisch die Umgebung Roms. Täglich ließ der König die Stadtmauern bestürmen. Doch wurden sämtliche Angriffe von den Römern unter ihrem Fürsten Alberich zurückgeschlagen.[261] Spätestens zur Jahreswende musste Hugo die Belagerung abbrechen, da ihm ein neuer Arnulf, diesmal der Herzog von Bayern, die Königskrone zu entreißen trachtete. Obgleich sich die Kämpfe um das *regnum Italiae* nach dem altbekannten Muster wiederholten, obgleich die Ungarn erneut plündernd durch Norditalien und Burgund zogen und die Sarazenen die Stadt Genua überfielen und dort alle erwachsenen männlichen Bewohner niedermachten, erschien Hugo im Sommer 936 unverdrossen mit einer starken Streitmacht vor Rom. Aber auch diesmal war das Kriegsglück nicht mit ihm. Die Belagerung zog sich in die Länge. Die Soldaten Hugos litten an Lebensmittelknappheit, und obendrein grassierte eine Pferdeseuche, was die Schlagkraft des Heeres stark beeinträchtigte.[262] Doch auch die Herrschaft des Fürsten Alberich über Rom blieb nicht unangefochten. Ungefähr um dieselbe Zeit wurde vielleicht auf Betreiben Hugos in Rom ein Komplott geschmiedet. Wie der Chronist vom Monte Soratte, Benedikt von S. Andrea, berichtet, hätten sich die Bischöfe Marinus und Benedikt sowie die Schwestern Alberichs verschworen, ihn zu stürzen.[263] Da die vermeintlichen Schwestern in der Quelle als Senatorinnen tituliert werden und wir obendrein von Marozia nur die Tochter Berta kennen, werden damit die Tante und die Cousinen Alberichs gemeint sein. Theodora (II.) trug den Titel Senatrix und ihre Töchter Theodora (III.), Marozia (II.) und Stephania führten später ebenfalls diese Titulatur.[264] Der Plan sah wahrscheinlich auch vor, Marozia aus dem Gefängnis zu befreien. Wie es weiter heißt, habe jedoch eine der Cousinen die Umsturzpläne an Alberich verraten, woraufhin die Verschwörer hingerichtet wurden. Allerdings verschonte der Fürst seine Tante und ihre Töchter.

261 Flodoard ann. 933; Liutprand antap. IV 2; Benedikt v. S. Andrea, 34.
262 Flodoard ann. 936.
263 Benedikt v. S. Andrea 34.
264 Vgl. Sickel, Alberich, S. 81, Anm. 1.

Vollends entkräftet wurden die Ansprüche Hugos, als sich wahrscheinlich kurze Zeit später die Nachricht vom Tod Marozias verbreitet haben muss. Der König, der noch immer mit seinem Heer vor Rom lagerte, war nun zu Verhandlungen bereit. Alberich entsandte als Unterhändler den wieder in Rom weilenden Abt Odo von Cluny ins Lager Hugos. Durch seine Vermittlung wurde ein Waffenstillstand geschlossen und außerdem die Verlobung Alberichs mit der Tochter Hugos vereinbart.[265] Ein Druckmittel Alberichs waren womöglich seine Heiratspläne mit dem byzantinischen Kaiserhaus. Die von Marozia geplante Vermählung ihrer Tochter Berta mit dem Thronfolger in Konstantinopel wurde nach ihrem Sturz sogleich fallengelassen, doch warb Alberich für sich selbst um eine byzantinische Prinzessin. Hugo sah dadurch seine Herrschaft in Italien und die Nachfolge seines Sohnes gefährdet. Der endgültige Friedensvertrag und das Ehebündnis mit Hugo kamen aber erst im folgenden Jahr zustande. Alberich nahm zwar die Tochter zur Frau, verweigerte dem Vater aber nach wie vor den Zugang zur Ewigen Stadt. Dem wieder verwitweten König Italiens eröffnete sich bald eine neue lohnenswerte Partie. In der Zwischenzeit war auch König Rudolf II. von Hochburgund gestorben. Am 12. Dezember 937 heiratete Hugo dessen Witwe.[266] Gleichzeitig verlobte er seinen Sohn Lothar mit Adelheid, der damals erst sechsjährigen Tochter Rudolfs und späteren Gattin Ottos des Großen – die Hochzeit fand erst zehn Jahre später statt. Wie eine wohl verleumderische Quelle zu berichten weiß, habe sich Hugo zuerst selbst mit der jungen Adelheid vergnügt, bevor er sie seinem Sohn überlies.[267]

Der Tod Marozias, eben als ihr Gemahl Hugo mit seinem Heer vor Rom stand, erweckt den Eindruck, ihr Sohn Alberich hätte dabei seine Hände im Spiel gehabt. Dieser Verdacht ist jedoch unbegründet. Ein Autor wie Liutprand hätte es sich nicht entgehen lassen, der Familie Marozias auch noch einen Muttermord vorwerfen zu können, wenn er davon gewusst hätte oder entsprechende Gerüchte in Umlauf gewesen wären. Der Chronist vom Monte Soratte charakterisiert die Herrschaft Alberichs als schrecklich für die Römer und die Päpste.[268] Dass der Fürst seine Mutter beseitigen ließ, davon weiß er nichts. Überhaupt vermelden die letzten zuverlässigen Nachrich-

265 Flodoard ann. 936; Liutprand antap. IV 3.
266 Schiaparelli, Ugo e Lotario, S. 139, Nr. 46 f.; Liutprand antap. IV 13.
267 Chron. Novalic. V 3.
268 Benedikt v. S. Andrea 32.

ten nur die Gefangennahme Marozias. Können wir deshalb wirklich sicher sein, dass sie tatsächlich im Laufe des Jahres 936 gestorben ist? Immerhin gibt es da noch die zu Beginn des Kapitels angeführte *ancilla dei* namens Marozia aus dem Kloster S. Maria in Campo Marzio, die in einem Diplom aus dem Jahr 937 erwähnt wird.[269] Wir haben es vorgezogen, diese Marozia mit der Nichte der ehemaligen Stadtherrin zu identifizieren. Eine weitere *ancilla dei* dieses Namens taucht in einem Dokument aus dem Jahr 952 auf,[270] wobei es diesmal unwahrscheinlich sein dürfte, dass diese Person mit der Nichte identisch ist. Marozia (II.) wird in einer anderen Urkunde aus dem Jahr 949 gemeinsam mit ihrem Ehemann genannt.[271] Doch unmöglich kann die Senatrix und Königin Italiens gemeint sein. Dagegen spricht allein schon der Inhalt des Dokuments, in dem die Schenkung eines beachtlichen Anwesens an das Kloster Subiaco beurkundet wird. Und auch in dem älteren Schriftstück aus dem Jahr 937 geht es um Pachtzahlungen. Es sollte außerordentlich verwundern, hätte eine unter strenger Aufsicht in Klosterhaft lebende Marozia immer noch frei über den Familienbesitz verfügen können, um auf Kosten ihres Sohnes großzügige Schenkungen zu machen.

Einen denkbaren Grund für den Klosteraufenthalt der jüngeren Marozia (II.) liefert womöglich ihre Beteiligung an der obengenannten Verschwörung gegen den Fürsten Alberich. Sie war damals wahrscheinlich noch unverheiratet und könnte als Strafe nach dem gescheiterten Komplott für eine gewisse Zeit ins Kloster gesteckt worden sein. Auch ein freiwilliger temporärer Rückzug wäre vorstellbar. Ein wichtiges Indiz für den Tod Marozias liefert der Friedensschluss zwischen Hugo und Alberich und die spätere Wiederverheiratung Hugos im Dezember 937. Alberich hatte zweifellos die Macht, die dritte Ehe seiner Mutter im Nachhinein annullieren zu lassen. Sie verstieß ja ohnehin gegen kanonisches Recht. Andererseits kam die Verbindung mit dem Segen seines Bruders, des Papstes, zustande. Und wäre eine Annullierung wirklich im Sinne Hugos gewesen, der als Ehemann, solange Marozia noch lebte, in Rom Ansprüche geltend machen konnte? Eine Verständigung zwischen dem König Italiens und dem Fürsten Roms erscheint überhaupt erst sinnvoll, wenn Marozia zum fraglichen Zeitpunkt schon verstorben war.

269 Zur These, Marozia habe über das Jahr 936 hinaus für fast zwei Jahrzehnte im Kloster gelebt, vgl. Hamilton, The House, S. 209–212.

270 Reg. Subl., S. 171, Nr. 122, vgl. Hamilton, The House, S. 208–212.

271 Reg. Subl., S. 176, Nr. 126.

Im Januar 945 übereignete Alberich zusammen mit seinen Geschwistern und seinen Cousinen Marozia (II.) und Stephania dem Kloster S. Gregorio an der antiken Straße Clivus Scauri auf dem Caelius ein beträchtliches Landstück einschließlich der Burg Mazzano und aller dort lebenden Leibeigenen. Die Familienmitglieder werden in der überlieferten Schenkungsurkunde als Kinder der einstigen Senatorinnen Marozia und Theodora bezeichnet – *quondam Romanorum senatrix*, wie es bei beiden in der Urkunde heißt.[272] Die Formulierung mit *quondam*, ›einst‹, schließt nicht aus, dass sie im Kloster gelebt haben könnten, doch wäre bei dem formell überaus korrekten Dokument dann eigentlich auch der Zusatz *ancilla dei* oder *ancilla Christi*, ›Magd Gottes‹ oder ›Magd Christi‹, als Beschreibung ihres aktuellen Standes zu erwarten. Da ein solcher Hinweis fehlt, können wir daraus nur folgern, dass sowohl Marozia als auch ihre Schwester zum Zeitpunkt der Schenkung nicht mehr am Leben waren.

Marozia lässt sich weder mit mittelalterlichen noch mit modernen Moralvorstellungen angemessen beurteilen. Die mittelalterliche Sichtweise geben Autoren wie Liutprand und der Chronist vom Monte Soratte wieder, wonach sie ein herrschsüchtiges und lasterhaftes Weib gewesen sei. Nach unserem heutigen Urteil wiegen die Morde am Markgrafen Petrus und seinem Bruder Papst Johannes X. schwer – zumindest sofern letzterer nicht doch im Kerker eines natürlichen Todes starb. Suspekt erscheinen uns ihr zielorientiertes Machtstreben und ihre ausschließlich von dynastischen und politischen Gesichtspunkten motivierten Ehen. Doch unterscheidet sie sich dadurch von den Machtpolitikern unserer Zeit? Ihr war es durch ihren gesellschaftlichen Rang und das damalige politische Gefüge lediglich vergönnt, in einer von Gewalt geprägten Epoche dieselben Rechte wie ihre männlichen Standesgenossen wahrzunehmen. In einer Zeit, in der Frauen kein öffentliches Amt übernehmen konnten, herrschte Marozia über die Stadt Rom und das Papsttum. Und was umso erstaunlicher ist: Die anderen Adelsfamilien akzeptierten das Regime einer Frau, solange man sie als eine der ihren betrachtete. Sie folgte dem Vorbild ihres Vaters, und auch die Herrschaft ihres Sohnes Alberich unterschied sich substantiell nicht wesentlich von der Marozias. Ihre Ambitionen, selbst an der Seite Hugos zum Kaisertum aufzusteigen, leiteten ihren Untergang ein. Wahrscheinlich war Alberich das Scheitern seiner Mutter ein mahnendes Beispiel.

272 Marini, S. 155, Nr. 100 = Ann. Camald. I, app. I, Sp. 39, Nr. 16.

Er begnügte sich zeitlebens mit dem Titel eines Fürsten (*princeps*). Und doch verdankte er seine Herrschaft Marozia, denn nur durch ihre Entschlossenheit und Willensstärke konnte sie die Vormachtstellung ihrer Familie in Rom bewahren. Obwohl Alberich für ihren Sturz verantwortlich war, titulierte er sie nach ihrem Tod respektvoll als »einstige Senatorin der Römer«. Auch der römischen Bevölkerung blieb ihre Herrschaft in bleibender Erinnerung. Noch in einer Papsturkunde aus dem Jahr 1005 gedachte man Marozias als ehemaliger Stadtherrin und bezeichnete sie hochachtungsvoll als *profettissa*, d. h. als ›Präfektin‹ der Ewigen Stadt.

AMALASUNTHA

Das ehemalige Grabmal Hadrians, in dem Marozia residierte, erhielt der Legende zufolge seinen späteren Namen durch eine Begebenheit aus dem Jahr 590. Es war an einem Herbsttag, als der kümmerliche Rest der stadtrömischen Bevölkerung in sieben Prozessionszügen zu Ehren der Heiligen Jungfrau Maria durch die gespenstisch entvölkerten Straßen der einstmals prächtigen und glanzvollen Metropole des römischen Weltreiches zog. Ihr Ziel war die Basilika S. Maria Maggiore auf dem Esquilin. Die Gesichter der Menschen waren von Hunger, Not und Krankheit gezeichnet. Vor den Toren standen die plündernden und mordenden Scharen der Langobarden, die fortwährend das Umland verwüsteten. Ein verheerendes Hochwasser im Vorjahr hatte große Teile der Stadt überflutet und zerstört. Und schon seit geraumer Zeit grassierte in Italien eine Seuche: die Pest. Sie verschonte niemanden, auch nicht den Heiligen Vater, Papst Pelagius II., der schon im Februar der Seuche zum Opfer gefallen war. Um der entsetzlichen Pestilenz Einhalt zu gebieten, hatte sein Nachfolger, der als Gregor der Große in die Geschichte eingehen wird, zu einer Bußprozession aufgerufen. Nachdem die Geistlichkeit in den Kirchen der Stadt drei Tage lang Psalmen gesungen und um den Beistand Gottes und der Heiligen Jungfrau gefleht hatte, versammelte sich in den frühen Morgenstunden des vierten Tages das ganze Volk, das man für den Umzug in sieben Gruppen eingeteilt hatte: Kleriker, Mönche, Nonnen, verheiratete Frauen, Witwen, Kinder und schließlich alle Männer, die nicht geistlichen Standes waren.[273] Und die Vorstellung ist befremdend, diese sieben Gruppen könnten womöglich gleich groß gewesen sein, womit fast die Hälfte der damaligen römischen Bevölkerung dem geistlichen Stande angehört hätte.

Gregor ließ für diesen Anlass eigens das legendäre und wundersame Bildnis der Heiligen Jungfrau herbeiholen, das der Sage nach vom Evangelisten Lukas selbst gemalt worden sein soll. Doch die

273 Greg. Tur. hist. Franc. X 1, vgl. auch Paul. Diac. hist. Langob. III 24; vita Greg. 10 f.

Prozession wurde vom Schrecken begleitet, denn die Pest wütete auch während des Umzugs. Innerhalb einer Stunde sollen 80 Menschen an der fürchterlichen Krankheit gestorben sein.[274] Man erwartete das Jüngste Gericht, das Ende der Zeit. Aber als das Volk von S. Maria Maggiore nach dem Vatikan zur Basilika des Apostels Petrus weiterzog, soll sich – just in dem Augenblick als Gregor die Tiberbrücke beim Mausoleum Kaiser Hadrians betrat – ein Wunder ereignet haben. Der Erzengel Michael sei über dem Grabmal erschienen und habe zum Zeichen, dass die Pest nunmehr erloschen sei, sein flammendes Schwert in die Scheide gesteckt. Seither, so wird behauptet, trägt dieses mächtige Monument eines heidnischen Kaisers den Namen Engelsburg. Es sei dahingestellt, ob man es den Tränen und dem Flehen des bußfertigen römischen Volkes, dem Eingreifen des Erzengels oder schlicht dem Zufall – die wohl wahrscheinlichste Option – überlassen möchte, doch mit dieser Prozession im Herbst 590 soll die damalige Epidemie ihr Ende gefunden haben.[275] Diesem Ereignis kommt aus der Sicht der Nachwelt gleichsam symbolhafte Bedeutung zu, denn – überspitzt formuliert: Mit dieser Bußprozession wurde das antike Rom zu Grabe getragen. Es war ein Leichenzug, der den Übergang vom Altertum zum Mittelalter versinnbildlicht. Das Rom der Cäsaren war in seiner Bausubstanz noch weitgehend intakt, obwohl es erste Anzeichen des Zerfalls zeigte. Die öffentlichen Gebäude, die prächtigen Thermen und die Tempel der Götter wurden schon seit über hundert Jahren nicht mehr instand gehalten. Was aber vor allem fehlte, war die Bevölkerung. Während die Stadt auf den sieben Hügeln im 5. Jahrhundert etwa eine halbe Million Einwohner beherbergte, sollen dort in der Mitte des 6. Jahrhunderts gerade einmal 500 Seelen gelebt haben.[276] Diese Zahl ist gewiss eine Übertreibung, die aber zweifellos den gespenstischen Eindruck wiedergibt, den das entvölkerte Rom damals erweckte. Wie konnte innerhalb einer relativ kurzen Zeit aus der prächtigen Herrin der Welt eine fast menschenleere, nur noch von Priestern, Mönchen und Nonnen besiedelte und dem Zerfall preisgegebene Einöde werden?

---

274 So laut Greg. Tur. hist. Franc. X 1 nach einem Augenzeugen. Eine Massenveranstaltung zur Bekämpfung einer hochansteckenden Epidemie muss aus unserer heutigen Sicht geradezu wahnsinnig erscheinen.

275 In der späteren Überlieferung wurde diese Litanei mit der üblichen großen Litanei zu Ehren des heiligen Markus am 25. April verwechselt, weshalb sich in der Literatur gelegentlich dieses Datum findet, vgl. Müller, Führung, S. 117 f.

276 So nach Prok. bell. Goth. III 20; man geht für die Mitte des 6. Jh.s von etwa 30 000 Bewohnern aus; zur Bevölkerungszahl vgl. Krautheimer, Rom, S. 78; 257 f.

Man mag für diesen Bevölkerungsschwund die Wirren der Völkerwanderung und das Wüten der vermeintlichen Barbaren verantwortlich machen. Gemeinhin wird das Ende des weströmischen Reiches auf das Jahr 476 datiert. Damals wurde der letzte weströmische Kaiser, der junge und unerfahrene Romulus Augustus, auch Romulus Augustulus, das ›Kaiserlein‹, genannt, von dem germanischen Heerführer Odoaker abgesetzt. Doch sind solche Jahreszahlen nur eine abstrakte Größe. Sie dienen zur Periodisierung der Geschichte, zur Einteilung in Epochen. Für die Menschen dieser Zeit und an den Verhältnissen in der Stadt Rom hatte sich nichts geändert. Nichts änderte sich an Verwaltung und Rechtsprechung, nichts an den gesellschaftlichen Strukturen. Man hatte dieselben Steuern zu bezahlen wie zuvor, und die spätrömischen staatlichen Institutionen waren weiterhin vorhanden. Keineswegs rannten die germanischen Scharen plündernd, zerstörend, mordend und vergewaltigend durch die Ewige Stadt. Im Gegenteil regierte der neue Machthaber germanischer Provenienz ganz in der Tradition der römischen Imperatoren. Den Senat in Rom behandelte er zuvorkommend. Für die Versorgung seiner germanischen Krieger bediente sich Odoaker desselben Systems, das zuvor zur Verpflegung und Besoldung des römischen Heeres verwendet wurde. Auch hier gab es keinen Unterschied und keine Umverteilung der Besitzverhältnisse, zumal sich das Heer Westroms schon seit Jahrzehnten aus germanischen Söldnern, ja ganzen Stammesverbänden rekrutierte. Letztlich ist diese Jahreszahl auch als Epochendatum problematisch. Weder steht sie für das Ende des Imperiums noch für das Ende jener Epoche, die wir als Antike bezeichnen, denn das römische Reich und seine Kultur existierten weiterhin. Überdies lebte in Dalmatien noch der weströmische Kaiser Julius Nepos, der erst im Jahr 480 starb.

Als nach dem Tod des Kaisers Theodosius I., der auch »der Große« genannt wird, das Reich im Jahr 395 unter seinen beiden Söhnen Honorius und Arcadius aufgeteilt wurde, war dies keine Spaltung in zwei voneinander unabhängige Teilreiche. Es gab nun lediglich zwei römische Kaiser: Der zunächst in Mailand residierende Honorius im Westen und der von Konstantinopel aus herrschende Arcadius im Osten. Aber das war keine Innovation dieser Zeit. Besonders in Krisenzeiten war es während der gesamten römischen Kaiserzeit beinahe üblich, dass der regierende Herrscher zur Aufteilung der Regierungsaufgaben einen Mitherrscher einsetzte. Bekannt ist das von Kaiser Diokletian initiierte System der Tetrarchie, bei dem es zwei gleichrangige Kaiser (*augusti*) und – als deren Gehilfen – zwei Thronfolger (*caesares*) gab. Seit dem Tod Konstantins des Großen im Jahr 337 wurde das Imperium Romanum fast durchwegs immer von mindestens zwei Kaisern regiert. In der Theorie bedeuteten diese Mehrherrschersysteme keine territoriale Zergliederung, sondern lediglich eine Teilung der Regierungsverantwortung. Das sahen auch die Zeitgenossen so. Nach ihrer Auffassung gab es immer nur ein Römisches Reich. Der spätantike Historiker Eunapios von Sardes fasste dies in die Worte: »Die Kaiser regieren in zwei Körpern ein einziges Reich.«[277] Als Odoaker den jungen Romulus Augustulus absetzte, ging die nominelle Herrschaft über die westliche Reichshälfte, die zu dieser Zeit faktisch auf Italien, Dalmatien und den Alpenraum reduziert war, auf den in Konstantinopel residierenden Kaiser Zeno über. Seine Oberherrschaft wurde von Odoaker anerkannt. Er übersandte die Insignien des weströmischen Kaisers nach Konstantinopel und ließ Zeno mitteilen, man benötige im Westen keinen eigenen Kaiser mehr.[278] Im Gegenzug akzeptierte man in Konstantinopel die Herrschaft Odoakers. Seine germanischen Truppen hatten ihn zum Heerkönig (*rex*) ausgerufen,[279] womit damals kein Herrscher im eigentlichen Sinne, sondern ein militärischer Anführer gemeint war. Doch formell galt er als oströmischer Statthalter mit dem Titel *patricius*.[280]

Der vermeintliche Untergang des weströmischen Reiches bedeutete deshalb noch nicht das Ende der antiken Großstadt Rom. Gleichwohl hatte die Stadt im Laufe der Zeit einen stetigen Bedeutungsverlust hinzunehmen. Schon seit geraumer Zeit war Rom nicht mehr der Regierungssitz. Seit dem 3. Jahrhundert war es üblich geworden, dass die Kaiser in den wichtigen Städten an der Peripherie des Reiches residierten, die in der Nähe der gefährdeten Grenzabschnitte lagen. Im 5. Jahrhundert waren das im Osten das gut zu verteidigende Konstantinopel am Bosporus und im Westen die Lagunenstadt Ravenna, wo heute noch prächtige Kirchenbauten wie San Vitale und Sant'Apollinare in Classe oder das sogenannte Grabmal der Kaiserin Galla Placidia und das Mausoleum Theoderichs des Großen vom Glanz der einstigen Residenzstadt künden. Nur noch gelegentlich und zu besonderen Anlässen hielten sich die Kaiser in Rom auf. Dennoch blieb die Stadt das *caput mundi*, das Haupt der Welt. Ein

277 Eun. hist. 85, vgl. Oros. VII 36.
278 Anon. Val. 12,64.
279 Iord. Get. 243.
280 So zumindest nach Malch. 14.

erster Einschnitt war die Eroberung Roms durch den westgotischen Heerführer Alarich im Jahr 410. Der zunächst erfolgreiche Abwehrkampf gegen die Westgoten band die militärischen Kräfte der westlichen Reichshälfte. Nachdem der römische Heermeister Stilicho – selbst germanischer Herkunft – einer Hofintrige zum Opfer gefallen und getötet worden war, brach die Verteidigung zusammen. Drei Tage lang plünderten die Goten Rom. Sie hatten es vor allem auf die Schätze und das Gold der Stadt abgesehen. Da sich die Goten selbst zum arianischen Christentum bekehrt hatten, verschonten sie die Kirchen und alle, die dorthin geflohen waren.[281] In materieller Hinsicht konnte sich Rom bald von dem Schrecken erholen. Bedeutsamer war die psychologische Wirkung dieses Ereignisses, das auf die Zeitgenossen wie ein Schock wirkte. Erstmals nach fast 800 Jahren standen Feinde des Imperiums inmitten der glorreichen Hauptstadt des Reiches. Die Anhänger der heidnischen Religionen machten für den Fall der Stadt die Vernachlässigung der alten Götterkulte und somit das Christentum verantwortlich. Auf der anderen Seite schrieben die christlichen Theologen das Unglück dem göttlichen Zorn über die Sündhaftigkeit der Metropole zu. Aus rhetorischen Gründen stellte man deshalb die Einnahme der Stadt oftmals höchst übertrieben dar. Der aus Gallien stammende Dichter Rutilius Namatianus, der im Jahr 414 als römischer Stadtpräfekt amtierte, pries Rom wenig später immer noch als die »schönste Königin der Welt«.[282] Die Folgen der Plünderung konnten deshalb für das städtische Erscheinungsbild nicht allzu gravierend gewesen sein.

Viel problematischer für das Leben in der Stadt gestaltete sich die Entwicklung in Nordafrika. Ein Großteil der hauptstädtischen Bevölkerung lebte von der staatlichen Getreideversorgung, und die nordafrikanischen Provinzen galten als die Kornkammer Roms. Für den Abwehrkampf gegen die Westgoten hatte man die Truppen von der Rheingrenze abgezogen. Germanische Stämme, darunter die Vandalen, nutzten die Gunst der Stunde, überquerten in der Silvesternacht des Jahres 406 den Rhein und drangen tief ins Reichsgebiet ein. Den Vandalen gelang es, bis nach Spanien vorzustoßen. Im Jahr 429 überquerten sie die Meerenge von Gibraltar und eroberten innerhalb von zehn Jahren Nordafrika. Damit war die für die Bewohner Roms so wichtige Getreidezufuhr unterbrochen, was zu

281 Nach Oros. VII 39; Soz. IX 9; Sokr. VII 10; Iord. Get. 156.
282 Rut. Nam. I 47.

Abb. 20 Das sogenannte Grabmal der Galla Placidia in Ravenna

beträchtlichen Nahrungsmittelengpässen führte. Bei der Eroberung von Karthago erbeuteten die Vandalen die römische Flotte. Dadurch wurden sie zur beherrschenden Seemacht im westlichen Mittelmeer. Im Jahr 455 erschien ihre Flotte unter dem König Geiserich vor der Tibermündung. Die Vandalen gingen an Land und zogen flussaufwärts gegen das gut befestigte Rom. Es gab jedoch keine Truppen, um den ideellen Mittelpunkt des Reiches zu verteidigen. Zudem hatte man die Vandalen während interner Querelen am westlichen Kaiserhof selbst um Hilfe gerufen. Die Römer öffneten deshalb Geiserich bereitwillig die Stadttore. Im Gegensatz zu den Goten, denen hierfür nur drei Tage zur Verfügung standen, nahmen sich die Vandalen ganze zwei Wochen Zeit, in denen sie die Stadt gründlich und systematisch ausplünderten.[283] Ganze Wagenkolonnen brachten das Beutegut zu ihren Schiffen. Darüber hinaus wurden Teile der Bevölkerung versklavt und nach Nordafrika deportiert. Nach diesen zwei Wochen hatte die Stadt erheblich an Glanz, Wohlstand und Bevölkerungsreichtum eingebüßt.

283 Vgl. z. B. Prok. bell. Vand. I 5; Vic. Vit. I 8.

Entgegen ihrem schlechten Ruf – der Begriff ›Vandalismus‹ steht ja bekanntermaßen als Synonym für blindwütige Zerstörungswut – verschonten die Vandalen jedoch die Bauwerke Roms.

Das Los der Stadt Rom war in dieser stürmischen Zeit, die wir als Zeit der Völkerwanderung kennen, zumindest für den Westen des Reiches kein Einzelschicksal. Doch der Beutezug der Vandalen blieb ohne politische Folgen und Rom war immer noch eine bedeutende Großstadt. Infolge innenpolitischer Auseinandersetzungen wurde die Stadt im Jahr 472 ein weiteres Mal von germanischen Söldnern besetzt. Der römische Heermeister Ricimer, in diesen Jahren die beherrschende Figur in der westlichen Reichshälfte und germanischer Herkunft, hatte sich mit Kaiser Anthemius entzweit, der sich damals in Rom aufhielt. Ricimer eroberte mit seinen germanischen Truppen, die im Dienste des Reiches standen und dem Namen nach eigentlich ein römisches Heer waren, Rom und ließ Anthemius hinrichten. Es kam zu Kämpfen in der Stadt und die Söldner Ricimers nutzten die Gelegenheit zu einer weiteren Plünderung. Die Bevölkerung hatte in jenen Jahren außerdem unter einer Seuche zu leiden, was wohl einen weiteren Bevölkerungsschwund mit sich brachte. Erst nachdem Odoaker das weströmische Kaisertum beendet hatte, beruhigte sich die Lage in Italien wieder. Einige Jahre später hatte sich die politische Situation erneut verändert. In Konstantinopel fühlte man sich zunehmend von den Ostgoten in Pannonien bedroht. Auch dieser Stammesverband galt als römisches Söldnerheer. Ihr Heerkönig Theoderich wurde von Kaiser Zeno zum Konsul und Heermeister erhoben. Doch um den unbequemen und mächtigen Nachbarn loszuwerden, beauftragte ihn Zeno mit einem Feldzug gegen Odoaker. Die Eroberung des immer noch reichen Italien schien dem ruhmbegierigen Heerführer Theoderich und seinen Ostgoten ein lohnenswertes Ziel zu sein. Im Jahr 489 zogen etwa 20 000 gotische Krieger mitsamt ihren Familien – es dürften mindestens 100 000 Menschen gewesen sein – gegen Italien. Theoderich und Odoaker fochten eine Reihe fulminanter Schlachten aus. Schließlich neigte sich das Kriegsglück zugunsten Theoderichs. Odoaker verschanzte sich in der als uneinnehmbar geltenden Lagunenstadt Ravenna, die von den Ostgoten vier Jahre lang vergeblich belagert wurde. In dieser Pattsituation einigten sich Theoderich und Odoaker auf eine Verständigung. Aber der Ostgotenkönig nutzte kurze Zeit später ein gemeinsames Festmahl, um Odoaker samt seiner Familie und seinen Gefolgsleuten ermorden zu lassen.[284]

284 Anon. Val. 11,56.

Diese Kämpfe um Italien fanden ihren Niederschlag in den mittelalterlichen Sagen um Dieterich von Bern und die Rabenschlacht.

Der Auftakt seiner Regierung würde vielleicht die Schreckensherrschaft eines Tyrannen erwarten lassen, doch Theoderich erwies sich als umsichtiger Herrscher. Die Ansiedlung der Ostgoten in Italien ging reibungslos vonstatten. Damit beauftragt war der fähige Prätorianerpräfekt Liberius, der oberste Zivilbeamte des Reiches.[285] Wie es heißt, sollen die Römer von der Landverteilung an die Goten kaum etwas bemerkt haben,[286] was vermuten lässt, dass den Goten ohnehin nur brachliegendes Land übereignet wurde. Theoderich beherrschte Italien ebenfalls unter dem Titel eines Königs (*rex*) und ebenso wie Odoaker trat er keineswegs als fremder Eroberer auf.[287] Seinen Herrschaftsbereich bezeichnete Theoderich – und hier begegnet uns der Begriff erstmals – als *regnum Italiae*. In diesem Reich galten Römer und Goten als gleichberechtigt.[288] Bei der Administration griff der Ostgotenkönig auf erfahrene Verwaltungsleute aus den alten senatorischen Geschlechtern zurück. Zum Chef der königlichen Kanzlei ernannte er den römischen Gelehrten, Schriftsteller und Historiker Cassiodor. Wichtige Staatsämter bekleideten außerdem der hochgebildete Senator und Philosoph Boethius und dessen Schwiegervater Symmachus, der eine – heute leider weitgehend verlorene – Geschichte Roms verfasste. Theoderich residierte zwar in Ravenna, doch ließ er nach kaiserlicher Manier in Rom Geldspenden verteilen und veranstaltete Spiele im Colosseum und im Circus Maximus, wofür man sogar berühmte Wagenlenker aus Konstantinopel kommen ließ.[289] Von seiner Sorge um die alten Bauwerke der Stadt zeugen die zahlreichen aus der Feder Cassiodors stammenden Erlasse zu ihrer Erhaltung. Dem römischen Senat begegnete Theoderich mit Hochachtung, und als er im Jahr 500 Rom besuchte, wurde er wie ein römischer Kaiser empfangen. Ein Augenzeuge dieses Ereignisses soll gesagt haben: »Wie herrlich muss das himmlische Jerusalem sein, wenn schon das irdische Rom in solchem Glanz erstrahlt.«[290]

---

285 Seine Grabinschrift hat sich in Rimini erhalten (CIL XI 382).

286 Ennod. epist. IX 23.

287 Vgl. z. B. Cassiod. chron., S. 160 f.; Ann. Val. 57, vgl. auch CIL X 6850 f. wo er vom inoffiziellen Auftraggeber der Inschrift, einem römischen Senator, außerdem als Kaiser (*augustus*) betitelt wird; zu Theoderich vgl. Ausbüttel, Theoderich; allgemein zur Geschichte der Goten vgl. Wolfram, Goten.

288 Cassiod. var. VIII 3.

289 Cassiod. var. III 51.

290 Vita Fulg. 9,27.

In religiösen Fragen zeigte sich der Arianer Theoderich den katholischen Römern gegenüber tolerant. Auch in einem Brief an die Juden Italiens verkündete der König – fast in Vorwegnahme der religiösen Maxime des Preußenkönigs Friedrich des Großen –, »Religion können wir nicht anbefehlen, da es niemandem in den Sinn kommen wird, dass er gegen seinen Willen glaubt«[291]. Gleichwohl förderte er das arianische und von den Katholiken als ketzerisch angesehene Christentum der Ostgoten durch den Bau von Kirchen. Davon zeugen heute noch die wegen ihrer Mosaiken berühmte Kirche Sant'Apollinare Nuovo – die Palastkirche Theoderichs – sowie das Baptisterium der Arianer in Ravenna. Erhalten haben sich überdies im sogenannten *Codex Argenteus* Reste einer prächtigen Abschrift der gotischen Bibelübersetzung, die vermutlich für den Ostgotenkönig angefertigt wurde. Trotz seiner toleranten Haltung wurde Theoderich in seinen späteren Regierungsjahren durch das verschärfte Vorgehen des oströmischen Kaisers gegen den Arianismus in die damalige Kirchenpolitik hineingezogen. Die über 30-jährige Regierungszeit Theoderichs des Großen bescherte Italien eine Phase der Ruhe und des Friedens. Ein letztes Mal konnte sich das spätantike Rom einer kulturellen Blüte erfreuen. Das Andenken des Königs wurde allerdings durch die Hinrichtung des Boethius und Symmachus verdüstert, die gegen Ende seiner Herrschaft das Opfer innenpolitischer Konflikte wurden.

Theoderich versuchte vermittels Heiratspolitik ein Bündnis der germanischen Reiche zustande zu bringen. Schon bald nach der Beseitigung Odoakers heiratete er Audofleda, die Schwester des fränkischen Merowingerkönigs Chlodwig I., der dennoch zeitlebens ein hartnäckiger Gegner des Ostgoten blieb. Audofleda schenkte ihm nicht den erwarteten männlichen Thronerben. Das einzige Kind dieser Verbindung war die Tochter Amalasuntha, die um das Jahr 495 geboren wurde. Aus früheren Beziehungen hatte Theoderich nur zwei namentlich bekannte Töchter. Sie setzte er als Heiratspfand für eine Allianz mit dem burgundischen Königshaus und den Westgoten in Spanien ein. Beiden Ehebündnissen war kein langfristiger Erfolg beschieden. Der einzige männliche Enkel aus der Verbindung mit den Burgundern wurde auf Befehl seines eigenen Vaters, des Königs Sigismund, hingerichtet,[292] und der westgotische Schwieger-

291 Cassiod. var. II 27.
292 Greg. Tur. hist. Franc. III 5.

sohn, König Alarich II., fiel im Kampf gegen die Franken. Alarichs Nachfolger war sein noch unmündiger Sohn Amalarich, der Enkel Theoderichs. Auf Wunsch der Westgoten übernahm Theoderich die Regentschaft. Theoretisch war so ein beträchtlicher Teil des ehemals weströmischen Reiches in Personalunion unter germanischem Zepter nominell wiedervereint. Theoderich hielt sich aber nicht selbst in Spanien auf. Er entsandte dorthin seinen Vertrauten Teudis, der stellvertretend die Regierung übernahm. Ein weiteres Heiratsbündnis mit den Vandalen in Nordafrika ging letztlich ebenfalls in die Brüche. Theoderich hatte seine Schwester in zweiter Ehe mit dem Vandalenkönig verheiratet. Nach dessen Tod ließ sein Nachfolger die Schwester des Ostgoten mitsamt ihrem Gefolge ermorden. Die höchst ambitionierte Bündnispolitik Theoderichs war damit größtenteils gescheitert. Sie verwickelte den König überdies in unnötige Kriege, da er nach der Hinrichtung seines burgundischen Enkels einen Krieg gegen Sigismund führen musste. Auch nach der Ermordung seiner Schwester rüstete Theoderich gegen die Vandalen.

Da dem Ostgotenkönig ein männlicher Erbe nicht vergönnt war, griff er auf einen entfernten und im Westgotenreich lebenden Verwandten namens Eutharich zurück und vermählte ihn im Jahr 515 mit seiner Tochter Amalasuntha.[293] Der Schwiegersohn wurde sukzessive zum Nachfolger und Erben Theoderichs aufgebaut. Man besorgte ihm auch die nötige Anerkennung in Konstantinopel. Eutharich wurde vom oströmischen Kaiser adoptiert – allerdings nicht nach römischem Recht, sondern nach germanischem Brauch als Waffensohn, was auf oströmischer Seite als geringer angesehen wurde.[294] Offenbar beabsichtigte Theoderich, seinem Schwiegersohn das ost- und das westgotische Königtum zu verschaffen. Die Ansprüche seines Enkels Amalarich auf die Krone im Westgotenreich überging er dabei. Im Jahr 516 gebar Amalasuntha den Sohn Athalarich und einige Jahre später die Tochter Mataswintha.[295] Die Thronfolge schien damit langfristig gesichert zu sein. Aber dann durchkreuzte das Schicksal die Nachfolgepläne des alternden Ostgotenkönigs. Der Hoffnungsträger Eutharich starb im Jahr 523. Theoderich unternahm zunächst keine Schritte, die Thronfolge erneut zu regeln. Die Ostgoten erwarteten von ihrem zukünftigen König vor allem, dass

293 Zur vermeintlichen Abstammung Eutharichs vgl. Iord. Get. 298.
294 Cassiod. var. VIII 1: *per arma filius.*
295 Zum Geburtsjahr vgl. Claude, Königserhebungen, S. 159; Hartmann, Königin, S. 29.

er die Aufgaben eines Heerführers wahrnehmen kann. Deshalb kam eine Thronfolge Amalasunthas von vornherein nicht in Betracht, da man davon ausging, dass eine Frau kein Heer anführen könne. Als potentielle Nachfolger verblieben somit die beiden Enkel Athalarich und Amalarich sowie Theodahad, der Sohn von Theoderichs Schwester aus erster Ehe. Allerdings war Athalarich noch ein unmündiges Kind. Amalarich hatte das Volljährigkeitalter inzwischen erreicht, doch hielt man ihn allenthalben für einen ungeeigneten Regenten. Selbst sein väterliches Erbe, das Westgotenreich, wo immer noch Teudis regierte, wurde ihm weiterhin vorenthalten. Theodahad galt als hochgebildet, was jedoch von den Ostgoten nicht unbedingt als Tugend angesehen wurde, aber auch als habgierig, und es gab wohl Differenzen zwischen ihm und Theoderich.[296] Vermutlich glaubte der König, rüstig genug zu sein, um die Volljährigkeit seines Enkels Athalarich noch erleben zu können.

Erst angesichts des nahenden Todes regelte Theoderich die drängende Frage der Thronfolge. Im Jahr 526 berief er eine Versammlung hochrangiger gotischer und römischer Würdenträger nach Ravenna. Dort wurde der erst zehnjährige Athalarich durch den Treueeid der Versammelten zum Nachfolger proklamiert.[297] Das germanische Heerkönigtum galt seinem Charakter nach als Wahlmonarchie, auch wenn die erbliche Vorrangstellung der Amaler, jenem alten legendären Herrschergeschlecht, dem Theoderich entstammte, von den Goten seit langem akzeptiert wurde.[298] Cassiodor rechtfertigte die dynastische Thronfolge mit dem Königsheil der Amalerfamilie und dem göttlichen Willen. Gegenüber dem römischen Senat verglich er sie mit der Erblichkeit der Senatorenwürde.[299] Am 30. August 526 starb Theoderich der Große. Er wurde in seinem berühmten Grabmal in Ravenna beigesetzt. Die Regentschaft für den unmündigen Athalarich übernahm seine Mutter Amalasuntha. Das musste den Ostgoten ungewöhnlich erscheinen, doch im römischen Reich konnte die Regierungsbeteiligung der Mutter eines noch jungen Herrschers auf eine lange Tradition zurückblicken. Zwar hatte auch im Imperium Romanum eine Frau nicht die Möglichkeit, alleine Kaiserin zu werden und ganz offiziell Herrschaftsbefugnisse wahrzunehmen, doch war es beinahe üblich, dass der Kaiser seiner Gemahlin den Titel »Kai-

296 Vgl. Cassiod. var. IV 29; V 12.
297 Cassiod. var. VIII 2 f.; 5 f., vgl. Iord. Get. 304, der hierbei die römischen Würdenträger übergeht.
298 Vgl. Claude, Königserhebungen, S. 150–153.
299 Vgl. Cassiod. var. VIII 1 f.; 5 f.; 8; IX 24.

serin« (*augusta*) verlieh – ein Titel, mit dem keine administrativen Aufgaben oder herrschaftlichen Rechte verbunden waren. Dennoch konnte die Kaiserin gegebenenfalls beträchtlichen Einfluss auf die Politik nehmen. Bereits an der Seite von Augustus, des ersten römischen Kaisers, verfügte seine Gattin Livia über eine bedeutende politische Position. Kaiser Nero stand zu Beginn seiner Herrschaft unter der Kontrolle seiner Mutter Agrippina. Weitere herausragende Beispiele sind die Kaiserinnen aus der Dynastie der Severer zu Beginn des 3. Jahrhunderts. Julia Domna nahm für ihren Sohn Caracalla einen Teil der Regierungsgeschäfte wahr, ebenso Julia Maesa für ihren eigenwilligen Enkel Elagabal und Julia Mamaea für den jungen Severus Alexander. Ein anderes bekanntes Beispiel ist die Kaiserin Zenobia, die mehrere Jahre lang von der Wüstenstadt Palmyra aus für ihren Sohn den Vorderen Orient regierte.

Ein für Amalasuntha zeitnahes Vorbild bot die langjährige Regentschaft der Kaiserin Galla Placidia für ihren Sohn Valentinian III. Als Tochter von Theodosius I. und Schwester der beiden in Ost und West herrschenden Kaiser war sie wohl das prominenteste Opfer der ersten Plünderung Roms durch die westgotischen Horden im Jahr 410. Neben anderen angesehenen Römern wurde auch sie als Geisel von den Eroberern entführt. Als wichtiges Faustpfand gegen Kaiser Honorius und dessen wankelmütige Politik verschleppten sie die germanischen Krieger nach Gallien. Aber Placidia wurde keineswegs als Gefangene gehalten. Die Westgoten behandelten die Prinzessin ehrenvoll und respektierten ihre kaiserliche Würde.[300] Ebenso wenig beabsichtigten sie, das römische Reich zu vernichten. Vielmehr sollte das Imperium durch die Goten erneuert werden. Deshalb suchte ihr Anführer Athaulf Anschluss an das Kaiserhaus und vermählte sich mit Placidia.[301] Wie freiwillig die Braut diese Ehe einging, sei dahingestellt. Ein Sohn aus dieser Ehe starb als Säugling. Man hatte ihm den Namen Theodosius nach Placidias Vater gegeben, was das politische Programm der Goten bestätigt. Nach dem Tod ihres Gemahls und dem Friedensschluss mit Honorius konnte Placidia wieder an den Kaiserhof zurückkehren. Dort wurde sie zwangsweise und ungeachtet ihres Protestes mit dem Heermeister Constantius verheiratet. Dieser Ehe entstammten der spätere Kaiser Valentinian III. und die Tochter Honoria. Constantius wurde zum Mitregenten erhoben, starb aber kurze Zeit später.

300 So laut Zos. VI 12,3.
301 Vgl. Oros. VII 43.

Abb. 21 Mutmaßliches spätantikes Porträt der Galla Placidia (rechts) mit ihren Kindern am sogenannten Desideriuskreuz (9. Jahrhundert), Museo di Santa Giulia, Brescia

Placidia fiel in Ungnade und floh mit ihren Kindern nach Konstantinopel. Nach dem Tod von Honorius wurde Valentinian III. zum Kaiser des Westreiches erhoben. Placidia kehrte nach Italien zurück, wo man nach einem kurzen Bürgerkrieg die Herrschaft des jungen Kaisers anerkannte. In dieser stürmischen Zeit regierte Valentinian unter der anfänglichen Obhut seiner Mutter das Reich über 30 Jahre lang. Mit wechselhaftem Geschick stützte sich Placidia auf die beherrschenden römischen Militärs, vor allem auf den mächtigen Heermeister Aëtius, der im Jahr 451 mit einem römisch-westgotischen Heer den Einfall der Hunnen unter ihrem König Attila in der berühmten Schlacht auf den Katalaunischen Feldern stoppen konnte.

Trotz der Niederlage war die Angriffskraft der Hunnen und ihrer Verbündeten ungebrochen. Im folgenden Jahr fielen sie nach Italien ein. Es waren vermutlich Versorgungsschwierigkeiten und eine sich ausbreitende Seuche, die Attila zum Rückzug zwangen. Die Legende schreibt die Rettung Roms dem Eingreifen von Papst Leo I. zu. Damit hätte zum ersten Mal der Bischof Roms eine bedeutende Rolle auf der weltpolitischen Bühne gespielt, doch ist dies wohl nur ein Mythos. Den Einfall der Hunnen erlebte die Kaiserin indes nicht mehr. Nachdem Valentinian das Erwachsenenalter erreicht hatte, zog sich Placidia sukzessive aus der Politik zurück. Im November 450 starb sie in Rom, wo sie auch bestattet wurde und nicht in dem nach ihr benannten Mausoleum in Ravenna.

Amalasuntha griff ganz bewusst auf das Vorbild der Galla Placidia zurück. Der gelehrte Cassiodor, der unter Amalasuntha weiterhin als Chef der königlichen Kanzlei wirkte, berief sich in einem Schreiben an den römischen Senat ausdrücklich auf das Beispiel der Regentschaft Placidias.[302] Im Gegensatz zu dem, was man von den vermeintlichen ostgotischen Barbaren erwarten würde, genossen Amalasuntha und die anderen Prinzessinnen am Hof Theoderichs eine gründliche Ausbildung, wie sie in der römischen Oberschicht üblich war.[303] Theoderich soll seine Goten ermutigt haben, die römische Lebensweise anzunehmen. Angeblich habe er erklärt: »Ein armseliger Römer ahmt die Goten nach, ein tüchtiger Gote ahmt dagegen die Römer nach.«[304] Wie Cassiodor in einem Schreiben darlegte, sei es die historische Aufgabe der Goten, die antike Zivilisation zu erhalten.[305] Amalasuntha war durch ihre Erziehung mehr eine Römerin als eine Gotin. Neben ihrer gotischen Muttersprache sprach sie fließend Latein und Griechisch. Den Gelehrten ihrer Zeit galt sie als ebenbürtige Gesprächspartnerin. Besonders widmete sich die Regentin der Pflege des damaligen Bildungswesens.[306] Sowohl Cassiodor als auch Prokop rühmen ihre staatsmännische Klugheit und preisen ihre Weisheit.[307] In den letzten Lebensjahren Theoderichs war das Verhältnis zwischen der römischen Aristokratie und den Ostgoten wegen der Hinrichtung von Symmachus und Boethius angespannt.

302 Cassiod. var. XI 1.
303 Vgl. Vitello, Nourished.
304 Anon. Val. 12,61.
305 Cassiod. var. IX 14.
306 Cassiod. var. IX 21.
307 Vgl. Cassiod. var. X 4; XI 1; Prok. bell. Goth. I 2.

Amalasuntha sorgte für einen Ausgleich durch deren nachträgliche Rehabilitation. Die Besitztümer des Symmachus und des Boethius, die man nach ihrer Verurteilung konfisziert hatte, gab sie den Familien der beiden Senatoren zurück. Wie schon zur Zeit Theoderichs erhob die Regentin verdiente Goten in den Senatorenstand. Dem römischen Senat erklärte man, es sei angemessen, »dem Geschlechte des Romulus Söhne des Mars zu Kollegen zu geben«.[308]

An der religiösen Toleranz ihres Vaters hielt die ebenfalls dem arianischen Glauben anhängende Amalasuntha fest. Aber auch sie musste in innerkirchliche Angelegenheiten eingreifen. Es hatten sich schon in dieser Zeit zahlreiche Missbräuche bei der Papstwahl eingeschlichen. So kam der einst auf Intervention Theoderichs ordinierte Papst Felix III. auf die bemerkenswerte Idee, noch zu Lebzeiten selbst seinen Nachfolger zu designieren. Dagegen schritt der römische Senat ein, der einen Erlass verabschiedete, worin jede Erörterung über die Papstnachfolge, solange der aktuelle Amtsinhaber noch lebte, sowie die Annahme einer derartigen Nominierung und generell der als Simonie bezeichnete Verkauf kirchlicher Ämter verboten wurde.[309] Allerdings dürfte der von Felix ausersehene Nachfolger sehr den Wünschen der gotischen Regierung entsprochen haben. Es handelte sich um einen in Rom geborenen Goten namens Bonifatius – sein Vater trug den germanischen Namen Sigibuld. Seine Nominierung erfolgte vermutlich mit der stillschweigenden Zustimmung Amalasunthas. Nach dem Tod von Felix wurde deshalb trotz des Senatsbeschlusses Bonifatius gewählt. Eine konkurrierende Wahlversammlung erhob zeitgleich einen gewissen Dioscorus zum Gegenpapst. Das daraus resultierende Schisma war nur von kurzer Dauer, da Dioscorus schon einen Monat später starb. Bonifatius, nun der zweite seines Namens, versuchte ebenfalls, selbst seinen Nachfolger zu ernennen. Gleich auf seiner ersten Synode legte er ein entsprechendes Dekret vor, das er jedoch wegen massiver Proteste wenig später zurücknehmen musste.[310] Offenbar hatte auch die gotische Regentin ihre Zustimmung verweigert. Bonifatius II. verschied nach zweijährigem Pontifikat. Nach der darauffolgenden Papstwahl bestätigte Amalasuntha nachträglich den Beschluss des Senats. Sie gab darüber hinaus die Anweisung, den Erlass als Inschrift vor der Basilika des Apostels Petrus aufstellen zu lassen.[311]

---

308 Cassiod. var. VIII 10.
309 Vgl. Cassiod. var. IX 15 f.
310 Lib. pontif. I, S. 281.
311 Cassiod. var. IX 15 f.

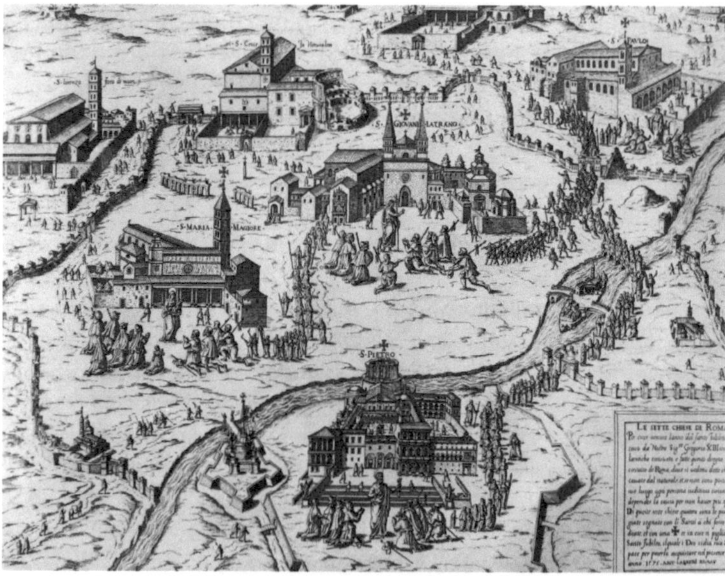

Abb. 22 Die großen Pilgerkirchen Roms vor Abriss des alten Lateranpalastes, Stich von Antonio Lafréry

In ihrer Außenpolitik bewies die Regentin Amalasuntha Augenmaß. Sie löste die Personalunion mit dem Westgotenreich auf. Teudis, der Statthalter Theoderichs, wurde mit seinen ostgotischen Kriegern aus Spanien abberufen. Allerdings waren die Ostgoten auf der iberischen Halbinsel heimisch geworden und ignorierten den Befehl. Ihrem Neffen Amalarich, der nun endlich die Nachfolge seines Vaters antreten konnte, übergab sie den westgotischen Königsschatz. Den von Theoderich noch geplanten Rachefeldzug gegen die Vandalen, die seine Schwester, die Mutter Theodahads, ermordet hatten, unterließ die Herrscherin. Sie beschränkte sich darauf, dem König der Vandalen eine Protestnote zu übermitteln.[312] Mochte die Herrschaft Amalasunthas den Römern höchst löblich erscheinen, so stieß sie bei einigen ihrer gotischen Untertanen zunehmend auf Ablehnung. Bereits die Thronbesteigung Athalarichs erregte in einigen konservativen Kreisen Widerstand. Als Kind konnte auch er nicht die Auf-

312 Cassiod. var. IX 1.

gaben eines Heerführers übernehmen. Anscheinend gab es hinter den Kulissen schon seit geraumer Zeit eine Partei am Königshof, die versuchte, selbst Einfluss auf den jungen König zu nehmen. Missbilligt wurde außerdem die freundschaftliche Politik Amalasunthas gegenüber Konstantinopel, wo inzwischen Kaiser Justinian den Thron bestiegen hatte. Der Konflikt eskalierte im Jahr 533. Auslöser war der Vorwurf, die römische Erziehung des Knaben entspreche nicht den althergebrachten gotischen Bräuchen. Wie es bei Prokop heißt, habe eines Tages Amalasuntha ihren Sohn mit einer Ohrfeige zurechtgewiesen, woraufhin dieser heulend in die Halle des Palastes gelaufen sei, was bei einem 17-Jährigen auch für uns etwas seltsam anmuten mag. Die anwesenden gotischen Fürsten seien über die unwürdige Behandlung des jungen Königs höchst erbost gewesen und hätten damit gedroht, einen anderen zum Herrscher einzusetzen. Lauthals verlangten sie schließlich die Entlassung der römischen Lehrer des Königs und seine Erziehung im Kreise gleichaltriger junger Goten.[313]

Amalasuntha blieb nichts anderes übrig, als den Forderungen der führenden Goten zunächst nachzugeben. Die Erzieher und Lehrer des Königs wurden tatsächlich entlassen. Stattdessen gab man ihm ein Gefolge junger vornehmer Goten, die Athalarich zu einem regelrechten Lotterleben verführt haben sollen. Im Kreise seiner gleichaltrigen Genossen habe sich der junge König laut Prokop ganz dem Alkohol und »dem Umgang mit Weibern« hingegeben. Nachdem die Anführer der Opposition Athalarich somit dem Einfluss Amalasunthas gänzlich entzogen hatten – er soll sich vom Wein benebelt um die Ratschläge seiner Mutter überhaupt nicht mehr gekümmert haben –, forderten sie nun in logischer Konsequenz, sie solle die Herrschaft niederlegen. Amalasuntha hätte sich nun bequem ins Privatleben zurückziehen können und wäre vermutlich unbehelligt geblieben, doch dachte sie nicht daran, ihren Gegnern das Feld kampflos preiszugeben. Sie bereitete in aller Ruhe einen Handstreich gegen ihre Feinde vor. Zunächst wurden die drei Anführer der Opposition mit dem Auftrag, die Grenzen zu schützen, an drei weit voneinander entfernte Grenzabschnitte entsandt, was diese allerdings auch über die Entfernung hinweg nicht von weiterer Konspiration abhielt. Sodann bat die Regentin insgeheim in Konstantinopel um Asyl, was ihr Kaiser Justinian, der damit einen probaten Grund für eine militärische Intervention in Italien gehabt hätte,

313 Nach Prok. bell. Goth. I 2, wie auch die Schilderung der nachfolgenden Ereignisse.

gerne gewährte. Scheinbar großzügig stellte er ihr einen kaiserlichen Palast an der dalmatinischen Küste zur Verfügung. Dorthin schickte Amalasuntha – verständlicherweise ebenfalls unter strikter Geheimhaltung – ein Schiff voraus, das den kompletten Staatsschatz an Bord hatte. Sie gab die Anweisung, dass die kostbare Fracht nicht an Land gebracht werden dürfe, solange sie nicht den ausdrücklichen Befehl dazu gegeben habe. Danach beauftragte sie einige treue Gefolgsleute mit der Ermordung der drei Oppositionsführer. Sollte der Anschlag misslingen, hätte Amalasuntha sofort in oströmisches Herrschaftsgebiet fliehen können. Aber die Attentäter der Regentin waren erfolgreich und überbrachten ihr die Nachricht vom Tod ihrer drei Feinde. Ob diese Morde in dem von Cassiodor und Prokop gepriesenen Sinne wirklich weise waren, sei dahingestellt, denn die Urheberschaft der Regentin war offenkundig und musste die Blutrache der Familien der drei Ermordeten nach sich ziehen.

Amalasuntha hatte einstweilen über die Opposition gesiegt und ihre Gegner hinreichend eingeschüchtert. Sie ging aus dieser Krise gefestigt hervor und ernannte ihren Kanzleichef Cassiodor zum obersten Zivilbeamten ihres Reiches. Wenn man – zumindest soweit dies die Quellen zulassen – genau hinter die Kulissen blickt, dann verfolgte die Regentin mit diesen Mordanschlägen nicht nur die Absicht, einige missliebige innenpolitische Gegner auszuschalten. Vielmehr verbarg sich dahinter eine Art Staatsstreich auf Raten, der ihr letztlich die Königskrone bescheren sollte. Ihr Sohn Athalarich litt wohl schon seit geraumer Zeit an einer schlechten gesundheitlichen Konstitution. Prokop macht dafür die Trunksucht und die sexuellen Ausschweifungen des jungen Königs verantwortlich, der »den Taumelkelch des Lasters bis zur Hefe« geleert habe.[314] Vielleicht war es aber auch gerade die Kränklichkeit des Königs, die den Unmut der führenden Goten erregte. Die vorausschauende und machtpolitisch versierte Regentin dürfte schon rechtzeitig Vorkehrungen für ein mögliches Ableben ihres kränkelnden Sohnes getroffen haben. Bereits nach der Niederschlagung der Opposition erscheint Amalasuntha in einem offiziellen Schreiben Cassiodors an den römischen Senat als direkte Nachfolgerin ihres Vaters Theoderich und als gotische Königin, die ihre Herrschaft nicht mehr mit der Regentschaft für ihren Sohn begründet.[315] Die Regentin plante also ganz offensichtlich, nach dem Tod Athala-

314 Prok. bell. Goth. I 3.
315 Cassiod. var. IX 25, vgl. Hartmann, Königin, S. 31.

richs selbst die Herrschaft als Königin zu übernehmen, was nur durch die Beseitigung der gotischen Opposition möglich geworden war. Für den Fall, dass dieses kühne Unterfangen scheitern sollte, hatte sich Amalasuntha erneut durch eine geheime Absprache mit dem oströmischen Sonderbotschafter Petros Rückendeckung in Konstantinopel verschafft. Angeblich soll sie dabei Justinian die Herrschaft über ganz Italien angeboten haben,[316] was aus der Perspektive ihrer gotischen Untertanen Hochverrat gewesen wäre.

Nach langer schwerer Krankheit starb Athalarich schließlich am 2. Oktober 534. Unmittelbar am darauffolgenden Tag erhob Amalasuntha, die sich nunmehr erstmals selbst als Königin titulierte, ihren Cousin Theodahad zum Mitregenten.[317] Die entsprechenden Dekrete müssen folglich noch zu Lebzeiten ihres Sohnes verfasst worden sein und lagen wohl schon seit geraumer Zeit zur Unterzeichnung vor. Ohne einen eigentlichen Erhebungsakt, ohne die Zustimmung der Großen ihres Reiches und völlig aus eigener Machtvollkommenheit war Amalasuntha quasi über Nacht zur Königin geworden. Da die Goten eine allein regierende Frau niemals anerkannt hätten, benötigte sie einen marionettenhaften männlichen Mitregenten an ihrer Seite. In römischen Senatskreisen und am Hof in Ravenna befürchtete man zudem ein erneutes Aufbegehren der gotischen Adelsopposition gegen eine Alleinherrschaft Amalasunthas. Theodahad schien die geeignete Wahl zu sein. Was Amalasuntha formell vorschwebte, war ein in der Zeit der Völkerwanderung einmaliges Konstrukt. Sie war nicht Königin an der Seite eines Gemahls, sondern nominell gleichberechtigte Herrscherin an der Seite eines Königs, der überdies nur dem Titel nach König sein sollte.

Theodahad, den schon Theoderich als unwürdigen Kandidat für das Königtum betrachtet hatte, war zwar der einzige vorhandene männliche Anwärter aus dem Geschlecht der Amaler, galt aber nicht unbedingt als ein Freund Amalasunthas. Er war gewiss nicht besonders erbaut darüber, bei der Thronfolge nach dem Tod Theoderichs übergangen worden zu sein und stand wahrscheinlich auf der Seite der Opposition. Prokop, der die philosophische Bildung Theodahads hervorhebt, behauptet von ihm, er sei unkriegerisch gewesen und habe »nicht einmal persönlichen Mut« besessen.[318]

316 Prok. bell. Goth. I 3.
317 Vgl. Claude, Königserhebungen, S. 162, mit Quellenhinweisen.
318 Prok. bell. Goth. I 3.

Abb. 23 Fassade der ehemaligen Kirche S. Salvatore aus dem 8. Jahrhundert in Ravenna (sogenannter Palast Theoderichs)

Hauptsächlich widmete er sich seinen Grundbesitzungen in der Toskana, die er widerrechtlich zu vergrößern trachtete. Das brachte ihm mehrere Klagen ein, in denen Amalasuntha zugunsten der Kläger entschied und Theodahad zwang, die unrechtmäßig angeeigneten Güter wieder ihren Eigentümern zurückzugeben. Der verbitterte und als habgierig verschriene Theodahad sann daraufhin auf Hochverrat und soll seinerseits heimlich mit einer oströmischen Gesandtschaft verhandelt haben. Nachdem sich Amalasuntha jedoch entschlossen hatte, ihren Cousin zum Mitregenten zu erheben, bemühte sie sich, seinen geschädigten Ruf wiederherzustellen.[319] Sie habe erklärt, ihre Absicht bei den vorangegangenen Gerichtsverfahren, in denen sie gegen Theodahad entschieden hatte, sei es gewesen, jenen nur von allen Vorwürfen reinwaschen zu wollen. Damit konnte sie Theodahad außerdem hinreichend verdeutlichen, dass sie, die Königin, die Macht hatte, ihn zu erheben oder zu vernichten. Amalasuntha betrachtete

319 Vgl. Cassiod. var. X 4.

Abb. 24 Das Mausoleum Theoderichs des Großen in Ravenna

ihren Cousin anscheinend als unambitionierten, charakterschwachen und ungefährlichen Trottel. Vor seiner Proklamation zum Mitherrscher legte sie ihm ihre Bedingungen vor, die Theodahad beschwören musste: Er solle nur dem Namen nach König sein und sie werde weiterhin alleine die Regierungsgeschäfte leiten.[320]

Damit hatte ausgerechnet die bisher politisch klug und vorsichtig agierende Amalasuntha ihren Cousin sträflich unterschätzt. Theodahad dachte nicht im Traum daran, sich an seinen Schwur zu halten. Er genoss unter den Goten einen schlechten Ruf, doch in den Familien der drei auf Befehl Amalasunthas ermordeten Führer der Opposition fand er bereitwillige Verbündete gegen seine Cousine. Diese Familien standen wiederum in hohem Ansehen, womit Theodahad über eine größere gotische Anhängerschaft verfügte. Kaum war er mit dem Königspurpur bekleidet, kaum war die Gesandtschaft, die bei Kaiser Justinian um eine Anerkennung der neuen

320 Prok. bell. Goth. I 4.

Herrschaftsverhältnisse in Italien nachsuchen sollte, nach Konstantinopel abgereist, ließ Theodahad rasch einige Gefolgsleute Amalasunthas beseitigen und die Königin in Haft nehmen.[321] Man verbrachte die auf diese Weise abrupt entmachtete und bei den Goten ohnehin unbeliebte Herrscherin in ein kleines Kastell auf einer Insel im Lago di Bolsena in der Toskana und hielt sie dort unter strenger Bewachung. Gleichwohl fürchtete Theodahad die guten Beziehungen der Königin zum oströmischen Hof. Er zwang die widerstrebende Amalasuntha, einen beschwichtigenden Brief an Justinian zu schreiben, worin sie sich mit ihrer Situation einverstanden erklärte. Auch Theodahad verfasste ein Schreiben an den Kaiser, in dem er für die Sicherheit der Königin bürgte, und entsandte zwei angesehene Senatoren nach Konstantinopel, den oben schon erwähnten Liberius, der unter Theoderich das Problem der Landverteilung an die Goten mit Bravour gelöst hatte, und einen gewissen Opilio. Während Opilio – entsprechend seinem Auftrag – Kaiser Justinian versicherte, der Königin würde kein Leid geschehen und Theodahad komme bei den Vorgängen keine Schuld zu, schilderte Liberius alles wahrheitsgemäß. Bereits zuvor hatte Justinian zum Schutz Amalasunthas seinen Sonderbotschafter für ostgotische Angelegenheiten, den Gelehrten Petros, der um diese Zeit als eine Art Außenminister fungierte, nach Italien geschickt. Petros hatte den Auftrag, den Goten zu demonstrieren, dass der Kaiser hinter der Königin stand.

Theodahad saß somit zwischen allen Stühlen. Einerseits wollte er unbedingt einen Konflikt mit dem oströmischen Reich vermeiden, zumal der kaiserliche Feldherr Belisar eben in einem kurzen und glanzvollen Feldzug mit einem relativ kleinen Heer das Vandalenreich in Nordafrika erobert hatte. Andererseits dürsteten die Familien der drei auf Befehl Amalasunthas ermordeten gotischen Anführer nach Rache und forderten unermüdlich den Tod der Königin. Theodahad gab schließlich seinen rachedürstenden gotischen Anhängern nach. Am 30. April 535 drangen die Meuchelmörder in das Kastel am Lago di Bolsena ein.[322] Dort fanden sie die völlig überraschte und nichtsahnende Amalasuntha im Bad und erdrosselten sie. Das geschah laut Prokop, noch bevor der kaiserliche Gesandte Petros Italien erreicht

321 Zu diesen Vorgängen, den folgenden Ereignissen und der Inhaftierung und Ermordung Amalasunthas vgl. Prok. bell. Goth. I 4 f., die beiden Briefe, welche die Gesandtschaft Justinian überbringen sollte, sind wiedergegeben bei Cassiod. var. X 1 f.

322 Vgl. Hartmann, Königin, S. 32.

hatte.[323] In einem späteren Werk stellt der Autor jedoch die ganz unwahrscheinliche Behauptung auf, Amalasuntha sei auf Betreiben des oströmischen Sonderbotschafters ermordet worden. Kaiserin Theodora, die Gattin Justinians und – wie eingangs schon erwähnt – angeblich eine ehemalige Prostituierte, soll eifersüchtig auf die kluge, gebildete und schöne Amalasuntha gewesen sein. Sie habe bei einer Übersiedlung der Königin nach Konstantinopel befürchtet, ihr unbeständiger Gemahl könne die gutaussehende Gotin ihr vorziehen. Deshalb soll sie Petros den Geheimauftrag erteilt haben, auf die Beseitigung der Königin hinzuwirken.[324] Prokop schreibt, dass er dies in seinen früheren Werken aus Furcht vor der Kaiserin verschwiegen habe. Doch dokumentiert diese Unterstellung nur den unübersehbaren Hass des Autors auf die Kaiserin und entbehrt vermutlich jeder Grundlage.[325] Tatsache ist wohl, dass Petros erst nach seiner Ankunft in Italien vom Tod Amalasunthas erfuhr und die Ermordung der Königin zum Kriegsgrund erklärte. Der Mord kam den wahren Plänen Justinians letztlich sehr entgegen. Dieser bedeutende Monarch ist vor allem durch die Zusammenfassung des römischen Rechts in dem von ihm in Auftrag gegebenen *Corpus Iuris Civilis* und den architektonisch eindrucksvollen Neubau der Hagia Sophia in Konstantinopel im Gedächtnis geblieben. Das außenpolitische Ziel Justinians war die Wiederherstellung des Römischen Reiches durch die Rückgewinnung der an die Germanen verloren gegangenen westlichen Gebiete.

Theodahad und seine Frau Gudeliva bekundeten in zwei Schreiben an den oströmischen Hof ihren guten Willen.[326] Verfasser dieser Briefe war der unverzichtbare Cassiodor. Er hatte den Machtwechsel unbeschadet überstanden und diente nun dem Feind und Henker jener Königin, der er fast neun Jahre lang zur Seite gestanden hatte. Es gelang indes nicht mehr, das Unvermeidliche abzuwenden. Während ein oströmischer Scheinangriff die gotischen Streitkräfte in Dalmatien band, besetzte Belisar in aller Seelenruhe Sizilien.[327]

323 Prok. bell. Goth. I 4.
324 Prok. hist. 16,1–5.
325 Noch phantasievoller ist der vom Hass auf die arianische Königin geprägte Bericht Gregors von Tours, demzufolge Amalasuntha mit einem Sklaven durchgebrannt und später von ihrer Mutter vergiftet worden sein soll (Greg. Tur. hist. Franc. III 31).
326 Cassiod. var. X 21; 24.
327 Zu diesen Ereignissen und dem folgenden Krieg gegen die Goten vgl. die ausführliche Schilderung bei Prokop; dieser war ein Augenzeuge und diente damals Belisar als Sekretär und juristischer Berater.

Abb. 25 Kaiserin Theodora, die Gattin Justinians, mit Gefolge, Mosaik aus der Apsiswand von S. Vitale in Ravenna, Mitte des 6. Jahrhunderts

Dieser Lieblingsgeneral Justinians war eine Art spätantiker Condottiere[328]. Er befehligte keine regulären römischen Streitkräfte - diese existierten ohnehin nur noch weitgehend auf dem Papier -, sondern eine kleine schlagkräftige Privatarmee. Diese bestand aus Söldnern, sogenannten *bucellarii*, die vom Feldherrn direkt bezahlt wurden. Nach den ersten Erfolgen Belisars verlor der ängstliche Theodahad den Kopf. Um sich zu retten, nahm er Geheimverhandlungen mit dem Botschafter Petros auf. In einem ersten Vertrag bot er an, sein Reich nominell der Herrschaft Justinians zu unterstellen. Jedoch bezweifelte er selbst, dass dieses Angebot Justinian überzeugen könnte. Er ließ Petros, der bereits abgereist war, zurückholen. Dieser bestärkte ihn in diesem Zweifel mit dem spöttischen Hinweis, dass jemand, der wie der gelehrte Theodahad der Philosophie anhinge, nicht den Tod und das Verderben so vieler Menschen verschulden

328 Condottiere = Bezeichnung von Söldnerführern in den ital. Stadtstaaten in Spätmittelalter und Renaissance.

dürfe, dass aber die Führung eines gerechten Krieges einem römischen Kaiser sehr wohl anstünde. Theodahad ließ sich daraufhin zu einer zweiten Offerte überreden. Diesmal wollte er die Herrschaft ganz an Justinian abtreten, bat aber Petros, diesen Vorschlag dem Kaiser erst zu unterbreiten, falls dieser den ersten Vertrag ablehnen sollte. Justinian entschied sich naturgemäß für das zweite Angebot. Doch inzwischen konnten die Goten einige militärische Erfolge in Dalmatien verbuchen. Theodahad hatte deshalb wieder Mut gefasst und wollte bei der Rückkehr des Petros nichts mehr von einer Abtretung Italiens wissen. Er nahm die oströmische Gesandtschaft in Haft, leitete aber ansonsten keine weiteren militärischen Schritte ein. Inzwischen war Belisar in Süditalien gelandet und besetzte das weitgehend ungeschützte Land. Nur Neapel leistete Widerstand und konnte erst nach einer kurzen Belagerung erobert werden.

Die Goten hatten zwischenzeitlich wohl von den verräterischen Umtrieben ihres Königs Wind bekommen. Dafür dürfte nicht zuletzt Petros gesorgt haben. Das kleine Heer, das man nun doch gegen Belisar bereitgestellt hatte, beschloss die Absetzung Theodahads und proklamierte seinen Anführer Witigis zum neuen König. Diese Königserhebung erfolgte nach alter germanischer Tradition durch die Wahl einer Heeresversammlung und anschließender Schilderhebung des neugekürten Königs.[329] Theodahad trat eiligst die Flucht nach Ravenna an, wurde aber unterwegs von einem jungen Goten erschlagen. Damit begann der legendäre Gotenkrieg, der 20 Jahre lang dauern sollte und Felix Dahn zur Vorlage für seinen Roman *Ein Kampf um Rom* diente. Um seine Herrschaft dynastisch zu legitimieren und Anschluss an die Amalerfamilie zu finden, heiratete Witigis die junge Mataswintha, die Tochter Amalasunthas. Das Mädchen wurde zu dieser Ehe gezwungen und fügte sich ihrem Schicksal nur sehr widerstrebend.[330] Um den Krieg zu organisieren, zog sich Witigis nach Norditalien zurück. So konnte Belisar, ohne auf Widerstand zu stoßen, im Dezember 936 in Rom einziehen. Der Senat und die Bevölkerung empfingen den Repräsentanten des römischen Kaisers mit Begeisterung. Schon im folgenden Frühjahr zog der neue Gotenkönig mit einem großen Heer gegen die aus Sicht der Goten höchst undankbare Stadt. Rom galt wegen des großen Umfangs seiner Stadtmauern als nicht zu verteidigen, und die Go-

329 Cassiod. var. X 31.
330 Prok. bell. Goth. I 11.

ten rechneten mit einem schnellen Sieg. Unterschätzt hatten sie die militärische Genialität Belisars. Mit nur 5000 Elitesoldaten gelang es ihm über ein ganzes Jahr hinweg, Rom gegen alle Angriffe zu verteidigen. Das gotische Heer war infolge der Kampfhandlungen sowie durch Seuchen und Versorgungsschwierigkeiten außerordentlich geschwächt und demoralisiert, sodass im März 538 die Belagerung aufgegeben werden musste.

Ruinös waren die Folgen dieser ersten Belagerung für die Stadt Rom. Schon vor der Ankunft Belisars hatten die abziehenden Goten zahlreiche Senatoren als Geiseln mit nach Ravenna genommen. Gleich zu Beginn der Belagerung unterbrach Witigis die Wasserversorgung. Damit die Goten nicht durch die trockengelegten Kanäle in die Stadt eindringen konnten, ließ Belisar die Einmündungen der Aquädukte zumauern. Neben dem akuten Mangel an Trinkwasser hatte dies zur Folge, dass die Brunnen der Stadt versiegten und die letzten Thermen, die noch in Gebrauch waren, nicht mehr benutzt werden konnten. Diese berühmten Bauwerke der Stadt, die einen wesentlichen Mittelpunkt im Alltagsleben der antiken Römer bildeten, waren so dem Zerfall anheim gegeben. Das Mausoleum Kaiser Hadrians schmückten in der Antike zahlreiche Statuen, deren Schönheit noch Prokop rühmte. Belisar integrierte das Monument in die Verteidigungsanlagen. Bei einem Angriff der Goten verwendeten die Römer die Bildwerke als Wurfgeschosse und schleuderten sie auf die anstürmenden Feinde hinab. Unzählige Meisterwerke antiker Bildhauerkunst gingen hierbei zu Bruch. Ein für die Menschen schlimmeres Problem war das Fehlen von Nahrungsmitteln während der Belagerung. Belisar hatte zuvor Getreide in die Stadt bringen lassen, doch reichte dieser Vorrat gerade für einige Monate. Die Folge war eine Hungersnot. Zudem verwüsteten die Goten das Umland. Was noch an Essbarem aufzutreiben war, requirierten die Belagerer zur Versorgung ihrer eigenen Krieger. Belisar war gezwungen, zahlreiche Bewohner, die nicht bei der Verteidigung eingesetzt werden konnten, aus der Stadt zu treiben. Die Goten verschonten diese Vertriebenen und ließen sie ihrer Wege ziehen. So zerstreute sich ein Teil der Einwohner Roms über die italienische Halbinsel.

Nach dem Abzug der Goten gelang es Belisar, fast ganz Italien einzunehmen. Wie Prokop behauptet, kam der jungen Königin Mataswintha bei der Einnahme von Ravenna eine Schlüsselrolle zu. Um sich für die erzwungene Ehe mit Witigis zu rächen, soll sie heimlich

Kontakt mit einem Offizier Belisars aufgenommen haben.[331] Während die oströmischen Truppen Ravenna belagerten, habe sie Gerüchten zufolge die Getreidespeicher der Stadt in Brand setzen lassen, was die Kapitulation der Goten beschleunigte.[332] Das befreite Mataswintha aber nicht aus der Ehe mit dem ungeliebten Witigis. Der siegreiche Belisar brachte beide nach Konstantinopel, wo sie Justinian ehrenvoll aufnahm. Nach dem Tod ihres Gemahls im Exil heiratete sie in zweiter Ehe einen nahen Verwandten des Kaisers.[333]

Mit der Gefangennahme von Witigis und dem Abzug Belisars war der Krieg keineswegs beendet. Die Goten erhoben sich alsbald wieder und riefen Totila zum neuen König aus. Binnen einiger Jahre konnte dieser einen Großteil des ehemaligen Ostgotenreichs zurückerobern. Seinen militärischen Erfolg verdankte er der Strategie der verbrannten Erde, was letztlich verheerende Folgen hatte. Die Auseinandersetzung entwickelte sich zu einem zermürbenden Kleinkrieg. Noch zweimal wurde Rom von den Goten belagert und eingenommen. Die ausgehungerte Bevölkerung hatte freiwillig die Stadt verlassen oder war verschleppt worden. Für den Rest des römischen Volkes veranstaltete Totila Wagenrennen im Circus Maximus – das waren die letzten Rennen, die in diesem Bauwerk stattfanden. Schließlich unternahm Justinian einen finalen Kraftakt und sandte den Feldherrn und Eunuchen Narses als Oberbefehlshaber nach Italien. Zuvor war pikanterweise eben dem zweiten Ehemann Mataswinthas der Oberbefehl im Krieg gegen die Goten übertragen worden, doch verstarb er, noch bevor er sein Kommando antreten konnte. Narses gelang es, mit einem 30 000 Mann starken Söldnerheer die Goten im Sommer 552 bei Taginae zu schlagen. Totila fiel im Kampf. Sein Nachfolger Teja wurde mit dem Rest der Ostgoten in der Schlacht am Vesuv besiegt. Damit war der Gotenkrieg beendet, und Italien stand wieder unter der Herrschaft des römischen Kaisers. Aber das Land war zu einem Trümmerfeld und die Stadt Rom zu einer Einöde geworden.

Letztlich muss der Versuch einer Wiederherstellung des Imperium Romanum als gescheitert gelten. Die Mittel Ostroms waren erschöpft. Die Ostgoten hatten Italien geschützt, doch nun fielen erneut Horden plündernder Germanen über das Land her. In der Folge

---

331 Prok. bell. Goth. II 10.
332 Prok. bell. Goth. II 28.
333 Zu Mataswintha vgl. Hartmann, Königin, S. 34 f.

Abb. 26 Zeitgenössisches Porträt von Amalasuntha im Ornat einer römischen Kaiserin (rechts) und Athalarich (links), Victoria and Albert Museum, London

nahm der Stamm der Langobarden sukzessive Besitz von weiten Teilen der italienischen Halbinsel. Ebenso konnten die Eroberungen Justinians in Nordafrika und Spanien nur zum Teil gehalten werden. Nach und nach überrannten die Slawen und Bulgaren die nördliche Balkanhalbinsel. Im Osten verwickelte sich das Imperium in einen langanhaltenden Krieg mit den Persern, der beide Seiten ruinierte. Beide Reiche wurden wehrlose Opfer der islamischen Expansion. Das persische Reich der Sassaniden ging unter, und Ostrom, das wir nun als Byzantinisches Reich bezeichnen wollen, verlor Syrien, Ägypten und sämtliche nordafrikanischen Provinzen. Das tatsächliche Ende der Antike vollzog sich nach der Schlacht am Jarmuk in Syrien im Jahr 636, als die oströmische Armee von den zum Islam bekehrten Araberstämmen vernichtend geschlagen wurde. Damit begann jene Epoche, die wir als Mittelalter kennen. Aus den Ruinen des weströmischen Reiches ging das Papsttum als neue Größe des entstehenden Abendlandes hervor. So können wir resümieren, dass mit Amalasuntha gleichsam am Ende des Altertums in Italien eine letzte bedeutende Herrscherin der Antike regierte. Die unglückliche Königin, von der wir nicht wissen, wo sie ihr Grab gefunden hat, scheiterte, weil ihre gotischen Untertanen die Herrschaft einer Frau nicht akzeptieren wollten und sie deshalb auf den wankelmütigen und hinterlistigen Theodahad als Mitregenten angewiesen war.[334]

334 Andernorts war zu jener Zeit die Alleinherrschaft einer Frau sehr wohl möglich. Kurz vor dem Untergang des Sassanidenreichs standen dort mit Boran von Persien und ihrer Schwester und Nachfolgerin Azarmedukht zwei Königinnen an der Spitze des Staates, vgl. Panaino, Women.

IRENE

Kaiser Justinian bemühte sich, die Verwaltung Italiens zu reformieren, die Kriegsfolgen zu beseitigen und die gesellschaftlichen Verhältnisse wiederherzustellen.[335] Doch standen seine kaiserlichen Verordnungen nur auf dem Papier. Niemand war mehr in der Lage, sie umzusetzen. Die alten kommunalen Strukturen und Institutionen waren zerstört, die stadtrömische Aristokratie verschwunden. Der einstmals ehrwürdige Senat existierte als Körperschaft nicht mehr. Wer von den alten Adelsgeschlechtern noch übrig war, zog es vor, nach Konstantinopel überzusiedeln. Nur wenige blieben zurück. Die oströmischen Kaiser sandten nach Rom Beamte und Militärbefehlshaber, aber weder Geld zur Wahrung staatlicher Aufgaben noch Truppen zur Verteidigung der Stadt. Bereits erwähnt wurde die Empfehlung des Kaisers Tiberios Konstantinos an die Römer, gegen die Langobarden selbst eine Miliz oder Söldnertruppe aufzustellen. Ein Geldgeschenk, das die Römer durch den Patrizier Pamphronius, einen der wenigen zurückgebliebenen Senatoren, dem Kaiser überbracht hatten, gab er ihnen zu diesem Zweck zurück.[336] Das oströmische Herrschaftsgebiet in Italien war ohnehin schon bald auf die Gebiete um Ravenna und Rom sowie die Küstenregionen Süditaliens reduziert. Der in Ravenna mit dem Titel eines Exarchen residierende Statthalter kümmerte sich kaum um die Belange der Ewigen Stadt. Wenn er Rom besuchte, dann nur, um Teile des Kirchenschatzes für seine leeren Kassen zu beschlagnahmen. Die Kirche war die einzige noch intakte und obendrein wohlhabende Institution. Sie übernahm unter Führung des Papstes schrittweise die staatlichen Aufgaben.

Die Menschen, die nun wieder in die Stadt strömten, waren hauptsächlich Kriegsflüchtlinge. Darunter gab es viele Mönche und

335 Vor allem durch die auf Bitten von Papst Vigilius erlassenen pragmatischen Sanktionen des Kaisers.
336 Meand. frg. 49.

Nonnen, deren Klöster von den Langobarden zerstört worden waren und die nun innerhalb Roms neue klösterliche Gemeinschaften gründeten. Eine vordringliche Herausforderung bildete die Versorgung der Flüchtlinge mit Lebensmitteln. Dies gestaltete sich schwierig, weil die Langobarden Rom ständig bedrohten und Ackerbau nur hinter dem Schutz der Aurelianischen Mauer möglich war. Die Kirche verfügte aber immer noch über umfangreiche Landgüter in Süditalien und auf Sizilien. Papst Gregor der Große, von dem zu Beginn des vorherigen Kapitels bereits die Rede war, stellte eine Versorgungsflotte zusammen und organisierte den Transport von Lebensmitteln in die Stadt. Man lagerte das Getreide und andere Nahrungsmittel in neu errichteten Speichern.[337] Vor allem gründete Gregor in Rom eine Reihe kirchlicher Wohlfahrtszentren, sogenannte Diakonien (*diaconiae*), von denen aus die Lebensmittel an die Bevölkerung verteilt wurden.[338] Trotz der prekären politischen Verhältnisse entsandte Gregor Missionare in die arianisch geprägten germanischen Reiche. Die Franken hatten sich schon seit dem späten 5. Jahrhundert zur römischen Kirche bekannt, doch nun wurden auch die Westgoten und die Langobarden zum Katholizismus bekehrt. Damit hatte aber auch die unter Theoderich dem Großen herrschende religiöse Toleranz ihr Ende gefunden. Bei Heiden, die sich nicht bekehren lassen wollten, empfahl der Papst die Anwendung von Prügel und Folter.[339] So entwickelte sich die Stadt der Apostel Petrus und Paulus und der Märtyrer zum religiösen Zentrum des Westens. Obwohl die Reise mühevoll und gefährlich war, führte der Glaube an die Wunderwirksamkeit der Reliquien Scharen von Pilgern nach Rom. Die Bedrohung durch die Langobarden zwang Gregor, die Funktion eines Oberbefehlshabers wahrzunehmen und eine selbstständige Außenpolitik zu betreiben. Eigenmächtig handelte er einen Waffenstillstand aus und verpflichtete sich zu Tributzahlungen.[340] Notgedrungen stieg der Papst zum weltlichen Herrn Roms auf, denn es existierte keine andere handlungsfähige staatliche Autorität.[341] An die Stelle einer kommunalen Verwaltung traten allmählich die kirchlichen Beamten und die päpstliche Finanzverwaltung.

337 Vgl. bes. Greg. M. epist. I 2; 42; 70; IX 115.
338 Vgl. Krautheimer, Rom, S. 90–92.
339 Greg. M. epist. IX 204.
340 Vgl. Greg. M. epist. IV 43.
341 Zu diesen Entwicklungen vgl. Schimmelpfennig, Papsttum, S. 59–86.

Kaiser Phokas, der als ausgesprochener Tyrann auf dem Kaiserthron gilt – ein Zeitgenosse titulierte ihn in Anspielung auf die Offenbarung des Johannes als »das Tier, das über das Reich herrschte« –, hat dem Nachfolger Gregors zudem den Primat über die ganze Kirche noch vor dem Patriarchen von Konstantinopel eingeräumt.[342] Von diesem Herrscher kündet die Phokas-Säule als letztes Monument eines römischen Kaisers auf dem Forum Romanum.[343] Aus Kostengründen hatte man wie bei den christlichen Kirchen eine Säule des Altertums wiederverwendet. Die kaiserlichen Paläste auf dem Palatin waren einem schleichenden Verfall preisgegeben. Die noch bewohnbaren Räume wurden zu dieser Zeit als Dienstsitz des römischen Militärbefehlshabers mit dem Titel eines Dux genutzt, der jedoch kaum über Truppen verfügte.[344] Den letzten römischen Imperator, den die stolze Residenz der Cäsaren beherbergen durfte, war der in Konstantinopel ebenfalls unpopuläre Kaiser Konstans II., der im Jahr 663 für zwei Wochen Rom besuchte. Dass der alte Kaiserpalast keinen würdigen Rahmen mehr abgab, lässt sich leicht aus dem Umstand schließen, dass Konstans während seines Besuchs offizielle Empfänge in den lateranischen Papstpalast verlegen musste.[345] Das plötzliche Interesse eines byzantinischen Kaisers an der einstigen Metropole des Reiches ist verwunderlich. Angeblich soll er beabsichtigt haben, seine Reichshauptstadt wieder dorthin zu verlegen.[346] Die Araber hatten innerhalb weniger Jahre nach der Schlacht am Jarmuk ganz Syrien und Ägypten überrannt. Gleichzeitig eroberten sie das persische Reich der Sassaniden. Im östlichen Mittelmeer, in Armenien und im Kaukasus führte Konstans einen mühsamen und verlustreichen Abwehrkampf gegen die Invasoren, die auch in Nordafrika weiter auf dem Vormarsch waren. Trotz einiger katastrophaler Niederlagen gelang es ihm, Kleinasien zu sichern.[347] Innerislamische Auseinadersetzungen um das Kalifat schenkten Konstans eine Atempause. Das erklärt wahrscheinlich die

---

342 Paul. Diac. hist. Langob. IV 36, damit sollte jedoch hauptsächlich der Patriarch von Konstantinopel bestraft werden, der sich dem Kaiser widersetzt hatte; das Zitat stammt aus Georg. Pisid. in Heracl. 47; zur Beurteilung des Herrschers vgl. Meier, Kaiser Phokas.

343 Nach der Dedikationsinschrift vom August 608 wurde die Ehrensäule im Auftrag des Exarchen Smaragdus errichtet (CIL VI 1200).

344 Während der Belagerung durch die Langobarden im Jahr 593 waren die byzantinischen Söldner abgezogen, weil sie keine Löhnung erhalten hatten; nur eine Abteilung war zurückgeblieben, die jedoch den Dienst verweigerte, vgl. Greg. M. epist. II 45.

345 Zum Besuch des Kaisers vgl. Paul. Diac. hist. Langob. V 11; Lib. pontif. I, S. 343.

346 Theophan. Conf. AM 6153.

347 Zur Niederlage gegen die arabische Flotte vgl. Theophan. Conf. AM 6121; 6146.

plötzliche Orientierung eines byzantinischen Kaisers nach Westen. Er nutzte die vorrübergehende Waffenruhe im Osten, um die westlichen Provinzen in Italien und Nordafrika gegen die Langobarden und Araber zu sichern. Vermutlich sollte ihm Sizilien als zukünftige Operationsbasis für den Seekrieg dienen. Denn dorthin, nach Syrakus, verlegte er seine Residenz. Den kurzen Besuch in Rom nutzte der Kaiser, um die Stadt systematisch nach Wertgegenständen zur Auffüllung seiner Kriegskasse durchkämmen zu lassen. Die Bronzeziegel des Pantheons – in dieser Zeit war dieses bereits die der Gottesmutter geweihte Kirche S. Maria Rotunda – ließ er beschlagnahmen und auf seine Schiffe verladen. Einen Feldzug, den der Kaiser noch vor seinem Rombesuch gegen die Langobarden unternommen hatte, blieb erfolglos.[348]

In Syrakus wurde Konstans II. im Jahr 668 von einem seiner Diener nichtsahnend im Bad erschlagen.[349] Bereits während seiner Abwesenheit hatten die Araber damit begonnen, ihre Angriffe gegen das Byzantinische Reich fortzusetzen. Zunächst attackierten sie Kleinasien, aber ihr Ziel war Konstantinopel, denn nur durch die Eroberung dieser Metropole konnte das Reich vernichtet und islamisiert werden. Konstantinopel war bereits im Jahr 626 von einem awarisch-slawischen Heer und den mit ihnen verbündeten Persern erfolglos belagert worden. Die Stadt erwies sich durch die lange und imposante Theodosianische Mauer als uneinnehmbar. Sie war zu Beginn des 5. Jahrhunderts unter Theodosius II. errichtet worden. Dieses ausgeklügelte und in die Tiefe gestaffelte Bauwerk galt bis zum Beginn der Neuzeit als die mächtigste Verteidigungsanlage der Alten Welt. Ergänzt wurde die Landbefestigung von einer Seemauer, welche die gesamte Halbinsel, auf der die Stadt lag, umgab. Das Goldene Horn, die Bucht, die Konstantinopel im Norden vom Festland trennte, konnte später mit einer eisernen Kette abgeriegelt werden. Im Jahr 674 erschien die arabische Flotte vor der Stadt. Innerhalb von vier Jahren erfolgten mehrere Angriffe und Seeblockaden. Doch die byzantinische Marine verfügte inzwischen über eine Geheimwaffe: das Griechische Feuer – eine Art von Flammenwerfer, mit dem die gegnerischen Schiffe in Brand gesetzt werden konnten. Und so wurden sämtliche Angriffe zurückgeschlagen. Die latente Krisensituation des Reiches nutzten die aus Zentralasien stammen-

348 Paul. Diac. hist. Langob. V 7–10.
349 Theophan. Conf. AM 6160; Nikeph. hist. 33.

den heidnischen Bulgaren. Sie gingen über die Donau und gründeten gleichsam im Vorgarten Konstantinopels – ihre Kapitale Pliska lag kaum 300 Kilometer entfernt – das donaubulgarische Reich. Während die Araber noch vergeblich gegen die Mauern der Hauptstadt stürmten, drangen sie gleichzeitig in Nordafrika weiter vor. Im Jahr 698 fiel Karthago. Ein Jahrzehnt später, im Jahr 711, überquerten sie die Meerenge von Gibraltar und eroberten das Reich der Westgoten.

Das Byzantinische Reich sah sich im Wesentlichen auf Kleinasien, das westliche Umland Konstantinopels und einige Gebiete in Griechenland und Italien reduziert. Man könnte sagen, es stand vor dem Abgrund, als im März 717 Leo III. zum Kaiser erhoben wurde. Vorangegangen waren Jahre der Thronwirren, bei denen sich die um die Kaiserkrone ringenden Prätendenten gegenseitig die Nasen abschneiden ließen, womit der jeweilige Gegner herrschaftsunfähig gemacht werden sollte. Dass dieses Mittel nur bedingt wirksam war, bewies Kaiser Justinian II., der bei seiner Wiedereinsetzung eine goldene Nasenprothese trug.[350] Nachdem man von einem erneuten Kriegszug der Araber gegen Konstantinopel erfahren hatte, zwangen die kaiserlichen Truppen den militärisch unerfahrenen Theodosius III. zur Abdankung und riefen den bewährten Befehlshaber Leo zum Nachfolger aus. Theodosius vertauschte den kaiserlichen Purpur mit den Gewändern eines Geistlichen und wurde Bischof von Ephesos. Der neue Kaiser stammte aus dem nordsyrischen Bergland. Da diese Region an das südanatolische Isaurien grenzte, heißt er in den Quellen auch »Leo der Isaurier«.[351] Er begründete die sogenannte syrische Dynastie, die nach seinem Beinamen fälschlicherweise auch als isaurische Dynastie bezeichnet wird. Bereits wenige Monate nach der Krönung Leos tauchten die Muslime mit einem gewaltigen Heer und einer riesigen Flotte vor der Stadt auf und umschlossen sie von der Land- und der Seeseite. Wieder erwiesen sich die Mauern der Stadt und die mit dem Griechischen Feuer ausgerüstete byzantinische Flotte als überlegen. Auch Leo erfüllte die Hoffnungen, die man in ihn gesetzt hatte. Er bewies seine Fähigkeiten als glänzender Stratege. Nach einem Jahr mussten die Araber mit großen Verlusten wieder abziehen. Konstantinopel und das Byzantinische Reich waren damit gerettet und der Vormarsch der islamischen Invasoren nach Westen einstweilen gestoppt.

---

350 Agnell. lib. pontif. 138.
351 Theophan. Conf. AM 6209.

Abb. 27 Einsatz des Griechischen Feuers im Seegefecht, Miniaturmalerei aus dem Codex Skylitzes Matritensis, Bibliteca Nacional de Madrid

Beinahe zur gleichen Zeit kam es im Westen Europas ebenfalls zu einem Abwehrerfolg gegen die Muslime. Im Oktober 732 besiegte Karl Martell mit einem Heer, zu dem außer den Franken auch Sachsen, Friesen und Langobarden gehörten, die Truppen der Sarazenen. Dieser Erfolg wurde in der Vergangenheit oft als Errettung des Abendlandes gepriesen, doch handelte es sich bei dem Kriegszug der Sarazenen um keine großangelegte Offensive wie bei der Belagerung Konstantinopels, sondern nur um eine Strafaktion gegen den Herzog von Aquitanien. Das Frankenreich der Merowinger hatte im Westen die politische Nachfolge des Römischen Reiches angetreten. Die Merowinger verstrickten sich jedoch in ständige dynastische Streitigkeiten und Kriege. Ihr Reich war zumeist in mehrere Herrschaftsgebiete aufgeteilt. Die ohnmächtigen Könige standen schließlich ganz unter dem Einfluss ihrer ersten Minister, die den Titel *maior domus* (›Hausmeier‹) trugen. In zahlreichen Bürgerkriegen und Schlachten konnte sich letztlich die Familie der Karolinger durchsetzen. Aus diesem Geschlecht stammte Karl Martell, der unter seiner Herrschaft das Frankenreich vereinigte. Er zögerte noch, selbst die Königskrone anzunehmen. Diesen Schritt unternahm sein Sohn und Nachfolger Pippin. Im Jahr 751 wurde der letzte Merowingerkönig in einem offiziellen Akt seiner Würden entkleidet, zum Mönch geschoren und ins Kloster geschickt. Anschließend wurde Pippin durch Akklamation der anwesenden Großen des Reiches zum König erhoben. Religiösen Beistand für diesen Dynastiewechsel erhielt Pippin aus Rom. Auf der verzweifelten Suche nach einem Verbündeten gegen die

Langobarden, die eben zu jener Zeit das byzantinische Exarchat von Ravenna erobert hatten, wandte sich Papst Stephan II. an Pippin. Ein Hilferuf nach Konstantinopel blieb ungehört, dort war man weiterhin mit dem Krieg gegen Araber und Bulgaren beschäftigt. Im Jahr 754 reiste der Papst ins Frankenreich und erreichte eine Übereinkunft mit Pippin, der versprach, das »Eigentum des heiligen Petrus« zu schützen. Mit der sogenannten Pippinischen Schenkung übertrug er dem Papst eine Reihe von Territorien in Mittelitalien. Diese Gebiete waren aber im Besitz der Langobarden – die bisherigen Verbündeten der Franken – und mussten erst noch erobert werden. Im Gegenzug verlieh der Papst seinem königlichen Beschützer den Titel *patricius Romanorum.* Zudem erhielt das karolingische Königtum eine religiöse Legitimation, die das alte Königsheil der Merowinger ersetzen sollte. Am 28. Juli 754 wurde Pippin mitsamt seinen Söhnen Karlmann und Karl in der Basilika von Saint-Denis bei Paris von Stephan II. feierlich gesalbt. Aus der Rückschau kommt dieser Königssalbung gleichsam die Bedeutung eines zweiten Krönungsaktes zu.[352]

Die römische Kirche wurde so zur moralischen Stütze der karolingischen Herrschaft. Allerdings hatte schon zuvor Karl Martell die kirchliche Erneuerung im Frankenreich unterstützt. Unter anderem entfaltete der heilige Bonifatius, den man gemeinhin, aber fälschlich auch den »Apostel der Deutschen« nennt,[353] in der ersten Hälfte des 8. Jahrhunderts eine rege missionarische Tätigkeit östlich des Rheins und wirkte vor allem in Hessen, Thüringen und Bayern als Kirchenorganisator. In Bayern, das bereits oberflächlich christianisiert war, beklagte er dabei einen Vorfall, bei dem ein des Lateinischen gänzlich unkundiger Priester eine Taufe irrtümlicherweise mit der Formel *in nomine patria et filia* gespendet hatte, was sinngemäß soviel bedeutet wie ›im Namen von Vaterland und Tochter‹ statt, wie es richtig lauten müsste, »im Namen des Vaters und des Sohnes«.[354] Bonifatius lehnte zwar eine Wiederholung der Taufe ab, empfahl dem zuständigen Bischof aber dringend, dass seine Priester gefälligst Latein lernen sollten. Aus solchen Ansätzen entwickelte sich allmählich jene Bildungsreform, die man als karolingische Renaissance bezeichnet.

---

352 Zu diesen Ereignissen sei auf die Übersichtsdarstellung von Schieffer, Karolinger, verwiesen.

353 Der Begriff ›deutsch‹ (althochdeutsch *diutisc* von *theut*, ›Volk‹) wurde ursprünglich als Sammelbegriff für die germanischen Sprachen und Mundarten verwendet – erstmals nachweisbar im Jahr 786 in einem Brief über eine Synode in England, wo es heißt, dass die Beschlüsse ›auf Latein wie auch in der Volkssprache‹ (*tam latine quam theodisce*) mitgeteilt wurden (Alkuin epist. 3, MGH Epp. 4, S. 28).

354 Bonifat. epist. 68: *Baptizo te in nomine patria et filia et spiritus sancti.*

Unterdessen hatten sich die außenpolitischen Verhältnisse im Byzantinischen Reich zunehmend stabilisiert. Der tatkräftige Kaiser Leo III. und sein Sohn Konstantin V. unternahmen zahlreiche Feldzüge gegen die Feinde des Reiches und kämpften erfolgreich gegen Araber und Bulgaren. Einen entscheidenden Sieg errangen die Byzantiner gegen die Araber in der Schlacht bei Akroinon in Kleinasien, womit die Hauptwelle der islamischen Invasion endgültig zum Erliegen kam.[355] Zur Sicherung der Grenzen im Osten wurden Slawen vom Balkan nach Kleinasien umgesiedelt. Konstantin strukturierte das Heer um, indem er neue Eliteeinheiten (*tagmata*) aufstellte und im Vorfeld der Hauptstadt stationierte. Daneben reorganisierte er die Verwaltung des Reiches, das seit dem frühen 7. Jahrhundert in Militärdistrikte, die man *themata* nannte, eingeteilt war. Ohnehin hatte sich das oströmische Reich zu einem griechischen Staat gewandelt. Alleinige Amtssprache war Griechisch, und die Kaiser trugen nun offiziell die griechischen Titel *basileus* und *autokrator*. Verdüstert wurde die Regierungszeit von Leo und Konstantin durch einen theologischen Streit, der die Bevölkerung des Reiches spaltete: der byzantinische Bilderstreit. Auch im frühen Christentum gab es immer wieder Kritik am heidnisch anmutenden Bilderkult. Unter dem Einfluss des Islam, der bildliche Darstellungen grundsätzlich ablehnt, kam es in Byzanz zu einem Konflikt über die Verehrung der Ikonen. Die Quellen machen für dessen Entstehung vor allem Leo III. verantwortlich, der angeblich die Christusikone vom Palastportal in Konstantinopel, der Chalke, entfernen ließ. Aber in der von den Ikonodulen, den Ikonenverehrern, geprägten Überlieferung wurde die Rolle der beiden Herrscher vermutlich übertrieben dargestellt. Tatsache ist, dass Leo und Konstantin die Ikonoklasten, die Ikonenzerstörer, tendenziell unterstützten. Leo scheint eher eine moderate Haltung eingenommen zu haben. Er bevorzugte statt der Christusikone die neutralere Abbildung des Kreuzzeichens. Konstantin verfasste einige theologische Abhandlungen gegen die Ikonenverehrung. Auf einem Konzil im Jahr 754 wurde die Verehrung der Ikonen zwar verurteilt, doch einschneidende konkrete Maßnahmen gegen die Bilderverehrer wurden offenbar nicht ergriffen.[356] Mit größerer Erbitterung wurde die zweite Phase des Bilderstreits im 9. Jahrhundert ausgefochten.

355 Vgl. Theophan. Conf. AM 6231.
356 Vgl. Rochow, Kaiser Konstantin, S. 44–46.

Waren Leo und Konstantin außenpolitisch höchst erfolgreich, so konnten sie dennoch nicht die Hinwendung des Papstes zu den Franken verhindern. Nach dem Tod seines Vaters im Jahr 741 übernahm Konstantin die Alleinherrschaft. Er selbst war bereits im Säuglingsalter zum Mitherrscher erhoben worden. Um seine Herrschaft dynastisch zu sichern, krönte er am Pfingstfest des Jahres 751 seinen damals erst einjährigen erstgeborenen Sohn Leo (IV.) zum Mitkaiser.[357] Als der designierte Thronfolger zum Jugendlichen herangewachsen war, begann der Kaiser, Heiratspläne für ihn zu schmieden. Die Wunschkandidatin als Schwiegertochter und zukünftige Kaiserin war eine Prinzessin aus dem Haus der Karolinger: Gisela, die Tochter König Pippins und Schwester Karls des Großen.[358] Erst nachdem die Verhandlungen mit dem fränkischen Königshof gescheitert waren, fiel die Wahl auf die in Athen lebende junge Irene.[359] Über ihre Herkunft wissen wir nur sehr wenig. Sie entstammte wohl einer adeligen Familie, die seit vielen Jahren zur loyalen Gefolgschaft des Kaiserhauses gehörte.[360] Ihre Eltern waren offenbar schon früh verstorben. Obwohl sie also nur die zweite Wahl war, wurde sie dessen ungeachtet im November 769 per Schiff und begleitet von einer ganzen Flotte von Athen nach Konstantinopel gebracht, wo man ihr einen festlichen und überaus pompösen Empfang bereitete. Am übernächsten Tag fand in der Pharoskirche des Kaiserpalastes die Verlobung statt. Sechs Wochen später – noch vor ihrer Heirat – erfolgte die Krönung Irenes zur Kaiserin mit dem Titel *basilissa* auf dem Augusteion, dem Hauptplatz der Stadt zwischen dem Palast und der Hagia Sophia. Erst danach wurden Irene und Leo in einer Kirche des Palastareals getraut.[361] Ungewöhnlich ist dabei, dass Irene kurz nach ihrer Ankunft und noch vor ihrer Heirat in einem offiziellen Staatsakt gekrönt wurde. Eudokia, die dritte Gattin Konstantins, wurde erst kurz zuvor im April desselben Jahres zur Kaiserin gekrönt, nachdem sie schon seit über zehn Jahren mit dem Kaiser verheiratet war. Vermutlich sollte dadurch die Position des Thronfolgers Leo zusätzlich gestärkt werden, dessen Stiefbrüder Christophoros und Nikephoros im Frühjahr zu Unterkaisern im Rang von *kaisares* erhoben worden waren.[362]

357 Theophan. Conf. AM 6241; Nikeph. hist. 70.
358 Diese Pläne werden in einem Brief Papst Stephans II. erwähnt (MGH Epp. 3, S. 560, Nr. 45).
359 Oder griechisch *Eirene*, auch Irene von Athen genannt.
360 Zur Herkunft vgl. Lilie, Byzanz unter Eirene, S. 35–47.
361 Zum Empfang und den Feierlichkeiten vgl. Theophan. Conf. AM 6261, vgl. auch Nikeph. hist. 88.
362 Das entspricht dem lateinischen Titel *caesar* im Gegensatz zum Kaiser (*augustus* bzw. *basileus*).

Damit waren die beiden Stiefbrüder nun wiederum die designierten Nachfolger Leos, was nur sinnvoll war, solange Leo keine eigenen Kinder hatte.

Wir erfahren aus den Quellen nichts über das Leben Irenes an der Seite Leos. Wir können vermuten, dass die aus Athen kommende Irene, damals ein drittrangiges Provinznest, dessen einstige Größe längst verblasst war, bei ihrer Ankunft mit all dem kaiserlichen Prunk, den Menschenmassen, den festlichen Zeremonien und dem ausgeklügelten Hofzeremoniell ein wenig überfordert war. Womöglich nahm sie die Kaiserin Eudokia unter ihre Fittiche. Haben wir Rom bisher als zerfallende und entvölkerte Geisterstadt gesehen, aus der nur allmählich die mittelalterliche Stadt hervorging, so war Konstantinopel das Gegenteil davon: eine blühende, prosperierende und bevölkerungsreiche Metropole mit prunkvollen Kaiserpalästen, prächtigen Kirchen und der Hagia Sophia, damals das größte Gotteshaus der Christenheit, dem Hippodrom, jener herrlichen Wagenrennbahn, die als Mittelpunkt des gesellschaftlichen Lebens galt, den gigantischen Ehrensäulen der Kaiser auf den mit Säulenhallen eingefassten Kaiserforen, den zahlreichen Märkten und der Mese, der Einkaufs- und Flaniermeile, und mit dem Schmuck unzähliger antiker Bildwerke.[363] Konstantinopel war nicht einfach nur die Hauptstadt sowie der politische und kulturelle Mittelpunkt, sondern »die Stadt« des Reiches schlechthin. Denn je mehr sich infolge der ständigen Kriege die anderen Städte in burgartige Dörfer verwandelten, desto mehr zentrierte sich das Reich auf Konstantinopel. Wenn wir davon ausgehen, dass Irene tatsächlich den größten Teil ihres bisherigen Lebens in Athen verbracht hat, dann wird sie von dem pulsierenden Leben in Konstantinopel zweifellos beeindruckt gewesen sein. Ein gutes Jahr nach ihrer Heirat mit Leo brachte Irene am 14. Januar 771 den gemeinsamen Sohn zur Welt, den man nach seinem Großvater Konstantin (VI.) benannte. Die Geburt fand im berühmten Porphyrgemach – der Porphyra – des Kaiserpalastes statt, das für die Entbindungen der Kaiserinnen mit purpurfarbenem Marmor ausgekleidet war und in diesem Zusammenhang erstmalig erwähnt wird.[364]

Während eines Feldzugs gegen die Bulgaren erkrankte Konstantin V. schwer und starb im September 775. Gemäß seiner Nachfolgeregelung konnte der bereits zum Basileus und Mitherrscher gekrönte

363 Zur Entwicklung und Topographie der Stadt vgl. Schreiner, Konstantinopel.
364 Theophan. Conf. AM 6262, vgl. AM 6289.

Leo IV. als alleiniger Kaiser nahtlos die Herrschaft übernehmen. Dieser krönte – der dynastischen Tradition folgend – seinen fünfjährigen Sohn Konstantin (VI.) unter Mitwirkung des Patriarchen zum Mitkaiser. Wie es heißt, sollen ihn die byzantinischen Eliteregimenter, die sich um die Nachfolge sorgten, zu diesem Schritt gezwungen haben.[365] Nach der Krönung habe er zum Volk und den Soldaten gesprochen: »Seht, Brüder, ich erfülle eure Bitte und schenke euch meinen Sohn als Kaiser. Nehmt ihn aus der Kirche und aus der Hand Gottes.« Leo bezog seine insgesamt fünf Stiefbrüder – einschließlich der beiden *kaisares* Christophoros und Nikephoros – in die Zeremonie mit ein. Sie begleiteten ihn auf dem Prozessionsweg zur Hagia Sophia. Anlässlich der Krönung ihres Sohnes findet sich auch die einzige Erwähnung Irenes während der Regierungszeit ihres Gatten. Sie habe dem anschließenden Gottesdienst in der Hagia Sophia mit feierlichem Geleit von der Galerie aus beigewohnt. Mit der Krönung Konstantins VI. wurde die ursprüngliche Nachfolgeregelung von Konstantin V. umgestoßen. Die kaiserlichen Stiefbrüder waren deshalb unzufrieden. Schon einen Monat später wurde der *kaisar* Nikephoros beschuldigt, einen Umsturzversuch geplant zu haben. Das kann aber auch nur ein Vorwand gewesen sein, um die unbequeme Verwandtschaft loszuwerden. Leo IV. berief eine Volksversammlung ein, auf der er die Anschuldigung vortrug. Das Volk habe verlangt, dass die Stiefbrüder weggeschickt werden sollen. Der Kaiser verurteilte sie daraufhin zur Verbannung auf die Halbinsel Krim – eine recht milde Strafe, falls sie wirklich einen Umsturz geplant hätten.[366]

Leo IV. setzte die Politik seines Vaters fort. Durch Umsiedlungsmaßnahmen und weitere militärische Reformen stärkte er die Grenzverteidigung. Er hielt weiterhin am Ikonoklasmus fest, doch verhielt er sich den Ikonenverehrern gegenüber moderat. Wahrscheinlich nur eine fromme Legende sind die Berichte, denen zufolge Irene damals schon eine heimliche Bilderverehrerin gewesen sei und Ikonen unter ihrem Kopfkissen versteckt habe, weshalb sie von ihrem Ehemann verstoßen worden sein soll.[367] Gegen die Araber mussten einige Rückschläge hingenommen werden, doch wurden demgegenüber die diplomatischen Beziehungen zum Kalifat verstärkt. Die Langobarden hatten unter ihrem König Desiderius unterdessen ver-

365 Zur Vorgeschichte und der Krönung vgl. Theophan. Conf. AM 6268.
366 Vgl. Theophan. Conf. AM 6268.
367 Vgl. Lilie, Byzanz unter Eirene, S. 46.

sucht, den Kirchenstaat zu erobern. Papst Hadrian I. wandte sich daraufhin an Karl den Großen, der inzwischen über das Frankenreich herrschte. Karl zog mit einem großen Heer nach Italien. Die Langobarden zogen sich nach Pavia zurück, das belagert wurde. Nach neun Monaten kapitulierte Desiderius, und Karl nannte sich fortan »König der Franken und Langobarden«, womit das langobardische Königtum auf die Franken übergegangen war. Adelchis, der Sohn des Desiderius, floh nach Konstantinopel, wo er ehrenvoll aufgenommen und zum Patricius (*patrikios*) erhoben wurde.[368] Man behielt ihn als potentielles Faustpfand gegen die Franken. Ansonsten gab es keine weitere Intervention der Byzantiner in Italien. Allerdings wurde der Form nach die Oberherrschaft des byzantinischen Kaisers in Rom noch anerkannt. Im September 780 verstarb Leo IV. nach kurzer Krankheit. Angeblich habe er sich wegen seiner Gier nach Edelsteinen eine mit Juwelen geschmückte Votivkrone aus der Hagia Sophia aufgesetzt. Die göttliche Strafe habe nicht lange auf sich warten lassen. Er soll daraufhin am Kopf ein Furunkel bekommen haben, das zu seinem Tod geführt habe.[369] Diese phantasievolle Geschichte dürfte indes nur eine Erfindung sein.

Die Nachfolge ging auf seinen bereits als Basileus zum Mitkaiser gekrönten Sohn Konstantin VI. über, doch dieser war erst neun Jahre alt. Dass der junge Kaiser nicht alleine regieren konnte, verstand sich von selbst. Es waren wahrscheinlich die höchsten Würdenträger des Reiches, die schon die Herrschaft Leos IV. gestützt hatten und die sich nun für die Regentschaft Irenes aussprachen. Zu diesem Kreise gehörte der Eunuch Staurakios, der als erster Minister (*logothetes tou dromou*) eine herausragende Gestalt am Hof war und faktisch die Staatsgeschäfte leitete.[370] Es war an sich nicht ungewöhnlich, dass eine Frau in Konstantinopel offiziell die Regentschaft übernahm. Schon die Kaiserin Martina hatte im Jahr 641 die Regentschaft für ihren 15-jährigen Sohn übernommen. Sie war die Nichte und zweite Ehefrau des Kaisers Herakleios, dem es seinerzeit gelang, in dem kräftezehrenden und ruinösen Krieg gegen die Perser den Sieg zu erringen, dessen Armee aber wenig später den Arabern am Jarmuk unterlag. Obwohl die Ehe mit seiner Nichte als Inzest galt, duldete man sie. Martina wurde jedoch schon nach wenigen Monaten ge-

368 Agnell. lib. pontif. 160.
369 Theophan. Conf. AM 6272; Konst. de admin. imp. 13.
370 Vgl. Lilie, Byzanz unter Eirene, S. 128, Nr. 51.

stürzt, da sie in Verdacht stand, ihren Stiefsohn und den eigentlichen Nachfolger des Herakleios vergiftet zu haben.[371] Wir können davon ausgehen, dass Irene auf Initiative der obersten Staatsbeamten vom Heer, dem Senat Konstantinopels und dem Volk als Regentin bestätigt wurde. Keineswegs hat sie in einem Handstreich und wohl auch nicht aus eigenem Willen die Regierung übernommen. Für die maßgeblichen Hofkreise, die Leo IV. unterstützt hatten und die womöglich hinter der Entfernung seiner Stiefbrüder standen, gab es keine Alternative. Das sahen einige Beamte in der zweite Reihe, die vermutlich hofften, durch einen Umsturz in einflussreichere Positionen zu gelangen, und mehrere Befehlshaber, die sich einen Herrscher im Erwachsenenalter wünschten und die ursprüngliche Nachfolgeordnung Konstantins V. befürworteten, offenbar anders. Sie beabsichtigten, Nikephoros, den Halbbruder Leos IV., zum Kaiser zu machen. Offenbar waren er und seine vier Brüder inzwischen wieder aus der Verbannung zurückgekehrt. Der Putschversuch flog jedoch auf. Die Verschwörer wurden an unterschiedliche Orte verbannt. Nikephoros und seine Brüder wurden zu Priestern geweiht, womit sie theoretisch herrschaftsunfähig waren, und mussten am Weihnachtsfest öffentlich die Kommunion austeilen.[372]

Mit dieser Demütigung der Söhne Konstantins V. schien die Regentschaft Irenes gefestigt. Damit waren die Palastintrigen jedoch noch nicht beendet. In den Strudel der Ereignisse dieses Umsturzversuches geriet der Befehlshaber (*strategos*) von Sizilien, der bei Irene denunziert worden war, die Konstantinsöhne zu unterstützen. Sie befahl dessen Festnahme, doch die Sizilianer weigerten sich, den bei ihnen beliebten Strategen auszuliefern. Daraus entwickelte sich eine Rebellion, die erst mit großem militärischem Aufwand niedergeschlagen werden konnte.[373] Auf dem Gebiet der Außenpolitik durfte Irene zur selben Zeit hingegen einen ersten Erfolg verbuchen. Im Frühjahr wurde die Verlobung des jungen Kaisers mit der ältesten Tochter Karls des Großen verkündet, die von den Gesandten Irenes mit dem fränkischen König zu Ostern 781 in Rom besiegelt worden war.[374] Die Franken mochten in Konstantinopel nicht besonders hoch im Kurs stehen, doch war Karl zu jener Zeit bereits der unangefochtene Herrscher der westlichen Christenheit. Zur Wahrung der

371 Vgl. Theophan. Conf. AM 6133; Nikeph. hist. 30–32.
372 Theophan. Conf. AM 6273.
373 Vgl. Lilie, Byzanz unter Eirene, S. 80–82.
374 Theophan. Conf. AM 6274.

byzantinischen Interessen in Süditalien war deshalb eine Verständigung mit dem fränkischen König dringend erforderlich. Die Heirat kam indes nie zustande. Karl war nicht abgeneigt, auch das unter byzantinischer Oberhoheit stehende Süditalien seinem Reich einzuverleiben, und so kündigte er fünf Jahre später das Heiratsbündnis mit Byzanz auf.[375] Der Krieg gegen die Araber verlief ebenfalls nicht besonders glücklich. Man hatte die gegnerischen Streitkräfte bereits eingekesselt, als ein byzantinischer Befehlshaber – angeblich aus Hass auf den ersten Minister Staurakios – zu den Arabern überging.[376] Irene musste sich mit Tributzahlungen einen Waffenstillstand erkaufen. Die Kaiserin benötigte für ihre Herrschaftsreputation deshalb dringend einen militärischen Sieg. So entsandte sie Staurakios mit starker Truppenmacht gegen die Slawen auf dem Balkan, die man in Konstantinopel als leicht zu schlagenden Gegner ansah. Erwartungsgemäß wurde das Ansehen der Armee wiederhergestellt, und der erste Minister konnte im Hippodrom einen großen Triumph feiern. Um den Erfolg gebührend herauszustellen, unternahm Irene mit ihrem Sohn anschließend eine Inspektionsreise durch die Balkanprovinzen.

Als bedeutender erwiesen sich die innenpolitischen Maßnahmen Irenes. An erster Stelle steht hier die Wiedereinführung der Bilderverehrung. Es ist zu vermuten, dass es sowohl die religiöse Einstellung der Kaiserin als auch innenpolitische Weitsicht waren, die sie dazu bewogen, den Bilderstreit durch ein Konzil, auf dem auch Abgesandte des Papstes zugegen waren, zu beenden. Angestrebt war anscheinend ein Kompromiss, mit dem die Ikonenverehrer und die Bilderstürmer gleichermaßen zufrieden sein sollten. Im Vorfeld hatte Irene, die sich dabei geschickt im Hintergrund hielt, einen moderaten Bilderverehrer zum Patriarchen von Konstantinopel wählen lassen.[377] Allerdings hatten die Ikonoklasten inzwischen ihre Anhänger in den Garderegimentern mobilisiert. Als das Konzil am 7. August 786 in der Apostelkirche in Gegenwart Irenes und Konstantins VI. feierlich eröffnet werden sollte, stürmten die Soldaten das Gotteshaus und lösten die Versammlung auf. Zur Unterdrückung der Meuterei zog Staurakios Truppenverstärkung aus den Provinzen heran, wodurch die Rebellion, die sich ja gegen das Konzil und nicht gegen

375 Ann. reg. Franc. 786; Theophan. Conf. AM 6281.
376 So laut Theophan. Conf. AM 6274.
377 Vgl. Lilie, Byzanz unter Eirene, S. 55–60.

die Kaiserin richtete, schnell beendet werden konnte.[378] Vorsichtshalber wurde das Konzil aber von Konstantinopel nach Nikaia – auf der anderen Seite des Marmarameers – verlegt. Es wird deshalb als das zweite Konzil von Nikaia gezählt.[379] Der neugewählte Patriarch Tarasios, ein treuer Anhänger Irenes, ging taktisch höchst klug vor. Den Standpunkt der Ikonodulen ließ er von fanatischen Bilderverehrern vortragen, sodass er gegenüber den Ikonoklasten als Vermittler auftreten konnte. Diese Vorgehensweise des Tarasios und der Kaiserin, die hinter dem Patriarchen stand, war auf der ganzen Linie erfolgreich. Man einigte sich auf die Formel, dass Ikonen geehrt, aber nicht angebetet werden dürfen. Die Beschlüsse des vorherigen Konzils, auf dem unter Konstantin V. die Verehrung der Ikonen verurteilt worden war, erklärte man für ungültig.[380] Damit beendete Irene auf zurückhaltende Weise die erste Phase des byzantinischen Bilderstreits. Wenn man bedenkt, mit welcher Erbitterung zuvor und auch danach theologische Streitigkeiten in Konstantinopel ausgetragen wurden, so war dies ein großer Erfolg der Kaiserin.

Währendessen verschärfte sich die außenpolitische Lage. Eine verstärkte Bedrohung ging von den Bulgaren aus. Zudem war der Waffenstillstand mit dem Kalifat abgelaufen und die Araber überfielen erneut die Ostgrenze. Vor allem verursachte die Aufkündigung des Heiratsbündnisses durch Karl den Großen einen Imageschaden, denn dadurch hatte der »barbarische« König der Franken den Kaiser als Schwiegersohn verschmäht. Außerdem musste man um den Besitz der byzantinischen Territorien in Italien fürchten. Den Prestigeverlust, der durch die gescheiterte Heiratspolitik mit den Franken entstanden war, kaschierte Irene, indem sie verkünden ließ, sie selbst habe die Verlobung mit der Tochter Karls aufgelöst, weil sie sich für ihren Sohn eine bessere Gemahlin wünsche.[381] Nun musste allerdings schnellstmöglich eine solche »bessere« Braut aufgetrieben werden. Angeblich habe sich Irene bei einer Brautschau für ein Mädchen namens Maria entschieden.[382] Solche Brautschauen muss es in Konstantinopel tatsächlich gegeben haben, wofür spricht, dass dieser Brauch – wie das folgende Kapitel zeigen wird – auch bald vom fränkischen Hof übernommen wurde. Dies war jedoch nur ein Anlass,

378 Theophan. Conf. AM 6278.

379 Das erste Konzil von Nizäa (lat. *Nicaea*, griech. *Nikaia*) fand im Jahr 325 statt.

380 Zu den Konzilsakten vgl. Lamberz, Concilium.

381 Theophan. Conf. AM 6281.

382 Vita Philar., S. 143; zu den Brautschauen vgl. Treadgold, Bride-Shows; ders., Historicity.

die vorher sorgfältig ausgewählte Braut der Öffentlichkeit als das – vermeintlich – schönste Mädchen des Reiches zu präsentieren. Wir wissen über die Herkunft Marias nur, dass sie aus dem Ort Amnia im nordöstlichen Kleinasien stammte. Zweifellos gehörte ihre Familie zu den bewährten und hochrangigen Anhängern des Kaiserhauses. Ein gutes Jahr nach der Verlobung wurde im November 788 die Hochzeit gefeiert. In zweierlei Hinsicht markiert diese Heirat den beginnenden Konflikt zwischen Irene und Konstantin. Zum einen ging der junge Kaiser die von seiner Mutter arrangierte Ehe nur gegen seinen Willen ein.[383] Zum anderen kam er gewiss zu der Überzeugung, nun kein unmündiger Jugendlicher zu sein, der als Kaiser einer Regentin bedurfte. Auch eine Fraktion am Hof dürfte sich in Erwartung seiner baldigen Alleinherrschaft auf die Seite Konstantins gestellt haben.

Aber Irene dachte nicht daran, die Regentschaft niederzulegen. Sie hatte sich anscheinend an die Ausübung der Macht gewöhnt und war wohl der Überzeugung, die Geschicke des Reiches besser als ihr Sohn lenken zu können. Bestärkt wurde sie darin wahrscheinlich von den obersten Beamten – allen voran der oberste Minister Staurakios –, die bei einem Regierungswechsel um ihre Ämter fürchteten. Die Position der Kaiserin verschlechterte sich durch mehrere militärische Katastrophen. Ein Heer, das man zur Sicherung der dortigen Ansprüche nach Süditalien entsandt hatte, war von den Franken und Langobarden geschlagen worden. Fast gleichzeitig erreichten die Nachrichten von Niederlagen gegen die Bulgaren und Araber Konstantinopel. Wie man sich gut vorstellen kann, dürften in der Hauptstadt Stimmen laut geworden sein, die für diese Rückschläge die Herrschaft einer Frau verantwortlich machten. Unter dem Eindruck dieser Ereignisse fasste Konstantin, von einigen Vertrauten dazu verleitet, zu Beginn des Jahres 790 den Entschluss, Staurakios zu stürzen und so seine Mutter zum Rücktritt zu zwingen. Aber Irene erfuhr von den Plänen ihres Sohnes. Die Berater des jungen Kaisers wurden ihrer Ämter enthoben und verbannt. Wie es heißt, habe Irene ihren nunmehr fast 19-jährigen Sohn höchstpersönlich verprügelt und heftigst beschimpft, sodass er sich mehrere Tage nicht mehr aus dem Palast gewagt haben soll.[384] Irene reagierte auf den Umsturzversuch Konstantins, indem sie die bisherige fakti-

383 So laut Theophan. Conf. AM 6281; Konstantin ließ sich später von Maria scheiden, siehe weiter unten.
384 Theophan. Conf. AM 6282.

sche Herrschaftsordnung festschrieb und ihn zum Nebenkaiser degradierte. Sie versammelte in Konstantinopel den Senat, das Volk und die Garderegimenter und ließ sie schwören, »solange sie lebt, eine Herrschaft ihres Sohnes nicht zu dulden«.[385] Das war eindeutig ein Staatsstreich. Konstantin war damit nur noch dem Titel nach Kaiser. Doch erhob sich dagegen zunächst kein Widerspruch. Auch die Truppen in den Provinzen legten den Eid ab, was belegt, dass die wichtigen Kommandostellen – nach zehnjähriger Regentschaft – inzwischen alle mit treuen Gefolgsleuten Irenes besetzt waren.

Aber die einfachen Soldaten dachten darüber ganz offensichtlich anders. Als die Truppen im nordöstlichen Kleinasien, in dem Distrikt Armeniakon, auf die Kaiserin eingeschworen werden sollten, rebellierten sie gegen ihre Offiziere. Die Soldaten bekundeten zwar, den Eid ablegen zu wollen, bestanden aber darauf, dass Konstantin weiterhin der Hauptkaiser bleiben solle. Irene wollte nicht nachgeben und schickte dorthin zwei Würdenträger, um die Soldaten doch noch umzustimmen. Einer dieser Männer, er hieß Alexios Musule, fiel Irene in den Rücken und stellte sich auf die Seite der Meuterer. Diese wählten ihn zum Anführer und riefen Konstantin zum alleinigen Kaiser aus. Als sich die Nachricht von der Rebellion verbreitete, meuterten auch die Truppen in den anderen Provinzen. Sie verjagten ihre Befehlshaber und proklamierten ebenfalls Konstantin zum Alleinherrscher. Im Oktober 790 versammelten sich die Vertreter der Meuterer an einem Ort unweit Konstantinopels auf der kleinasiatischen Seite und verlangten, dass Konstantin zu ihnen gelassen werde.[386] Die Garderegimenter in der Hauptstadt standen noch auf der Seite Irenes, doch gegen die Rebellen vorzugehen, hätte einen Bürgerkrieg heraufbeschworen. Auch die Beseitigung ihres eigenen Sohnes kam für Irene zu diesem Zeitpunkt nicht in Betracht. Außerdem wäre dies keine wirkliche Option gewesen, da die Soldaten dann vermutlich auf die noch lebenden Stiefbrüder Leos IV. zurückgegriffen hätten. Irene gab schließlich nach und entließ Konstantin ins Lager der Meuterer. Dort wurde er nochmals zum Alleinherrscher ausgerufen. Gleichzeitig erklärten die Soldaten Irene für abgesetzt. Damit hatte die Regentschaft der Kaiserin ihr plötzliches Ende gefunden.

Für die Gefolgsleute Irenes traf genau das ein, was sie bei einem Machtwechsel befürchtet hatten. Sie verloren ihre Ämter und

385 Theophan. Conf. AM 6282.
386 Zu diesen Ereignissen vgl. Theophan. Conf. AM 6283.

wurden verbannt, darunter auch der Eunuch Aetios, von dem später noch die Rede sein wird.[387] Staurakios wurde öffentlich ausgepeitscht und ausgerechnet in den Distrikt Armeniakon verbannt, wo die Meuterei ihren Anfang genommen hatte. Irene, die dem Rang nach immer noch Kaiserin war, wurde als Wohnort der von ihr erbaute Eleutheriospalast zugewiesen, wohin sie zuvor angeblich ihre Schätze gebracht haben soll.[388] Dieser Palast lag am gleichnamigen Hafen im Südwesten der Stadt und damit weitab vom Kaiserpalast. Für die Menschen hatte sich scheinbar nichts geändert. Das Bildnis der Kaiserin erschien weiterhin auf den Münzen, allerdings nicht mehr auf der Münzvorderseite, wo jetzt Konstantin abgebildet wurde, sondern auf der Rückseite.[389] Im Alltag war dies nur ein geringfügiger Unterschied, da es ja nur darauf ankam, wie herum man die Münze hielt. Im Laufe der Zeit hatten sich die Wogen im innerfamiliären Konflikt geglättet. Offenbar kam es zu einer Aussöhnung zwischen Mutter und Sohn. Außerdem wollte Konstantin seinen kriegerischen Vorfahren, den Kaisern der syrischen Dynastie, nacheifern. Er sah sich vor allem als Feldherr. Die innenpolitische Kleinarbeit war ihm anscheinend eher lästig. Wahrscheinlich hatte die rasche Beseitigung der wichtigsten Anhänger Irenes aus ihren Ämtern eine gewaltige Unordnung verursacht. Es hat den Anschein, dass Konstantin für die Erledigung der Staatsgeschäfte die ehemaligen bewährten Spitzenfunktionäre seiner Mutter benötigte. Außerdem konnte nicht die ganze Partei der Kaiserin aus der Hauptstadt entfernt worden sein. Das Chaos wäre sonst unermesslich gewesen. Irene verfügte daher immer noch über eine entsprechende Anhängerschaft. Nicht zuletzt gehörte dazu der ihr ergebene Patriarch Tarasios. Es waren die höchsten Würdenträger des Reiches, die Konstantin darum baten, Irene wieder zur Mitherrscherin einzusetzen. Für den Sohn stellte dies inzwischen kein Problem mehr dar. Er inszenierte die Wiedereinsetzung als eine Geste der Versöhnung und des Großmutes und wählte dafür den Tag nach seinem 21. Geburtstag. Am 15. Januar 792 erhob er in einem feierlichen Staatsakt Irene wieder zur Mitkaiserin. Die Akklamation des Volkes lautete nunmehr erneut »Konstantin und Irene«.[390]

---

387 Zu Aetios vgl. Lilie, Byzanz unter Eirene, S. 122, Nr. 1.

388 Wie spätere Quellen behaupten, habe die Kaiserin an verschiedenen Orten Schätze deponiert (Leo, S. 202; Kedr. II 31).

389 Grierson, Catalogue, S. 338; 341, Nr. 2.

390 Theophan. Conf. AM 6284.

Damit waren aber nicht die vorherigen Verhältnisse wiederhergestellt. Irene war nicht mehr die Regentin, sondern nur die Mitkaiserin des Hauptkaisers Konstantin. Sie residierte zunächst weiterhin im Eleutheriospalast, hielt sich im Hintergrund und übernahm nur zeremonielle Funktionen. Ihre ehemaligen Berater wurden eiligst aus der Verbannung zurückgerufen, darunter auch Staurakios und wahrscheinlich Aetios. Wie schon erwähnt wurde, waren beide Eunuchen. Offiziell war die Kastration von Knaben in Byzanz verboten. Dennoch kam es vor, dass Eltern ihre Söhne kastrieren ließen, da sie sich dadurch bessere Aufstiegschancen für sie erhofften. Dies hatte nicht wie in osmanischer Zeit, als aus leicht nachvollziehbaren Gründen Eunuchen im Harem des Sultans eingesetzt wurden, sexuelle Hintergründe. Vielmehr war es einem Eunuchen in staatstragender Funktion nur eingeschränkt möglich, eine dynastische Hausmacht aufzubauen. Söhne, die ein solcher Amtsträger in wichtige Ämter einsetzen konnte, gab es ja keine. Auch der Kaiser musste ihn nicht als potentiellen Konkurrenten um die Herrschaft fürchten, da ein Eunuch nicht als herrschaftsfähig galt. Eine Voraussetzung hierfür war – zumindest theoretisch – die körperliche Unversehrtheit, weshalb man seine Rivalen um die Kaiserkrone, wie wir schon mehrfach gesehen haben, bevorzugt verstümmelte, um sie unschädlich zu machen. Während Konstantin den Ruhm des siegreichen Feldherrn suchte, übernahmen die ehemaligen Vertrauten Irenes teilweise wieder wichtige Funktionen in der Reichsverwaltung. Wir können davon ausgehen, dass Irene dadurch inoffiziell einigen Einfluss ausüben konnte.

Gegen die Rehabilitation Irenes und die Wiedereinsetzung ihrer alten Berater regte sich jedoch vereinzelt Widerstand. Zweifellos waren jene Hofkreise brüskiert, die zuvor Konstantin gegen Irene unterstützt hatten. Sie sahen sich jetzt mit denselben Leuten konfrontiert, die sie loswerden wollten. Die Soldaten im Distrikt Armeniakon, die Konstantin zuerst zum Alleinherrscher ausgerufen hatten, fassten die Aussöhnung als Provokation auf und rebellierten erneut, nachdem man ihren Befehlshaber Alexios nach Konstantinopel beordert hatte. Sie verlangten ihren Kommandanten zurück, den sie während der Meuterei im Jahr 790 selbst zum Anführer gewählt hatten. Eigentlich war der Mann nur abberufen worden, weil ihn in der Hauptstadt eine Beförderung erwartete. Das aber wussten seine Truppen wohl nicht. Konstantin witterte ein Komplott und machte dafür den ehemaligen Befehlshaber verantwortlich, der diesmal jedoch keine Mitschuld an der Meuterei trug. Alexios wurde ins Gefängnis geworfen und später geblendet.[391] Das zeigte, dass Loyalität – Konstantin hatte Alexios ja maßgeblich die Alleinherrschaft zu verdanken – nicht vor einer Überreaktion des Kaisers schützte. Durch das harte Vorgehen gegen Alexios kam die Meuterei erst richtig in Fahrt. Die Lage verschlimmerte sich durch eine vernichtende Niederlage gegen die Bulgaren im Sommer 792. Dabei fielen zahlreiche hochrangige Generäle, die zur treuen Gefolgschaft Konstantins gehört hatten. Außerdem erlitt das Ansehen des Kaisers durch das Desaster einen schweren Schaden. Gerüchte waren in Umlauf, die Garderegimenter beabsichtigten, den Onkel Konstantins, den ehemaligen *kaisar* Nikephoros, zum Kaiser zu erheben. Als Konstantin von dem vermeintlichen Umsturzplan erfuhr, entschied er sich für ein hartes Vorgehen. Er ließ Nikephoros blenden und dessen vier Brüdern die Zungen abschneiden. Angeblich folgte der Kaiser hierbei dem Ratschlag von Irene und Staurakios.[392] Sicherlich hatte man damit potentielle Rivalen um den Kaiserthron weitgehend unschädlich gemacht. Aber das Prestige des Kaisers litt dadurch umso mehr. Gegen die meuternden Truppen im Distrikt Armeniakon zog Konstantin mit einem großen Heer und besiegte sie in einer Schlacht. Die Offiziere der Meuterer wurden dabei getötet, die überlebenden Soldaten verbannt. Damit war jeder Aufruhr im Keim erstickt. Aber gleichzeitig hatte Konstantin dadurch auch einen Teil seiner anfänglichen Anhängerschaft verloren. Andere waren bei der Niederlage gegen die Bulgaren auf dem Schlachtfeld geblieben. Der Kaiser hatte im Reich die öffentliche Meinung gegen sich aufgebracht und sich zusätzlich von seinen verbleibenden Beratern entfremdet. Nicht besser stand es um die internationale Reputation des Kaisers. Alkuin, der wichtigste Berater Karls des Großen, geißelte in einem Brief, der just in dieser Zeit verfasst worden ist, die Gottlosigkeit Konstantins.[393]

Ein Skandal im privaten Umfeld Konstantins schädigte das Ansehen des Kaisers noch mehr. Wie schon dargelegt wurde, hatte ihn Irene zur Ehe mit Maria gezwungen. Ob die Ehe tatsächlich unglücklich war, sei dahingestellt. Das Paar hatte zwei Töchter, was aber nicht unbedingt ein Indiz für ein glückliches Eheleben sein muss. Jedenfalls verliebte sich der junge Kaiser in eine gewisse Theodote, eine

391 Theophan. Conf. AM 6284.
392 Vgl. Lilie, Byzanz unter Eirene, S. 260 f.
393 Alkuin epist. 174.

Hofdame seiner Gattin. Man würde großzügig darüber hinweggesehen haben, wenn sich Konstantin mit seiner Gespielin nur im Stillen vergnügt hätte. Aber er wollte seine Geliebte heiraten. Denn falls ihm Theodote irgendwann einen Sohn schenken würde, dann sollte dieser auch der legitime Thronfolger sein. Andernfalls hätte er zur Zeugung eines Nachfolgers nach wie vor widerwillig seine ehelichen Pflichten im Bett Marias wahrnehmen müssen. Allerdings war nach kirchlichem Recht auch im byzantinischen Reich eine Scheidung nicht möglich. In Betracht kam dort ebenso nur eine Auflösung der Ehe aus schwerwiegenden Gründen. Deshalb wurde Konstantin beim Patriarchen Tarasios vorstellig, verlangte eine Scheidung und begründete dies mit der naiven Behauptung, Maria trachte ihm nach dem Leben. Tarasios lehnte das Ansinnen ab. Die Ehe des Kaisers war aber inzwischen so weit zerrüttet, dass Maria freiwillig mit ihren Töchtern in ein Kloster ging. Der Patriarch, der seinen kaiserlichen Herrn nicht verärgern wollte, fand einen probaten Weg aus dem Dilemma: Er wolle der zweiten Ehe des Kaisers nicht widersprechen, könne die Trauung aber nicht selbst vornehmen. Dafür bestellte er einen Stellvertreter. Im August 795 feierte Konstantin mit einem gewaltigen 40-tägigen Fest seine Vermählung mit Theodote, die zuvor – wie schon Irene vor ihrer Hochzeit – zur Kaiserin gekrönt worden war. Das Volk, beeindruckt von den Feierlichkeiten, zeigte anscheinend Sympathie für das verliebte und frischvermählte kaiserliche Paar. In den gesellschaftlichen Eliten und unter den staatlichen Funktionsträgern sah man das vermutlich anders. Irene, die ohne Zweifel außerordentlich fromm war, missbilligte die zweite Ehe ihres Sohnes ganz entschieden.[394] Offene Kritik kam vor allem von einigen prominenten Verwandten der Braut, die eine klösterliche Gemeinschaft gegründet hatten und gegen die aus ihrer Sicht verwerfliche Ehe protestierten. Die Wortführer waren der Onkel von Theodote und ihr Cousin, der angesehene Mönch und spätere Kirchenlehrer Theodor Studites.[395]

In den folgenden zwei Jahren führte Konstantin erfolgreiche Feldzüge gegen die Bulgaren und Araber, womit er sein angeschlagenes militärisches Image aufpolieren konnte. Trotz Irenes kritischer Haltung zur Neuvermählung des Kaisers herrschte in der Kaiserfamilie scheinbar harmonische Eintracht. Im September 796 ver-

394 Sie ließ später den Priester, der die Trauung vorgenommen hatte, exkommunizieren.
395 Zur zweiten Heirat Konstantins vgl. Lilie, Byzanz unter Eirene, S. 71–78.

brachten Irene und Konstantin sogar einen gemeinsamen »Badeurlaub« in den Heilbädern von Prusa,[396] die für ihr schwefelhaltiges Wasser bekannt waren. Als der Kaiser im Oktober erfuhr, dass Theodote ihm einen Sohn geboren hatte, reiste er eiligst nach Konstantinopel ab. Oberflächlich sah es nach eitel Sonnenschein aus, doch hinter den Kulissen gärte es. Nicht alle Verwandten der Kaiserin Theodote hatten die Ehe mit Konstantin abgelehnt. Besonders ihre Brüder genossen das Vertrauen des Kaisers.[397] Dadurch verschärften sich die Spannungen, da die alten Eliten der Reichsverwaltung – sie standen dem Regime des jungen Kaisers ohnehin skeptisch gegenüber – befürchteten, aus ihren Ämtern verdrängt zu werden. Auch die Berater, die dem Kaiser bisher loyal zur Seite gestanden waren, wandten sich nun gegen ihn.[398] Im Frühjahr 797 brach Konstantin mit einem großen Heer zu einem Feldzug gegen die Araber auf, der lange vorbereitet worden war. Auch Staurakios begleitete den Kaiser. Auf dem Weg durch Kleinasien erreichte Konstantin die Nachricht, dass sein erst wenige Monate alter Sohn ernsthaft erkrankt war. Er brach den Feldzug umgehend ab und kehrte nach Konstantinopel zurück.[399] Wahrscheinlich kam er zu spät, denn der ersehnte Thronfolger starb am 1. Mai. Die Sorge des Vaters mag zweifellos verständlich sein, doch als Feldherr war seine Handlungsweise problematisch, da damit der Feldzug gescheitert war. Die Araber – falls sie nicht schon zuvor Wind von dem Kriegszug bekommen hatten – konnten sich nun in aller Ruhe auf den Angriff vorbereiten.

Konstantin hielt sich bis Juli in der Hauptstadt auf. In dieser Zeit müssen die führenden Mitglieder der Reichsadministration und vor allem die alten Anhänger Irenes beschlossen haben, den Kaiser abzusetzen und Irene wieder als Herrscherin einzusetzen. Die Garderegimenter in der Hauptstadt standen ohnehin auf der Seite der ehemaligen Regentin, und in kirchlichen Kreisen genoss sie hohes Ansehen. Unbekannt ist, welche Rolle Staurakios dabei genau spielte. Als wichtigster Vertrauter Irenes war er in die Pläne gewiss eingeweiht und dürfte sie befürwortet haben. Auch Irene stimmte den Umsturzplänen zu, aber sie war wohl nicht deren Urheberin. Sie war vermutlich der festen Überzeugung, eine bessere Herrscherin als ihr Sohn zu sein. Eine passende Gelegenheit war gekommen, als Kon-

396 Theophan. Conf. AM 6289.
397 Vgl. Script. incert., S. 336, wonach sie erst nach dem Sturz Irenes vom Hof vertrieben wurden.
398 Theophan. Conf. AM 6289; Ann. reg. Franc. 798.
399 So die Rekonstruktion der Ereignisse nach Lilie, Byzanz unter Eirene, S. 95–98.

stantin in Begleitung von Theodote im Sommer wieder zum Heer nach Kleinasien abgereist war, wo die Araber zwischenzeitlich zum Präventivschlag ausgeholt hatten. Unterdessen wurde Irene von ihren Anhängern vom Eleutheriospalast, in dem sie immer noch residierte, in den Kaiserpalast gebracht. Noch bevor die Verschwörer weitere Schritte unternehmen konnten, hatte Konstantin davon Kenntnis erhalten. Allerdings unterschätzte er völlig das wahre Ausmaß der Empörung. Unbedachtsam kehrte er mit nur kleinem Gefolge nach Konstantinopel zurück.[400] Auf Befehl Irenes wurde er dort bei seiner Ankunft am 15. August 797 sofort verhaftet. Die Verschwörer schafften im Einvernehmen mit Irene umgehend vollendete Tatsachen. Sie schleppten Konstantin noch am selben Tag in die Porphyra, jenem Gemach, das zur Niederkunft der Kaiserinnen erbaut worden war, und blendeten ihn. Man raubte dem Sohn Irenes das Augenlicht eben dort, wo sie ihn 26 Jahre zuvor geboren hatte. Der höchst symbolträchtige Ort spricht dafür, dass die Tat nicht dem Übereifer eines von Irenes Anhängern zuzuschreiben ist, sondern mit ihrem ausdrücklichen Einverständnis geschah – so schockierend es sein mag. Allerdings starb Konstantin wahrscheinlich nicht kurze Zeit später an den Folgen der Blendung,[401] wie allgemein angenommen wird. Vermutlich lebte er noch einige Zeit mit Theodote in einem Palast, der in früherer Zeit als Heim für ehemalige Prostituierte diente, was angesichts der umstrittenen Ehe des Paars ebenfalls von symbolhafter Bedeutung gewesen wäre.[402]

Mit diesem Staatsstreich gegen ihren eigenen Sohn erhob sich Irene zur alleinherrschenden Kaiserin des Byzantinischen Reiches. Eine Kaiserin konnte an der Seite ihres Gatten beträchtlichen Einfluss ausüben, sie konnte auch für ihren Sohn die Regentschaft übernehmen. Aber niemals zuvor in der Geschichte des Römischen wie auch des Byzantinischen Reiches regierte eine Frau allein. Auf ihren Münzen erscheint Irene weiterhin als Basilissa, doch Rechtsdokumente unterzeichnete sie mit dem männlichen Kaisertitel Basileus.[403] Und scheinbar erhob sich im Reich keine Stimme gegen das Kaisertum einer Frau. Aber eben nur scheinbar, denn ein just zur Zeit Irenes schreibender Chronist berichtet über die gut 150 Jahre

400 Leo, S. 199; Georg. Mon., S. 770 f.; zu den Ereignissen vgl. Theophan. Conf. AM 6289.

401 Die westlichen Quellen berichten nur von der Absetzung und Blendung (z. B. Ann. reg. Franc. 798).

402 Vgl. dazu Lilie, Byzanz unter Eirene, S. 273–277; anders jedoch Speck, Konstantin, S. 308–321.

403 Vgl. Grierson, Catalogue, S. 347.

Abb. 28 Solidus der Kaiserin Irene als Alleinherrscherin, ihr Porträt erscheint auf der Vorder- und Rückseite der Goldmünze

zurückliegende Regentschaft der Kaiserin Martina: Die Menschen hätten sie mit der Begründung abgelehnt, eine Frau als Kaiserin könne das Reich gegenüber auswärtigen Gesandtschaften nicht protokollgemäß vertreten. Dies gipfelt in dem Appell: »Möge Gott geben, dass der römische Staat nie in diese verfassungsrechtliche Situation komme.«[404] Meinte der Autor damit nur die Ereignisse aus der Vergangenheit, oder bezog er sich nicht vielmehr zugleich auf seine eigene Zeit? In den Strudel des Umsturzes gerieten erneut die unglücklichen Söhne Konstantins V., die unter Konstantin VI. bereits verstümmelt worden waren. Sie suchten Asyl in der Hagia Sophia, angeblich in der Erwartung, dass einer von ihnen zum Kaiser – womöglich als Mitherrscher Irenes – ausgerufen werden könnte. Der Eunuch Aetios, nunmehr einer der engsten Mitarbeiter der Kaiserin, nahm sie gefangen und brachte sie zur Verbannung nach Athen.[405] Vermutlich aber waren die Söhne Konstantins V. mit dieser Meinung nicht allein. Vielleicht wurde das Kaisertum Irenes deshalb geduldet, weil man davon ausging, dass sie einen männlichen Mitherrscher benötigen würde, und sich so mancher ihrer Würdenträger Hoffnungen auf den kaiserlichen Purpur machte.

Als eine ihrer ersten Regierungshandlungen holte Irene den Mönch und Gelehrten Theodor Studites, den Konstantin wegen der Kritik an seiner zweiten Ehe mit anderen Mönchen verbannt hatte, zurück und

404 Nikeph. hist. 28.
405 Theophan. Conf. AM 6290.

ernannte ihn zum Abt des Studionklosters in Konstantinopel, das später als eines der wichtigsten Klöster im Byzantinischen Reich galt. Den Priester, der seinerzeit ihren Sohn mit Theodote vermählt hatte, ließ sie seines Amtes entheben und exkommunizieren.[406] Die Ehe selbst wurde jedoch nicht annulliert. Wahrscheinlich suchte die Kaiserin einen innenpolitischen Konsens, und mit einer Annullierung hätte sie nur unnötigerweise die Brüder Theodotes gegen sich aufgebracht. Außenpolitisch agierte Irene vorsichtig, da sie so kurz nach der Übernahme der Herrschaft keinesfalls eine militärische Niederlage riskieren wollte. Von den Bulgaren erkaufte sie den Frieden, und mit dem Kalifat pflegte sie diplomatische Beziehungen. Besonders intensiv gestalteten sich die Kontakte zum fränkischen Hof, wenngleich die Initiative einseitig von Irene ausging. Karl der Große war der aufsteigende Stern dieser Zeit. Militärisch war gegen ihn nichts auszurichten. Und dem aufmerksamen Beobachter wird auch in Konstantinopel nicht verborgen geblieben sein, dass Karl nach einer höheren Würde strebte, zumal er ohnehin schon mit kaiserlichem Selbstbewusstsein herrschte. Glaubt man den fränkischen Quellen, dann war der Spruch »der Franke soll dein Freund, nicht aber dein Nachbar sein« in Byzanz ein geflügeltes Wort.[407] Schadensbegrenzung und Erhaltung der byzantinischen Besitzungen in Italien war das Motto der Stunde. Zudem wurde das Kaisertum Irenes im Fränkischen Reich ohnehin nicht uneingeschränkt anerkannt. Einige waren zweifellos der Meinung, dass mit der Herrschaft einer Frau das römische Kaisertum erloschen sei.[408] Irene zeigte sich in dieser Situation als äußert geschickte Diplomatin und versuchte, den Wünschen Karls entgegenzukommen. Durch eine Gesandtschaft bot sie dem König der Franken das Kaisertum über den Westen an.[409] Das war ein kluger Schachzug, denn dadurch hätte sie Karl zum Mitkaiser erhoben, während Irene weiterhin die Hauptkaiserin geblieben wäre. Dieser Vorschlag war für Karl indes unakzeptabel, da er nicht vorhatte, nur ein Kaiser von Irenes Gnaden zu sein. Im Jahr 799 erschien eine weitere byzantinische Gesandtschaft in Paderborn, wo ebenfalls Papst Leo III. anwesend war, den eine Adelsoppo-

---

406 Theod. Stud. epist. I 30.

407 Einh. vita Karoli 16.

408 Vgl. Ann. Laures. 801 sowie Lilie, Byzanz unter Eirene, S. 209, Anm. 183; Fried, Papst Leo, S. 313 f. Karl hingegen hatte das Kaisertum Irenes anerkannt, die im diplomatischen Verkehr als *imperatrix* tituliert wurde, vgl. Ann. reg. Franc. 798; 802; zur Problematik vgl. Ohnsorge, Kaisertum.

409 Köln, Dombibliothek 83II, 14v, vgl. Löwe, Kölner Notiz; zur Forschungsdiskussion vgl. Fried, Papst Leo, S. 308 f., Anm. 88–90, zur Interpretation Speck, Konstantin, S. 329–331; Lilie, Byzanz unter Eirene, S. 205–210.

sition aus Rom vertrieben hatte. Aus den Quellen erfahren wir nichts darüber, ob der Karolinger mit dem flüchtigen und diskreditierten Papst oder mit den byzantinischen Gesandten über die Kaiserkrönung verhandelte. Vermutlich war beides nicht der Fall. Jedoch machte sich Karl die Notlage des Papstes zunutze. Als er im November des Jahres 800 Rom erreichte, empfing ihn der Papst gemäß der altrömischen Adventuszeremonie bereits wie einen Kaiser. Bekanntermaßen wurde Karl dann am Weihnachtsfest von Leo III. in St. Peter zum Kaiser gekrönt und anschließend vom römischen Volk durch dreimalige Akklamation zum Kaiser ausgerufen.[410]

Aus Konstantinopel war bei der Krönung niemand zugegen. Man musste das Ereignis als Affront und Usurpation auffassen. Einstweilen ging man zur Tagesordnung über und ignorierte, was nicht verhindert werden konnte. Dennoch war Irene weiterhin an guten Beziehungen zum »Kaiser der Franken« interessiert. So reiste eine weitere Delegation ins Frankenreich, die vermutlich über die Anerkennung der Kaiserwürde des Karolingers verhandeln sollte. Irene sah sich in der Zwischenzeit jedoch mit ganz anderen Problemen konfrontiert. Sie litt an zunehmenden gesundheitlichen Problemen. Als sie im Mai 799 schwer erkrankte, entbrannte ein Machtkampf zwischen Staurakios und Aetios, ihren beiden wichtigsten Ministern.[411] Auslöser war die Frage nach der Thronfolge, denn falls Irene sterben sollte, gab es keinen Thronerben. Offenbar beabsichtigten beide, einen ihrer Verwandten auf den Thron zu bringen. Aetios wird es auch darum gegangen sein, seinen Konkurrenten Staurakios, den langjährigen und einflussreichen Vertrauten Irenes, zu verdrängen. Anscheinend suchte Staurakios in den Garderegimentern bereits nach Verbündeten, um Aetios zu beseitigen. Der Zufall kam Aetios zu Hilfe. Staurakios erlitt eine Herzattacke und starb im Juni 800. Übrig blieb Aetios als der starke Mann hinter der gesundheitlich angeschlagenen Irene, der nun die Nachfolgefrage zugunsten seiner Familie entscheiden wollte. Vermutlich dachte er dabei an seinen Bruder.[412] Als oberster Minister bewies er durchaus Tatkraft. Als ein neuer Angriff der Araber drohte, übernahm er selbst das Oberkommando im Osten. Gegen die Bulgaren stellte er seinen Bruder als Befehlshaber von Thrakien und Makedonien auf.[413] Damit

410 Vgl. RI I, Nr. 370c.
411 Theophan. Conf. AM 6290.
412 Zu Leon, dem Bruder des Aetios, vgl. auch Zon. XV 13.
413 Theophan. Conf. AM 6294.

hatte er ganz nebenbei das gesamte Militär unter seiner Kontrolle. Der Kommandant der kaiserlichen Leibgarde, ein Mann namens Niketas Triphyllios, schien sein ergebener Gefolgsmann zu sein, da dieser schon gegen Staurakios auf seiner Seite stand. Aetios, der glaubte, in Konstantinopel fest im Sattel zu sitzen, kämpfte gegen die Araber im Osten mit anfänglichem Erfolg, musste aber im folgenden Jahr eine Niederlage hinnehmen.[414]

Während seiner Abwesenheit überstürzten sich die Ereignisse in Konstantinopel. Offenbar hatte sich schon seit längerem eine Opposition gegen Aetios und seine Nachfolgepläne zusammengebraut. An ihrer Spitze standen der Finanzminister (*logothetes tou genikou*) Nikephoros – nicht zu verwechseln mit dem gleichnamigen Bruder Konstantins V. – und der obengenannte Niketas, der Kommandant der Leibgarde, in dem sich Aetios gründlich getäuscht hatte. Ihre Absicht war es, die Nachfolgefrage endgültig zu klären. Und so richtete sich die Verschwörung letztlich nicht gegen Aetios, sondern gegen die Kaiserin. Die Lage verschlimmerte sich, als im Herbst 802 eine fränkische Gesandtschaft in Konstantinopel erschien. Gerüchte wurden laut, Karl habe Irene eine Heirat vorgeschlagen, um das östliche mit dem westlichen Kaisertum zu vereinigen.[415] Das war zwar Unsinn – der Karolinger war fast schon ein Greis und Irene um die 50 Jahre alt –, doch scheint das Gerücht allenthalben geglaubt worden zu sein. Das berührte erneut die Frage um die Nachfolge, und die Vorstellung, ein Sohn des fränkischen »Barbaren« könnte dereinst in Konstantinopel auf dem Kaiserthron sitzen, musste den Byzantinern ein Gräuel sein. Die Niederlage des Aetios und dieses Gerücht lieferten den Verschwörern den nötigen Vorwand zum Losschlagen. Die Soldaten wurden mit der Lüge gewonnen, Irene selbst habe die Putschisten beauftragt, den Finanzminister Nikephoros, auf den sich die Verschwörer als neuen Herrscher geeinigt hatten, zum Kaiser zu erheben und Aetios mitsamt seinem Bruder auszuschalten. Nun ging alles ganz schnell. Während sich Irene im Eleutheriospalast aufhielt, besetzten die Putschisten kurzerhand den Eingang zum Kaiserpalast, die Chalke. Sodann eilten sie zum Eleutheriospalast. Dort nahm man Irene fest und brachte sie in den Kaiserpalast. Am folgenden Tag wurde der Finanzminister als Nikephoros I. zum Kaiser ausgerufen und in der Hagia Sophia gekrönt.[416]

414 Mich. Syr. III 12.
415 Theophan. Conf. AM 6293, vgl. Lilie, Byzanz unter Eirene, S. 210 f.; Fried, Papst Leo, S. 314 f.; für den Wahrheitsgehalt der Nachricht wird in RI I, Nr. 380b, plädiert.
416 Theophan. Conf. AM 6295.

Abb. 29 Byzantinisches Krönungsritual, Schilderhebung von Kaiser Michael I., Codex Skylitzes Matritensis, Bibliteca Nacional de Madrid

Damit war Irene zum zweiten Mal abgesetzt. Kein Schwert erhob sich in der Hauptstadt für sie. Der Regierungswechsel erfolgte reibungslos. Anscheinend war man froh, die Kaiserin los zu sein, die in den letzten Jahren wenig glücklich regiert und die Staatsgeschäfte weitgehend ihren zerstrittenen Ministern überlassen hatte. Aetios kam übrigens ungeschoren davon. Er verlor lediglich seine Ämter und das Kommando im Krieg gegen die Araber. Seine Ehrentitel durfte er behalten.[417] Ebenso milde verfuhr Nikephoros mit der Exkaiserin. Sie soll darum gebeten haben, im Eleutheriospalast bleiben zu dürfen, was ihr Nikephoros auch zugesagt habe. Trotzdem war ein Verbleib der entmachteten Herrscherin in Konstantinopel zu riskant. Im November verbannte man sie auf die Insel Lesbos. Dort starb die Exkaiserin am 9. August 803, wohl infolge jener Krankheit, an der sie schon seit längerem gelitten hatte. Ihre letzte Ruhestätte fand Irene in der Apostelkirche in Konstantinopel, der Begräbnis-

417 Vgl. Lilie, Byzanz unter Eirene, S. 108.

stätte der byzantinischen Kaiser.[418] Ihre Regentschaft an der Seite ihres Sohnes glänzte durch die geschickte Beilegung des byzantinischen Bilderstreits. Hier zeigte sich Irene als starke Herrscherin, während ihre Alleinherrschaft unter den Streitigkeiten ihrer Günstlinge litt, was aber ihrer Erkrankung geschuldet sein wird. Zudem war man angesichts leerer Kassen wahrscheinlich mit ihrer Finanzpolitik unzufrieden – die Verschwörung bildete sich ja ausgerechnet um den Finanzminister, der nach seiner Machtergreifung eine umfassende Finanzreform durchführte.[419] Unmut erregte wohl auch die Verhandlungspolitik mit den Franken, da den Byzantinern die Kaiserkrönung Karls des Großen nicht nur als Affront, sondern als regelrechte Usurpation galt. Irene genoss bei ihren Zeitgenossen den Ruf großer Frömmigkeit, dennoch schreckte sie nicht davor zurück, den eigenen Sohn blenden zu lassen. Wollte sie nur zurück an die Macht, oder lag ihr das Staatswohl am Herzen, das sie durch ihren Sohn gefährdet sah? Vermutlich standen die beiden allmächtigen Berater Staurakios und Aetios als Hauptinitiatoren hinter der Absetzung Konstantins. Dennoch mutet es aus unserer heutigen Sicht höchst befremdlich an, dass Irene dabei die Staatsräson über das Wohl ihres Sohnes stellte.

418 Konst. de cerim. II 42.
419 Vgl. Theophan. Conf. AM 6302.

JUDITH

Nikephoros I. gab zunächst den moderaten Kurs Irenes auf und setzte auf militärische Konfrontation. Für ihn war die Kaiserkrönung des fränkischen Königs ein Kriegsgrund. Zwei byzantinische Niederlagen auf den Schlachtfeldern Italiens später war auch er zu Verhandlungen bereit, die aber nicht mehr zum Abschluss kamen, da Nikephoros im Sommer 811 im Kampf gegen die Bulgaren fiel. Erst unter seinem Nachfolger Michael I. kam es im Oktober 812 in Aachen zu einem Friedensabkommen. Karl verpflichtete sich, die von ihm zwischenzeitlich eroberten byzantinischen Territorien – darunter Venedig – wieder zurückzugeben. Als Gegenleistung musste Michael die Kaiserwürde des Franken anerkennen.[420] In Konstantinopel achtete man darauf, die ideologische imperiale Vormachtstellung zu behalten. Michael I. nannte sich fortan *Basileus ton Rhomaion*, ›Kaiser der Römer‹, während der Westkaiser nur »Kaiser der Franken« war. Karl waren diese Feinheiten einerlei und überging sie in seinem Schriftverkehr mit dem Hof in Konstantinopel geflissentlich.[421] In machtpolitischer Hinsicht spielte die Anerkennung durch Byzanz für Karl kaum eine Rolle, und eine zu enge Anbindung an Rom, d. h. an die »Römer«, war ohnehin nicht in seinem Sinne.

Gedanken um den Erhalt der Reichseinheit machte er sich ebenfalls keine. Seiner Nachfolgeordnung vom Februar 806, der *divisio regnorum*, zufolge sollte das Reich unter seinen Söhnen Pippin, Karl und Ludwig, später »der Fromme« genannt, aufgeteilt werden.[422] Pippin wurde dabei Italien und Bayern, Karl die fränkischen Kernländer und Ludwig Aquitanien, die Provence sowie Burgund zugesprochen. Diese Art der Nachfolgeregelung war im fränkischen Reich durchaus üblich. Daran krankte schon das Merowingerreich, das fast regelmäßig in mehrere Teilherrschaften zersplittert war. Und schon Karl Martell

---

420 Vgl. RI I, Nr. 450b.
421 Vgl. MGH Epp. 4, S. 546, Nr. 32.
422 MGH Capit. 1, S. 126, Nr. 45.

hatte das Reich unter seinen drei Söhnen aufgeteilt, ebenso wie Pippin, der Vater Karls des Großen, unter seinen beiden Erben. Das Reich der Karolinger verdankte seinen Aufstieg mitunter dem »glücklichen« Umstand, dass von den potentiellen Nachfolgern Karl Martells einer bald starb und ein zweiter schnell ausgeschaltet werden konnte. Karlmann, der Bruder Karls des Großen, verstarb ebenfalls nach kurzer Regierungszeit. So blieb die Reichseinheit erhalten. Ein solcher Zufall kam auch Ludwig zustatten. Noch zu Lebzeiten des Vaters verschieden Karl und Pippin. Ludwig blieb somit eigentlich als einziger Erbe übrig, doch Karl der Große zögerte zunächst, ihn als Nachfolger anzuerkennen. Mächtige Hofkreise scheinen ihre Hoffnungen vielmehr auf Bernhard, den Sohn des verstorbenen Pippin, gesetzt zu haben, der dessen Nachfolger in Italien wurde. Bernhards wichtigster Berater war ein Herr namens Wala, der spätere Abt von Corbie im Nordosten Frankreichs.[423] Somit stand Ludwig dem Frommen bereits vor seinem Regierungsantritt eine Opposition mächtiger Adeliger gegenüber. Schließlich ließ Karl der Große seinen Sohn endlich aus Aquitanien kommen und krönte ihn selbst – nach byzantinischem Vorbild und ohne Mitwirkung des Papstes – am 11. September 813 in Aachen im Rahmen einer eigens einberufenen Reichsversammlung zum Mitkaiser. Allerdings hatte Ludwig seinen eigenen Beraterstab aus Aquitanien mitgebracht, und als im Jahr 814 Karl der Große starb und Ludwig die Nachfolge antrat, wurden dadurch die alten Machteliten aus ihren bisherigen Hofämtern verdrängt.[424] Diese Adelsfamilien waren aber weit davon entfernt, sich damit abzufinden, und betrachteten anscheinend weiterhin Bernhard von Italien als Alternative zu Ludwig.[425]

Angeblich sei es ein Unfall gewesen, den Ludwig mit knapper Not überlebte und der ihn bewogen haben soll, seinerseits die Nachfolge zu regeln. Vielleicht verbarg sich dahinter aber auch ein Plan zur Ausschaltung Bernhards von Italien. Auf einem Reichstag in Aachen verkündete Ludwig im Juli 817 mit Zustimmung des Adels und der Kirche seine Nachfolgeordnung, die *ordinatio imperii*, die sich ganz wesentlich von den bisherigen Erbfolgeregelungen im fränkischen Reich unterschied.[426] Denn anders als sein Vater betonte Ludwig die Idee von einem universellen Kaisertum. Sein ältester Sohn Lothar sollte der Haupterbe sein und wurde auf der Reichsversammlung zum

423 Vgl. Schieffer, Karolinger, S. 108–111; Koch, Kaiserin Judith, S. 19.
424 Vgl. Boshof, Ludwig, S. 105.
425 Vgl. Schieffer, Karolinger, S. 118.
426 MGH Capit. 1, S. 270, Nr. 136; der eigentliche Titel lautet *Divisio imperii.*

Mitkaiser erhoben – wiederum nach byzantinischer Tradition und ohne die Beteiligung des Papstes. Von den beiden jüngeren Söhnen erhielt Ludwig, von der späteren Geschichtsschreibung »der Deutsche« genannt,[427] Bayern und Pippin Aquitanien. Das waren im Vergleich zu den üblichen fränkischen Erbschaftsteilungen relativ kleine Herrschaftsgebiete, wodurch die Reichseinheit erhalten blieb. Den jüngeren Brüdern wurde der Königstitel verliehen, beide unterstanden aber weiterhin der Oberherrschaft Lothars. Besonders die führenden Kirchenmänner begrüßten diese Nachfolgeordnung, war ihnen doch die politische Einheit des Reiches gleichbedeutend mit der Einheit der Kirche. Die weltliche Ordnung erhielt dadurch eine spirituelle Bedeutung.[428] So wurde beispielsweise Agobard, der Erzbischof von Lyon – ein Name, den wir uns merken müssen – zu einem der eifrigsten Befürworter und Verteidiger der *ordinatio imperii*.[429] Ganz übergangen wurde dabei allerdings Ludwigs Neffe, Bernhard von Italien.

Dieser reagierte kurze Zeit später mit einer Rebellion, die jedoch nicht besonders gefährliche Ausmaße annahm. Schon bald unterwarf er sich reumütig seinem Onkel. Ludwig bestrafte ihn mit aller Härte. Bernhard wurde vor Gericht gestellt und zum Tode verurteilt. Aus »christlicher Nächstenliebe« wandelte der fromme Kaiser das Urteil in Blendung um, d. h., dem Neffen wurden die Augen ausgestochen. Auch hier folgte Ludwig den Gepflogenheiten in Konstantinopel, die wir schon im vorherigen Kapitel zur Genüge kennenlernen durften. Dummerweise überlebte Bernhard die brutale Prozedur nicht. Die Zeitgenossen empfanden den schmählichen Tod eines Enkels von Karl dem Großen als skandalös, und so verwundert es nicht, dass nun ein Teil der alten fränkischen Machteliten erst recht in stiller Opposition zu Ludwig stand.[430] Es war für ihn dringend an der Zeit, sich Unterstützung innerhalb des fränkischen Adels zu suchen. Wie wir bereits gesehen haben, waren Heiratsbande dafür ein beliebtes Mittel jener Zeit. Eine Gelegenheit ergab sich durch einen Unglücksfall im persönlichen Umfeld Ludwigs. Im Oktober 818 starb Irmingard, seine erste Gemahlin. Der Kaiser habe sich so sehr über den Tod seiner geliebten Gattin gegrämt, dass ihm seine Ratgeber

427 Fälschlicherweise, denn Zeitgenossen nannten ihn *rex Germaniae* oder *rex Germanorum*, was aber nicht gleichbedeutend ist. Dennoch wurde zur besseren Unterscheidung dieser Beiname – samt der heute üblichen Nummerierung – hier beibehalten.
428 Vgl. Boshof, Ludwig, S. 132 f.
429 Vgl. Boshof, Einheitsidee, S. 180.
430 Vgl. Koch, Kaiserin Judith, S. 24 f.

dringend zu einer neuen Ehe geraten hätten.[431] Wahrscheinlich sahen die Berater aber vor allem die Möglichkeit, nun neue verwandtschaftliche Verbindungen zu knüpfen. Doch wie sucht man protokollgerecht nach einer neuen Kaiserin? Das war für den fränkischen Kaiserhof eine völlig neue Herausforderung. Es schien geraten, auch hier einen Blick ins imperiale Konstantinopel zu werfen und sich am byzantinischen Hofzeremoniell zu orientieren. Es wurde schon erwähnt, dass Irene die erste und ungeliebte Gattin ihres Sohnes bei einer Brautschau ausgewählt haben soll. Ebenso veranstaltete Nikephoros I. für seinen Sohn im Jahr 807 eine solche formelle Schönheitskonkurrenz – formell deshalb, weil die Braut schon im Vornherein feststand.[432] Nikephoros verheiratete seinen Sohn mit einer Nichte der verstorbenen Kaiserin Irene, um so seine Herrschaft mit einer Verbindung zur syrischen Dynastie zu legitimieren.

So kam es schon drei Monate nach dem Tod Irmingards auf einem Reichstag in Aachen zu einer Art Schönheitswettbewerb. Den Quellen zufolge musterte der Kaiser die Töchter der Großen seines Reiches und erwählte sich Judith, das schönste Mädchen von allen, zur Braut.[433] Natürlich ist diese Geschichte zu märchenhaft, um wirklich wahr zu sein. Wie am byzantinischen Hof, so oblag auch in Aachen die Wahl der zukünftigen Kaiserin nicht dem zufälligen Resultat einer Brautschau. Hier wie dort bildete diese nur den zeremoniellen Rahmen, die Braut des Kaisers der Öffentlichkeit zu präsentieren. In Wahrheit standen hinter der Entscheidung handfeste politische Gründe. Judith war die Tochter des Grafen Welf, eines Angehörigen des Adelshauses der Welfen, deren impulsive neuzeitliche Nachfahren bekanntermaßen auch heute noch für Schlagzeilen in der Boulevardpresse gut sind. Die Familie spielte in der bisherigen Regierungszeit Ludwigs keine wichtige Rolle. Der Graf tritt in den Quellen anlässlich der Hochzeit seiner Tochter erstmals in Erscheinung.[434] Soweit sich dies nachvollziehen lässt, verfügte Judiths Familie über weitreichende verwandtschaftliche Beziehungen, vor allem in der Osthälfte des Reiches. Darüber hinaus war Judith möglicherweise durch ihre Mutter, die einem sächsischen Adelsclan entstammte, mit dem obengenannten Wala von Corbie verwandt.[435]

---

431 Astronomus 32.
432 Theophan. Conf. AM 6300, vgl. Treadgold, Bride-Shows; ders., Historicity.
433 Ann. reg. Franc. 819; Astronomus 32.
434 Er wird auch bei Thegan 26 genannt.
435 Vgl. Koch, Kaiserin Judith, S. 27–31.

Abb. 30 Ludwig der Fromme als *miles Christi* in einem Figurengedicht des Rabanus Maurus um 831, Biblioteca Apostolica Vaticana, Rom

Die frühen Welfen der damaligen Zeit waren zwar keine besonders mächtige, aber eine recht weitverzweigte Adelssippe.[436] Letztlich war die Wahl Judiths ein schlauer Schachzug, da sich dadurch keiner

436 Vgl. Strömer, Süddeutsche Welfen, S. 62.

der Großen des Reiches benachteiligt fühlen musste, wie dies der Fall gewesen wäre, wenn der Kaiser sich eine Braut aus hochadeligem Hause erwählt hätte. Dennoch sicherte sich Ludwig dadurch die Unterstützung eines fränkischen Adelsverbandes mit Schwerpunkt in der östlichen Reichshälfte und erreichte zudem wohl auch eine Aussöhnung mit seinen bisherigen Gegnern, wie etwa mit Wala von Corbie, dem einstigen Berater des verschiedenen Bernhard von Italien.

Wir wissen nicht, wie alt Judith war, als sie in Aachen zur Brautschau antreten durfte. Aus dem vorgeschriebenen Mindestalter für die Ehefähigkeit von Frauen, es lag auch im Frankenreich beim zwölften Lebensjahr, ist zu schließen, dass sie vor dem Jahr 807 geboren sein muss. Da man ihr später vermeintlich infantiles Verhalten – jedenfalls aus der Sicht gestrenger Geistlicher – zum Vorwurf machte, wobei auch Bischöfe als Teilnehmer »kindischer Spiele« fungieren mussten, wird sie noch recht jung gewesen sein.[437] Die Hochzeit, von der verglichen zur Brautschau nicht explizit berichtet wird, fand wohl kurze Zeit später statt. Unklar ist, ob Judith dabei zur Kaiserin gekrönt wurde. Das wäre nach germanischen Gepflogenheiten – wie das Beispiel Ageltrudes uns zeigte – ohnehin nicht nötig gewesen. Als rechtmäßige Gemahlin des Kaisers teilte sie gleichzeitig dessen kaiserliche Würde. Da man sich aber am fränkischen Hof jener Tage stark am byzantinischen Zeremoniell orientierte, dürfte auch zur Hochzeit Judiths eine formelle Krönung gehört haben, wie dies in Konstantinopel üblich war. In einer Quelle heißt es, dass sie durch Akklamation zur Kaiserin ausgerufen und gekrönt worden sei,[438] doch wird dort nicht gesagt, wann genau dieser Erhebungsakt stattfand. In Hofkreisen war man außerordentlich entzückt von der jungen und schönen Kaiserin. Die Hofdichter überschlugen sich geradezu, ihre Grazie, Anmut und Schönheit und ihren Liebreiz in den höchsten Tönen zu preisen.[439] Hervorgehoben wurden ebenso die geistigen Vorzüge Judiths. Sie sei »mit den Blumen der Weisheit bestens ausgestattet« gewesen.[440] Allein schon mit ihrer Klugheit habe sie über einen Großteil ihrer Feinde gesiegt.[441] Man rühmte ihren Verstand und ihre Gelehrsamkeit.[442] Der Hofdichtung zufolge war

437 Agobard lib. apol. I 5.
438 Ann. Mett. 830.
439 Ermold. in hon. IV 361; 473; 523; 543; Frechulf epp. var. 14; Walahf. carm. 23,177, vgl. Thegan 26; Ann. Mett. 830.
440 Ann. Mett. 830.
441 Hrabanus epp. 17a.
442 Frechulf epp. var. 14.

sie von vortrefflichem Charakter und die »Geliebte des Lichts«.[443] Es wurde auch behauptet, Judith sei musikalisch sehr begabt gewesen und habe Orgel gespielt – ein für ihre Zeit außergewöhnliches Talent.[444] Zweifellos haben wir es hier mit höfischer Lobdichtung zu tun, die in lobrednerischer Absicht und nicht frei von Hintergedanken verfasst wurde. Hervorragende Schönheit bescheinigen Judith aber – freilich im negativen Sinne – auch ihre späteren Gegner, wie der obengenannte Agobard von Lyon, der beispielsweise behauptet, dass Ludwig sie vor allem wegen ihres hübschen Erscheinungsbildes geliebt habe.[445] Aus alldem können wir schließen, dass Judith eine schöne, intelligente und sowohl literarisch als auch musisch gebildete junge Frau war.

Mag das alles recht romantisch klingen, so wurde der Alltag der schönen Kaiserin gewiss bald schon von der täglichen Hofroutine eingeholt. Wie wir bereits bei Ageltrude sahen, hatte die Gattin des Herrschers bestimmte Aufgaben wahrzunehmen und ihn bei der Erledigung der Regierungsgeschäfte zu unterstützen, wodurch Judith beträchtlichen Einfluss ausüben konnte. Außerdem tangierte die zweite Ehe des Kaisers eine ganz wesentliche Sache, nämlich die von den Anhängern des universellen Kaisertums gefeierte und hochgelobte Herrschaftsteilung aus dem Jahr 817. Bereits bei der Eheschließung war es vorherzusehen, dass die junge Braut mit einiger Sicherheit erbberechtigte Kinder bekommen würde. Falls darunter Söhne sein sollten, so war völlig ungeklärt, wie diese in die Nachfolgeordnung eingefügt werden sollten. Zunächst stellte sich diese Frage noch nicht. Die *ordinatio imperii* wurde auf den folgenden Reichstagen nochmals durch Eid bekräftigt. Gegenüber dem fränkischen Adel ging Ludwig weiterhin auf Versöhnungskurs. Da einige wegen des harten Vorgehens gegen Bernhard von Italien immer noch verstimmt waren, unterwarf sich Ludwig in Attigny einer öffentlichen Kirchenbuße.[446] Um Konsens bemüht baute er durch Heiratspolitik seine Verbindungen zu den wichtigen Familien weiter aus. Sein nomineller Mitkaiser Lothar wurde mit der Tochter Hugos von Tours verheiratet. Dieser stammte aus dem mächtigen Adelsgeschlecht der Etichonen und stieg mit seinem Bruder Matfried von Orléans alsbald zur beherrschenden Figur am Hof auf. Lothar wurde

443 Walahf. carm. 23, 203–205; 23a, 13.
444 Walahf. carm. 23, 197 f.; Hrabanus ad lud. 18 f.
445 Agobard lib. apol. I 5.
446 Boshof, Einheitsidee, S. 181; Koch, Kaiserin Judith, S. 25.

nun auch Regierungsverantwortung übertragen. Er agierte fortan als Stellvertreter Ludwigs in Italien. Am Osterfest des Jahres 823 bestätigte der Papst dessen Kaiserwürde, indem er ihn nach Rom einlud und dort nochmals salbte und krönte.[447] Zur selben Zeit vollzog sich ein Wechsel im Beraterkreis Ludwigs. Bereits im Jahr 821 war Benedikt von Aniane, der langjährige Ratgeber des Kaisers und Hauptvertreter der kirchlichen Reformbewegung, gestorben. Neben den beiden Etichonen Hugo und Matfried spielte jetzt auch Wala von Corbie eine wichtige Rolle. Ebenso gewann die Familie Judiths durch die Kaisernähe an Bedeutung. So wurde Judiths Mutter nach dem Tod ihres Vaters, des Grafen Welf, Äbtissin der reichen Abtei von Chelles.[448] Die Brüder Judiths dürften am Hof ebenfalls über einen gewissen Einfluss verfügt haben.[449]

Judith blieb bis dahin weitgehend im Hintergrund. Dies änderte sich jedoch, als die Kaiserin, die zuvor schon eine Tochter namens Gisela geboren hatte, am 13. Juni 823 in der neu errichteten Pfalz zu Frankfurt den Sohn Karl zur Welt brachte, den man später »den Kahlen« nannte. Damit trat die Situation ein, die von den älteren Söhnen Ludwigs und den Befürwortern der Herrschaftsordnung von 817 insgeheim befürchtet worden war. Von jetzt an sorgte sich Judith um eine angemessene Erbausstattung für ihren Sohn. Sie begann, politische Kontakte zu knüpfen. So übersandte sie dem angesehenen Erzbischof Ebo von Reims, der das Vertrauen Ludwigs genoss, einen kostbaren Ring. Natürlich beabsichtigte die Kaiserin damit nicht, den ehrwürdigen Erzbischof schlicht mit einem teuren Schmuckstück zu bestechen. Vielmehr sollte das Kleinod als Symbol wechselseitiger Unterstützung dienen. Sie schrieb ihm, dass er ihr, falls er einmal in Not sei, den Ring zurückschicken solle.[450] Ob die Allianz mit dem Erzbischof erfolgreich war, werden die späteren Ereignisse zeigen. Zumindest war er mit Ludwig seit langem eng befreundet – sie waren Milchbrüder, d. h., beide hatten dieselbe Amme. Daneben war Judith an einem guten Einvernehmen mit dem Mitkaiser Lothar interessiert. Wahrscheinlich auf ihre Bitte hin übernahm er die Taufpatenschaft für seinen Stiefbruder.[451] Ludwig habe sich bereits bei der Geburt Karls Sorgen um einen Erbteil für seinen

447 Vgl. Schieffer, Karolinger, S. 121–126.
448 Vgl. Schneidmüller, Welfen, S. 43; 46.
449 Vgl. Fleckenstein, Über die Herkunft, S. 119
450 Karl II. epp. 5.
451 Astronomus 60, vgl. Nithard II 1–3.

jüngsten Sohn gemacht. Er soll zu dieser Sache seine älteren Söhne befragt haben. Daraufhin habe Lothar unter Eid versprochen – vielleicht anlässlich der Taufe Karls –, dass er dessen Verteidiger sein wolle. Lothar sei damit einverstanden gewesen, dass Karl ein Gebiet aus seinem Reichsteil übertragen werde.[452] Um sich überdies den kaiserlichen Berater Wala von Corbie geneigt zu machen, veranlasste Judith eine Schenkung an das Kloster von Corvey, das von diesem gegründet worden war. Das war überhaupt das geeignete Mittel zur Gewinnung weiterer Verbündeter. Seit der Geburt Karls trat Judith verstärkt als Fürsprecherin zugunsten bewährter Gefolgsleute in Erscheinung.[453] Und schließlich beeinflusste sie die weitere Heiratspolitik des Kaiserhauses. Einer ihrer Brüder wurde ebenfalls mit einer Tochter des Grafen Hugo von Tours und ihr Stiefsohn Ludwig der Deutsche mit ihrer Schwester verheiratet.[454]

Seinen ersten großen Auftritt, bei dem er den Quellen zufolge den Würdenträgern des Hofes die Show stahl, hatte Karl im Alter von drei Jahren bei der Taufe des dänischen Königs Harald in Mainz. Dort durfte er im Festzug vor dem Kaiser hergehen.[455] Bei der anschließenden Jagd, die bei einem festlichen Ereignis am Hof selbstredend dazugehörte, habe der Dreijährige seinem Vater nacheifern und selbst ein Wild erlegen wollen. Judith und ein anwesender Erzieher sollen das natürlich sogleich untersagt haben. Um den kleinen Prinz dennoch zufrieden zu stellen, sei schnell ein gefangenes Tier im Käfig herbeigeschafft worden, das der aufgeweckte Karl sodann mit einer eigenen Miniaturwaffe erlegt habe.[456] Wir wissen nicht, ob es sich wirklich so zugetragen hat, oder ob nicht der Dichter, der uns davon berichtet, hauptsächlich durch den Jagdeifer Karls dessen spätere Befähigung zum Herrscher herausstellen wollte. Aber, wie aus der Schilderung abgeleitet werden kann, kümmerte sich Judith selbst um die Erziehung ihres Sohnes. Der Sonnenschein vermeintlicher Eintracht am Kaiserhof wurde alsbald von dunklen Wolken verdüstert. Denn Ludwig entzweite sich mit seinen beiden mächtigen Günstlingen, den Etichonen Hugo von Tours und Matfried von Orléans. Verantwortlich dafür war zum einen die berüchtigte Bestechlichkeit Matfrieds, dem auch der Erzbischof Agobard

452 Nithard I 3, vgl. Boshof, Ludwig, S. 159.
453 Vgl. Koch, Kaiserin Judith, S. 69–70; 76.
454 Vgl. Koch, Kaiserin Judith, S. 50; 82.
455 Ermold. in hon. IV 357 f.
456 Ermold. in hon. IV 523–530.

Korruption vorwarf.[457] Zum anderen hatte Matfried offenbar eine enge Beziehung zu Lothar, der ja sein Schwiegersohn war. Hugo und Matfried sollen den ältesten Sohn des Kaisers gegen den jungen Karl aufgehetzt und dessen zukünftige Ausstattung hintertrieben haben. Das hatte seinen Grund. Im Gespräch waren wohl schon damals für den Sohn Judiths Gebiete im heutigen Elsass. Aber eben dort lagen die Erbgüter der beiden Etichonen.[458] Sie überredeten deshalb Lothar, sein einst gegebenes Versprechen, er wolle seinem Halbbruder Karl ein Gebiet aus seinem Reichsteil überlassen, rückgängig zu machen. Von nun an stand Lothar in stiller Opposition zu seinem Vater.[459]

Judith entgingen diese Vorgänge keineswegs. Sie beobachtete misstrauisch das Treiben der beiden Etichonen und war eisern entschlossen, die Interessen ihres Sohnes zu wahren. Wahrscheinlich ist ihrem Einfluss der endgültige Bruch Ludwigs mit Hugo und Matfried zuzuschreiben. Der willkommene Auslöser für die Entfernung der beiden Brüder war jedoch ihr militärisches Versagen. Im Jahr 827 waren die Sarazenen in die Spanische Mark eingefallen. Das war die von Karl dem Großen geschaffene Pufferzone südlich der Pyrenäen zwischen dem fränkischen Reich und dem islamischen Machtbereich in Spanien. Bernhard von Septimanien, der Graf von Barcelona und nicht zu verwechseln mit dem unglückseligen Bernhard von Italien, konnte den Einfall zurückschlagen. Er war allerdings auf sich allein gestellt, da das zu seiner Verstärkung ausgesandte Heer unter der Führung der beiden Etichonen Hugo und Matfried nur sehr zögerlich vorrückte und erst den Kriegsschauplatz erreichte, als die Sarazenen schon abgezogen waren.[460] Vielleicht gab es Spannungen zwischen den Etichonen und dem Grafen von Barcelona, weshalb der Vormarsch des Hauptheeres womöglich absichtlich verlangsamt worden war. Das lieferte jedenfalls den passenden Vorwand, die beiden Brüder loszuwerden. Im folgenden Jahr wurden sie auf einer Reichsversammlung in Aachen vor Gericht gestellt und für schuldig befunden. Als Strafe für ihr zögerliches Vorgehen gegen die Sarazenen verloren sie ihre Güter und all ihre Würden.[461] Mit dieser gemessen am Vergehen – falls man dies überhaupt so bezeichnen kann – überzogenen Strafe waren die Etichonen entmachtet, was zweifellos

457 Agobard epp. 10, vgl. Boshof, Ludwig, S. 155.
458 Vgl. Koch, Kaiserin Judith, S. 85.
459 Nithard I 3.
460 Ann. reg. Franc. 827; Astronomus 41.
461 Ann. reg. Franc. 828; Astronomus 42.

ganz im Sinne Judiths war. Damit entfernte man jedoch nicht nur zwei unliebsame Personen vom Hof, sondern man hatte sich mit einem Adelsclan verfeindet, der über mannigfaltige Beziehungen und Verbindungen zu anderen mächtigen Familien des Reiches verfügte. Ebenso dürfte es Lothar nicht gleichgültig gewesen sein, dass sein Schwiegervater all seiner Ehren entkleidet wurde. Der mühsam hergestellte Konsens mit den alten Machteliten schien nach diesen Ereignissen ernsthaft gefährdet.[462]

Das Fass zum Überlaufen brachte schließlich der Reichstag von Worms im Jahr 829, als der Kaiser seinem erst sechsjährigen Sohn Karl einen Reichsteil übergab und zwar nicht durch allgemeinen Beschluss, sondern durch kaiserlichen Befehl.[463] Dieser Erbteil Karls bestand aus Alemannien, dem Elsass und Teilen Burgunds.[464] Es handelte sich dabei um ein geschlossenes Gebiet, das direkt aus der Mitte von Lothars Reichsteil genommen wurde und diesen in zwei Hälften teilte. Es wird nicht überraschen, dass Lothar über diese Gebietszuteilung, die in seiner Gegenwart verkündet wurde, nicht gerade erfreut war. Alle drei älteren Söhne Ludwigs sollen darüber gleichermaßen erzürnt gewesen sein, zumal sie nun befürchteten, Ludwig der Fromme könnte Karl zum eigentlichen Nachfolger im Kaisertum machen.[465] Außerdem lagen im Elsass die Hauptbesitzungen der Etichonen, womit diese Gebietsübertragung nur durch den Sturz Matfrieds und Hugos möglich geworden war. Auf derselben Reichsversammlung ernannte der Kaiser Bernhard von Septimanien, der sich in Spanien ja glänzend bewährt hatte, zum Kämmerer und zum Erzieher des jungen Karl.[466] Es ist klar, dass Ludwig nach dem Sturz der Etichonen und der zunehmenden Opposition der alten Machteliten neuer Unterstützung bedurfte. Außerdem kursierten bereits in Worms Gerüchte über eine mögliche Verschwörung. Bernhard von Septimanien nahm so fortan am Hof eine Schlüsselposition ein, womit er den Hass der unzufriedenen Adeligen auf sich zog. Über Ludwigs Verfügungen auf dem Wormser Reichstag kam es kurz danach zum offenen Streit mit Lothar, dessen Territorium empfindlich geschmälert war und der am Hof nun Bernhard von Septimanien zum Konkurrenten hatte. Ludwig der Fromme sprach sein

462 Vgl. Boshof, Ludwig, S. 173; Schieffer, Karolinger, S. 126.
463 Nithard I 3.
464 Thegan 35.
465 Thegan 35; Ann. Mett. 830.
466 Astronomus 42; Nithard I 3; Ann. Fuld. 829.

kaiserliches und väterliches Machtwort und verwies Lothar nach Italien.[467] Die Rechte eines Mitkaisers wurden ihm ebenfalls entzogen.[468] Das löste unter den Klerikern eine Woge der Entrüstung aus, denn sie sahen in der Degradierung des Mitkaisers einen eklatanten Verstoß gegen die mehrfach eidlich bekräftigte *ordinatio imperii*. Im Text des Dokuments heißt es ausdrücklich, dass die Nachfolge Lothars im Kaisertum von Gott inspiriert sei. Der Erzbischof Agobard von Lyon wurde zum Sprecher der Kritiker. Er ermahnte den Kaiser eindringlich, sich an die einstige Nachfolgeordnung von 817 zu halten.[469] Auch Wala von Corbie scheint unbequem geworden zu sein. Er wurde ebenfalls kurz nach dem Wormser Reichstag in sein Kloster abgeschoben.

Nun haben wir inzwischen einen recht umfangreichen Personenkreis ehemaliger kaiserlicher Ratgeber, unzufriedener Adeliger und Kleriker, die vom Hof verdrängt worden waren oder sich in ihren Hoffnungen enttäuscht sahen. Diese Leute meinten auch, ganz genau zu wissen, wer an allem Schuld war: Bernhard von Septimanien und vor allem die Kaiserin Judith, sie sei die »Ursache allen Übels«.[470] Bernhard habe das Reich – wohlgemerkt angeblich in nur wenigen Monaten – völlig zugrunde gerichtet.[471] Darüber hinaus wusste man vom Hof gar Schändliches zu berichten. Die junge Kaiserin soll sich fröhlich und ungezwungen dem Ehebruch mit Bernhard hingegeben haben.[472] Ja, es wird auch behauptet, die Kaiserin habe sich gleich mehrere Liebhaber zugelegt, da Ludwig »jene der Ehefrau zukommende Schuldigkeit« nicht mehr erfüllt haben soll.[473] Natürlich kann der Vorwurf des Ehebruchs nicht beurteilt werden, der zu jeder Zeit ein politisches Totschlagargument ist. Gewiss standen Judith und Bernhard in seiner Funktion als Erzieher Karls und Kämmerer in engem Kontakt. Als Hauptaufgabe oblag der Kaiserin die kaiserliche Hofhaltung. Hier war sie dem Kämmerer direkt vorgesetzt, der neben der Verwaltung der Einkünfte auch für das höfische Vorratswesen und die Leitung des kaiserlichen Haushalts zuständig war. Daneben hatte Judith die Aufsicht über die Erziehung ihres Sohnes, weshalb hier ebenso ein intensiver Austausch mit dessen Erzieher notwen-

467 Ann. reg. Franc. 829.
468 Der Name Lothars als Mitregent findet sich ab diesem Zeitpunkt nicht mehr in den Kaiserurkunden.
469 Agobard epp. 15.
470 Agobard lib. apol. II 2.
471 Nithard I 3; Pasch. vita Wal. II 8–10.
472 Agobard lib. apol. I 2; Thegan 36; Astronomus 44; Pasch. vita Wal. II 8–10.
473 Agobard lib. apol. I 2.

dig war. Dass es also zu einer engen Zusammenarbeit mit Bernhard kommen musste, lag in der Natur der Sache. Höchstwahrscheinlich haben sich die beiden auch auf menschlicher Ebene gut verstanden, was genügen mochte, um den Verdacht des Ehebruchs aufkommen zu lassen. Dass Judith hier im Fokus der Kritik erscheint, belegt aber auf der anderen Seite ihre Machtstellung am Hof, die schon allein durch die emotionale Nähe zu ihrem Ehemann gegeben war. Hinzu kamen Judiths Bemühungen um den Erbteil ihres Sohnes Karl. Dahinter steckte nicht nur reine Mutterliebe, vielmehr war die zukünftige Ausstattung Karls gleichbedeutend mit Judiths eigener Alterssicherung. Zudem war der Kaiser jetzt von Leuten umgeben, die durch ihre Position – wie Bernhard von Septimanien – oder durch ihre verwandtschaftliche Beziehung zum engeren Umkreis Judiths gerechnet werden müssen. Die Verschwörer, die sich allmählich um Wala von Corbie zusammengerottet hatten, gaben vor, Ludwig den Frommen aus den Klauen seiner unzüchtigen Gattin Judith und des heimtückischen Kämmerers Bernhard retten zu wollen.[474]

Das Gewitter entlud sich, als Bernhard von Septimanien im Frühjahr 830 einen Feldzug gegen die Bretonen plante. Die Bevölkerung der Bretagne galt als recht aufrührerisch, weshalb dorthin häufig Strafexpeditionen unternommen werden mussten. Die Truppen sollten sich am 14. April versammeln. Das war Gründonnerstag und somit – direkt vor dem Osterfest – ein höchst ungünstiger Zeitpunkt. Außerdem waren die Wetterverhältnisse miserabel. Deshalb regte sich im Heer schon bald Unmut.[475] Die schlechte Stimmung machten sich die Verschwörer zunutze. An ihrer Seite erschienen – wen wird es wundern – die beiden Etichonen Hugo und Matfried wieder auf der Bildfläche. Die Rebellen erhoben nun öffentlich ihre Vorwürfe über die vermeintliche Schändlichkeit Judiths, die den Kaiser durch Zauberei seines Willens beraubt habe, und die angebliche Unverschämtheit Bernhards und brachten so die Soldaten auf ihre Seite. Man sandte Boten an Ludwigs Söhne Pippin in Aquitanien und Lothar in Italien und forderte sie auf, sich an der Erhebung zu beteiligen. Die Verschwörer stellten Pippin zudem eine Vergrößerung seines Herrschaftsgebietes in Aussicht.[476] Dieser war damit

474 Thegan 36; Astronomus 44; Nithard I 3; weshalb die Verschwörung in der Forschung fälschlicherweise auch als »loyale Palastrebellion« angesehen wird, vgl. Schieffer, Krise, S. 11–12; Boshof, Ludwig, S. 183–184.
475 Ann. Bert. 830.
476 Astronomus 44.

schnell überredet und vereinigte sein Heer mit den Aufständischen. Nachdem sich die Nachricht von der Rebellion verbreitet hatte, floh Bernhard von Septimanien umgehend nach Barcelona. Ludwig der Fromme zog den Aufrührern bis Compiègne entgegen. Zuvor hatte er Judith zur Sicherheit nach Laon in ein Kloster geschickt, doch konnte er nicht verhindern, dass die Verschwörer ihren Aufenthaltsort ausfindig machten und sie gefangen nahmen.[477] Mit Morddrohungen setzte man Judith solange unter Druck, bis sie schließlich darin einwilligte, Ludwig überreden zu wollen, die Herrschaft niederzulegen und Mönch zu werden. Sie musste außerdem versprechen, selbst ebenfalls ins Kloster zu gehen. Man entließ sie daraufhin unter Bewachung ins kaiserliche Lager. In einer geheimen Unterredung mit Ludwig seien beide darin übereingekommen, dass Judith, »um dem Tod zu entgehen«,[478] den Schleier der Nonne nehmen solle. Pippin ließ seine Stiefmutter in ein Kloster bei Poitiers bringen, das in seinem Herrschaftsbereich lag. Die Mönchstonsur erhielten ebenso Judiths Brüder.[479]

Ludwigs Niederlage war vollständig, als Lothar aus Italien mit überlegenen Streitkräften eintraf und sich an die Spitze der Aufständischen stellte. Der Kaiser war jetzt ein Gefangener seines Sohnes. Noch in Compiègne berief Lothar eine Reichsversammlung ein. Auf diesem Reichstag, der sich wohl hauptsächlich aus den bereits dort versammelten Rebellen zusammensetzte, übernahm Lothar wieder seine Position als gekrönter Kaiser und Mitregent. Anschließend hielt man Gericht über die Anhänger Ludwigs. Ein Bruder Bernhards wurde geblendet und ein Vetter ins Exil geschickt. Lothar verhinderte, dass seinem Vater etwas zugefügt wurde, doch war dieser »nur noch dem Namen nach Kaiser«.[480] Er wurde weiterhin in Haft gehalten. Immerhin war Lothar so fürsorglich, seinen Vater mit Mönchen zu umgeben, damit sich dieser beizeiten schon an das Mönchsleben gewöhnen könne.[481] Das alles fand im westlichen Teil des Reiches statt. Von dort stammte ein Großteil der Verschwörer, die hofften, mit der Beseitigung Judiths und Bernhards und der Entmachtung Ludwigs ihre alten Machtpositionen zurückzugewinnen. Manche wie Agobard von Lyon strebten wohl tatsächlich eine Wiederher-

---

477 Astronomus 44.
478 Astronomus 44.
479 Ann. Bert. 830; Thegan 36; Astronomus 44; Nithard I 3.
480 Astronomus 45.
481 Nithard I 3.

stellung der nach göttlichem Ratschluss erlassenen *ordinatio imperii* an. Einige mochten auch die Gerüchte geglaubt haben, die über Judith und Bernhard kursierten.

Ganz eindeutig aber hatten die Verschwörer Ludwig den Frommen unterschätzt. Die Mönche, die ihn ans Klosterleben gewöhnen sollten, machten mit ihm gemeinsame Sache und fungierten als Kontaktpersonen zu Ludwigs Anhängern im Osten des Reiches. Besonders diensteifrig erwies sich dabei ein Mönch namens Guntbald. Ohnedies keinen Anteil an der Rebellion hatte Ludwig der Deutsche. Ihm versprach sein Vater, seinen Reichsteil zu vergrößern, falls er ihn unterstützen würde. Dasselbe Versprechen machte er Pippin, der mit den Ergebnissen des Reichstags von Compiègne unzufrieden war – entgegen seinen Erwartungen war sein Herrschaftsgebiet doch nicht erweitert worden. Bald nahm der Kaiser an der Seite Lothars seinen Platz als Herrscher wieder ein. Bei der Diskussion über eine erneute Reichsversammlung, die sich mit den Vorfällen von Compiègne befassen sollte, setzte sich Ludwig ebenfalls durch. Als Versammlungsort wurde Nijmegen im Osten des Reiches bestimmt. Dort verfügte Ludwig über mehr Rückhalt und konnte die Beziehungen nutzen, die sich aus der Heirat mit Judith ergeben hatten. Die Versammlung wurde von Ludwig sorgfältig vorbereitet. Einige Getreue Lothars entsandte man unter einem Vorwand mit Aufträgen an die Grenzen. Wala wurde mit dem Hinweis auf die Klosterregeln – er hätte diesen nach das Kloster erst gar nicht verlassen dürfen – wieder nach Corbie zurückgeschickt. Außerdem sollte man zum Reichstag nur in einfacher Begleitung und ohne Bewaffnete erscheinen. Als ein Anhänger Lothars in Nijmegen dennoch mit bewaffnetem Gefolge auftauchte, verwehrte man ihm den Zutritt. Damit hatten sich die Reihen von Ludwigs Gegnern bereits erheblich gelichtet. Ausgerechnet Lothar wurde nun zum Vorsitzenden eines Gerichts bestellt, das exemplarisch über einige der Verschwörer urteilen sollte. Der Aufstand war schließlich eine Rebellion gegen die kaiserliche Herrschaft. Und auch Lothar konnte diese Tatsache nicht einfach ignorieren. Er musste tatenlos zusehen, wie unter seinem Vorsitz die Angeklagten zum Tode verurteilt wurden. Allerdings setzte man die Vollstreckung der Todesurteile aus. Stattdessen wurden die Verurteilten an unterschiedlichen Orten in Haft gehalten.[482] Auch in einem weiteren Punkt konnte sich Ludwig in Nijmegen durchsetzen.

482 Ann. Bert. 831; Thegan 37; Astronomus 46; Nithard I 3.

Der Reichstag fasste den Beschluss, dass Judith und ihre Brüder die Klöster wieder verlassen durften. Judith erhielt hierfür eigens einen päpstlichen Dispens.[483] Der ob seines Beinamens in der älteren Forschung oftmals als unentschlossener und frömmelnder Kaiser belächelte Ludwig bewies in Nijmegen eine erstaunliche Willensstärke.[484] Allein mit einigen Vertrauten und durch den Ortswechsel in den Osten des Reiches gelang ihm der politische Umschwung.

Mit ihrer Rückkehr aus dem Kloster war Judith jedoch noch nicht vollständig rehabilitiert. Immer noch schwebte der Vorwurf des Ehebruchs über ihrem Haupt. Auf der nächsten Reichsversammlung im folgenden Jahr in Diedenhofen sollte sie deshalb zur Rechenschaft gezogen werden. Was dabei stattfand, war ein formelles Verfahren, das zur Entlastung Judiths inszeniert wurde. Wie zu erwarten war, wagte es niemand, öffentlich und vor dem Kaiser als Kläger gegen die Kaiserin aufzutreten. Judith entledigte sich vermittels eines Reinigungseides von den Anschuldigungen. Bernhard von Septimanien, der zurückgekehrt war, sollte sich ebenfalls vor Gericht verantworten. Auch gegen ihn trat kein Ankläger auf, schließlich war niemand bereit, sich mit ihm nach »altem fränkischen Brauch« im Zweikampf zu messen. So konnte er sich ebenso durch einen Eid von allen Verdächtigungen reinigen.[485] Anschließend entließ Ludwig seine älteren Söhne in ihre Herrschaftsgebiete. Lothar hatte erneut seine Position als Mitherrscher eingebüßt und ging nach Italien, Ludwig der Deutsche und Pippin reisten wieder nach Bayern und Aquitanien. Damit waren die Verhältnisse, wie sie vor der Erhebung bestanden hatten, beinahe wiederhergestellt – beinahe, denn Bernhard von Septimanien spielte nun keine entscheidende Rolle mehr. Der wichtigste Mann am Hof war jetzt der Mönch Guntbald, der sich dem Kaiser bei der Wiederherstellung seiner Macht als so nützlich erwiesen hatte. Judith war vollständig rehabilitiert, sowohl in einem offiziellen Gerichtsverfahren als auch durch den Dispens des Papstes. Ihre Position war gefestigter und ihr politischer Einfluss größer als vor der Erhebung. Die hofnahen Annalen sprechen von der triumphalen Rückkehr Judiths.[486]

Ludwig und Judith beabsichtigten, ihrem Sieg sogleich vollendete Tatsachen folgen zu lassen und ihren Sohn Karl seinen Stiefbrüdern

483 Ann. Bert. 830; Astronomus 46; Nithard I 3; zum päpstlichen Dispens vgl. Thegan 37.
484 Den Beinamen *Pius*, ›der Fromme‹, trug er bereits zu Lebzeiten; er gehörte schon in der Antike zur üblichen Titulatur der römischen Kaiser.
485 Ann. Bert. 830 f.; Thegan 38; Astronomus 46.
486 Ann. Mett. 830.

gleichzustellen. Beide handelten aus ähnlichem Interesse, denn Ludwig war keineswegs, wie einige Quellen dies glauben machen wollen, ein Spielball seiner ehrgeizigen Gattin. Außerdem hatte Ludwig seinen beiden Söhnen Ludwig dem Deutschen und Pippin versprochen, ihre Herrschaftsgebiete zu vergrößern. Was folgte, war eine neue Reichsteilung.[487] Auf Kosten Lothars wurden die Territorien aller seiner drei Brüder erweitert. Der Vorrang des Kaisertums wurde nun nicht mehr erwähnt, ebenso wenig wie Lothar, der sich auf Italien beschränkt sah. Das war der endgültige Bruch mit der *ordinatio imperii*. Ludwig der Fromme verfügte, dass diese Reichsteilung erst nach seinem Tod gültig sein solle. Auch behielt er sich zukünftige Änderungen vor, gemäß dem Grundsatz, dass der Sohn, der dem Vater die Treue hält, auch mehr bekommen solle. Aber die Verhältnisse - nicht nur in der Kaiserfamilie, sondern auch unter den Adelsclans - waren inzwischen zu zerrüttet, als dass diese Nachfolgeordnung greifen konnte. Eine erneute Annäherung Ludwigs mit Lothar führte zum Bruch mit Pippin, der den Gehorsam verweigerte und Ende 832 enterbt wurde. Der fast schon hilflos zwischen seinen Söhnen hin- und her lavierende Ludwig übergab Aquitanien als zusätzliches Erbe Judiths Sohn Karl. Damit war die letzte Nachfolgeordnung Schnee von gestern. Ludwig der Deutsche war darüber so erbost, dass er mit seinem Heer in Alemannien, das zum Herrschaftsbereich Karls gehörte, einfiel. Der Kaiser beließ es bei einer Ermahnung, suchte aber jetzt verzweifelt eine Verständigung mit Lothar. Das Resultat war eine Reichsteilung zwischen Karl und Lothar. Ludwig der Deutsche sollte nur noch Bayern behalten. Als Mitkaiser wurde Lothar indes nicht wiedereingesetzt. Für ihn musste es so aussehen, als sei Karl als Nachfolger im Kaisertum ausersehen. Dass der Erbteil Karls stetig erweitert wurde, war zweifellos ganz im Sinne Judiths. Durch Schenkungen und ihre Fürsprache bemühte sie sich, in den Karl zugewiesenen Gebieten - vor allem im Westen des Reiches - neue Anhänger zu gewinnen. Aber die Söhne des Kaisers standen nicht für sich allein. Sie vertraten auch die Interessen der hinter ihnen stehenden Adelsclans. Und so ist es nur zu verständlich, wenn sich gegen die wankelmütige kaiserliche Politik erneut eine starke Opposition zusammenbraute.[488]

Die älteren Söhne Ludwigs mit ihren Gefolgsleuten und verbündeten Adeligen, die alten Adelsclans, die an die Macht zurück

487 MGH Capit. 2, S. 20, Nr. 194.
488 Zu diesen Ereignissen vgl. Koch, Kaiserin Judith, S. 127–142.

wollten, und die Kleriker, die immer noch der alten *ordinatio imperii* anhingen – kurz, alle enttäuschten Gruppen im Reich – fanden sich abermals zu einer Aufstandsbewegung zusammen. Man darf nicht vergessen, dass die inflationären und sich widersprechenden Erbschaftsregelungen des Kaisers zu einer verstärkten Unsicherheit über die Herrschaftsverhältnisse führten. Der Hauptpropagandist aller Unzufriedenen war der Erzbischof Agobard von Lyon, der eine flammende und höchst polemische Kampfschrift verfasste, in der er erneut Judith alle Schuld zuwies.[489] Der enterbte Pippin wurde in Aquitanien festgenommen und sollte zur Verbannung nach Trier gebracht werden. Dabei gelang es ihm, seinen Bewachern zu entfliehen. Er verständigte sich mit Lothar in Italien, der bereits sein Heer gegen den Vater mobilisiert hatte. Lothar verbündete sich »zur Wiederherstellung von Frieden und Eintracht« mit Papst Gregor IV., der mit Agobard in Briefkontakt stand.[490] Damit gewann Lothar die Unterstützung der hohen Geistlichkeit. Auch der Milchbruder des Kaisers, der Erzbischof Ebo von Reims, stellte sich auf Lothars Seite. Gleichzeitig zog Ludwig der Deutsche mit seinen Truppen nach Westen. Nachdem sich die Heere seiner älteren Söhne vereinigt hatten, ging Ludwig seinerseits mit Waffengewalt gegen sie vor. Begleitet wurde er auf dem Kriegszug von Judith. Das ist ungewöhnlich, resultierte aber aus den Erfahrungen des Jahres 830, als Judith von den Rebellen festgenommen worden war. Im Juni 833 standen sich die gegnerischen Heere auf einem Feld bei Colmar mehrere Tage gegenüber. Auch der Papst war angereist und versuchte zu vermitteln. Es gab Verhandlungen, und zwischen den beiden Lagern kam es in dieser Zeit zu einem vermehrten Austausch. Die Aufständischen konnten hierbei die Kriegsleute des Kaisers von ihrem Standpunkt überzeugen – angeblich durch Versprechungen und Bestechung. Schlussendlich liefen die kaiserlichen Truppen ins gegnerische Lager über. Ludwig und Judith blieben mit dem kleinen Karl allein zurück. Der in der gespenstischen Leere des Heerlagers verharrende und ohne sein Kriegsvolk machtlose Ludwig hatte erneut die Herrschaft verspielt.[491] Wegen des vielfachen Eidbruchs während der Verhandlungen bezeichnete man jenes Feld bei Colmar fortan als »Lügenfeld«.

489 Agobard verfasste seinen lib. apol. I unmittelbar vor Beginn des Aufstandes.
490 Agobard epp. 17.
491 Zu den Vorgängen vgl. Schieffer, Karolinger, S. 131 f.

Lothar ließ seinen Vater Ludwig in ein Kloster beim nordfranzösischen Soissons bringen. Der erst zehnjährige Karl kam an der Eifel ebenfalls in klösterliche Obhut. Und Judith, die man wohl als am gefährlichsten ansah, schickte man zur Verbannung ins norditalienische Tortona. Die älteren Söhne Ludwigs mussten allerdings zuvor beschwören, dass der Kaiserin kein Leid geschehen solle.[492] Der um einen Kompromiss bemühte Papst war inzwischen »mit großer Trauer« über den Verlauf der Ereignisse nach Rom zurückgekehrt.[493] Aber auch ohne seine Hilfe wollte Lothar nicht auf halbem Wege stehen bleiben. Unter der Führung Ebos von Reims und geleitet von Lothar und den Großen des Reiches machte sich eine Delegation auf den Weg in das Kloster, in das man Ludwig eingesperrt hatte. Mit sich führten sie ein höchst brisantes Dokument, nämlich das vermeintliche und höchst umfangreiche Sündenregister des Kaisers, das von Meineid und Verwandtenmord bis hin zur angeblich unrechtmäßigen Entlastung Judiths reichte. Die Kirche des Klosters war mit Schaulustigen überfüllt, als man Ludwig zum Altar vor den Erzbischof von Reims führte. Was die Neugierigen erwartete, war in der Tat ein höchst denkwürdiges Schauspiel, das durch seinen sakralen Charakter jeden modernen Schauprozess überbot. Ludwig musste sich in allen Punkten schuldig bekennen. Sodann legte er die königlichen Gewänder und seinen Schwertgurt ab und empfing das Büßergewand. Die öffentliche Buße Ludwigs war der absolute Tiefpunkt seiner Herrschaft. Nach dem Willen Lothars sollte er niemals mehr auf den Thron gelangen.[494] Auch Judith, die derweil in Tortona im Kerker schmachtete, wollte Lothar offenbar endgültig beseitigen lassen. Anhänger Ludwigs in Italien wussten dies gerade noch zu verhindern.[495]

War die erste Rebellion im Jahr 830 primär gegen Judith und Bernhard gerichtet, so zielte die zweite Erhebung auf die Absetzung Ludwigs des Frommen. Das Vorhaben war eigentlich erfolgreich. Ludwig saß gedemütigt im Kloster und Judith weit fort in einem Verlies. Aber unter den älteren Söhnen Ludwigs herrschte alles andere als Eintracht. Sie hatten den Erbteil des jungen Karl aufgeteilt, und die Herrschaftsgebiete Ludwigs des Deutschen und Pippins waren deutlich vergrößert worden. Aber Lothar stand als Kaiser immer

492 Thegan 42; Astronomus 48.
493 Astronomus 48.
494 Vgl. RI I, Nr. 926b.
495 So nach Ann. Bert. 834; zur Kerkerhaft vgl. Ann. Xant. 833; Walahf. carm. 38,11.

noch über ihnen. Zudem hatte sich Lothar bei der öffentlichen Demütigung seines Vaters mit den Erzbischöfen von Reims und Lyon, aber nicht mit seinen beiden Brüdern abgesprochen. Ludwig der Deutsche und Pippin missbilligten die harte Behandlung ihres alten Vaters, wechselten kurzerhand die Seiten und fielen Lothar in den Rücken. Während Lothar noch in Paris Hof hielt, rückten die Heere seiner Brüder von beiden Seiten gegen ihn vor. Dem überraschten Lothar blieb nichts anderes übrig, als schnell das Weite zu suchen. Seinen Vater und Karl hatte er in Saint-Denis – beide waren inzwischen dorthin gebracht worden – zurückgelassen. Damit vollzog sich der Umschwung abermals in Windeseile. Schnell waren Bischöfe zur Stelle, die Ludwig im März 834 feierlich und unter dem Jubel des Volkes wieder mit den kaiserlichen Gewändern bekleideten und ihm die Krone aufs Haupt setzten. Kurze Zeit später gelang den Gefolgsleuten Ludwigs in Italien ein Handstreich zur Befreiung Judiths. Als sie vor der Burg von Tortona erschienen und die Nachricht von der Wiedereinsetzung Ludwigs überbrachten, wurde Judith von ihren Bewachern sogleich in die Freiheit entlassen.[496] Die Anhänger des Kaisers geleiteten sie bis nach Aachen. Doch Lothar und sein Gefolge gaben sich nicht kampflos geschlagen. Die darauffolgenden Auseinandersetzungen wurden mit brutaler Härte und Grausamkeit geführt. So wurde die Stadt Chalon-sur-Saône geplündert und in Brand gesteckt. Die Getreuen Ludwigs, die man dort vorfand, wurden geköpft und sogar eine Nonne ertränkt.[497] Bei einer anderen Gelegenheit ergriffen die Kriegsleute Lothars die Schwester Bernhards von Septimanien, steckten sie wegen angeblicher Giftmischerei in ein Weinfass und ertränkten sie in der Saône.[498] Im Sommer 834 unterwarf sich Lothar schließlich seinem Vater.

Inzwischen war Lothar jedoch zu mächtig geworden, als dass Ludwig ihn hätte zur Rechenschaft ziehen können. Er durfte mit seinem Gefolge, darunter auch die beiden Etichonen Hugo und Matfried, nach Italien abziehen. Als Sündenbock musste ein anderer herhalten: der Erzbischof Ebo von Reims, der Ludwig öffentlich zur Schau gestellt hatte. Ihm wurde der Prozess gemacht. Hier kommt nun der Ring ins Spiel, den ihm einst Judith zum Zeichen gegenseitiger Unterstützung übersandt hatte. Ihn schickte ihr Ebo zurück

496 Vgl. Ann. Bert. 834; Thegan 51; Astronomus 52; Nithard I 4.
497 Astronomus 52.
498 Thegan 52.

und bat sie um ihre Fürsprache.[499] Tatsächlich setzte sich Judith für den Erzbischof ein, der nur mit Kerkerhaft und der Enthebung seines Amtes bestraft wurde. Die Intervention Judiths ist umso erstaunlicher, wenn man bedenkt, dass sich Ebo seinerseits niemals für die Kaiserin eingesetzt hatte und gemeinsam mit Agobard von Lyon das geistliche Haupt der Erhebung war. Der Familienstreit, der allmählich das Reich zerrüttete, ging indessen in der gewohnten Weise weiter. Wiederholt ergriffen die Söhne ihre Waffen gegen den Vater. Dieser änderte die Erbfolge noch mehrere Male und spielte seine Söhne gegeneinander aus. Es gelang ihm immerhin, sich an der Macht zu halten. Das hatte der alternde Kaiser dem Wirken Judiths zu verdanken, die immer wieder für eine Versöhnungspolitik eintrat. Besonders war sie an einem Ausgleich mit Lothar in Italien interessiert, weshalb sie einen seiner hochrangigen Gefolgsleute mit ihrer Tochter Gisela verheiratete.[500] Die Kaiserin stand nicht im Schatten ihres Gemahls. Sie trat selbst als Verhandlungsführerin auf und war von eigenen Beratern umgeben, einem Kreis ihr ergebener Gelehrter, Geistlicher und Höflinge, mit denen sie eng zusammenarbeitete. Selbstverständlich setzte sich Judith weiterhin massiv für ihren Sohn Karl ein. Das ist völlig nachvollziehbar, denn nach dem Tod Ludwigs hätte sie sich unmöglich auf die Gnade ihrer Stiefsöhne verlassen können, die sie bereits einmal ins Kloster und ein andermal ins Gefängnis gesteckt hatten und deren Rache sie nahezu schutzlos ausgeliefert gewesen wäre. Die Erbausstattung Karls bedeutete für Judith nun viel mehr als nur ihre materielle Absicherung.

Im Jahr 838 wurde der inzwischen 15-jährige Karl für volljährig erklärt und zum König erhoben. Im Rahmen einer erneuten Gebietsaufteilung wurde ihm Neustrien übertragen, das war das westliche Kerngebiet des fränkischen Reiches mit der Stadt Paris.[501] Das löste unter seinen Stiefbrüdern abermals Empörung aus. Die Situation wurde nicht entspannter, als im selben Jahr Pippin starb. Seine Anhänger in Aquitanien proklamierten seinen Sohn zum Nachfolger, doch der Kaiser übergab auch dieses Gebiet seinem jüngsten Sohn. Judith gelang es schließlich, eine Aussöhnung mit Lothar herbeizuführen, dem Ludwig wieder die Kaiserwürde zugestand.[502] Unversöhnlich zeigte sich Ludwig der Deutsche, der mit seinem Heer von

499 Vgl. Koch, Kaiserin Judith, S. 161 f.
500 Vgl. Boshof, Ludwig, S. 229.
501 Ann. Bert. 838; Nithard I 6.
502 Astronomus 59; Nithard I 6.

Bayern aus bis zum Rhein vorrückte. Das war in den letzten Jahren beinahe zur Routine geworden. Wie üblich zog er sich vor der ihm entgegenziehenden Strafexpedition seines Vaters wieder zurück. In der kaiserlichen Pfalz auf der Rheininsel Ingelheim, eine der bevorzugten Residenzen des Kaisers, erlag Ludwig der Fromme am 20. Juni 840 einem Krebsleiden.[503] Auf dem Sterbebett übersandte er Lothar eine Krone und ein Schwert und bat ihn um den Schutz Judiths und Karls. Seine letzten Worte waren »hinaus, hinaus«, da er offenbar vermeinte, einen bösen Geist zu erblicken.[504] Damit begann der Krieg der Söhne um das Erbe. Als Schwächster wurde der 17-jährige Karl angesehen, doch ihm stand weiterhin seine willensstarke Mutter Judith zur Seite.

Lothar verfügte über eine gesicherte Machtbasis in Italien und auch Ludwig der Deutsche regierte rechts des Rheins unangefochten. Hingegen stand Karls Anspruch auf Neustrien nur auf dem Papier und Aquitanien hielt weitgehend zum Sohn des verstorbenen Pippin. Lothar zog schnell von Italien aus nach Norden, um seinen Herrschaftsanspruch auf das ganze Reich geltend zu machen. Er war sicherlich weit davon entfernt, den Wunsch seines Vaters erfüllen zu wollen. Doch glaubte er, aus der Position des Stärkeren sich Karl gegenüber großmütig zeigen zu können und sicherte ihm vertraglich den Besitz von Aquitanien und der Provence zu. Von Neustrien, dem westlichen Kernstück des Reiches, war keine Rede mehr. Die eigentliche Motivation Lothars war alles andere als uneigennützig, da er im Westen des Reiches den Rücken gegen Ludwig den Deutschen im Osten freihaben wollte. Judith war allerdings gewillt, weiterhin den Status und die Macht einer Kaiserin auszuüben. Sie hatte hierfür auch einen besonderen Trumpf in der Hinterhand. Denn in ihrem Besitz befand sich der Kronschatz, den sie mit sich führte. Mit diesen finanziellen Mitteln warb sie Truppen für Karl an.[505] Als ein erneutes Treffen mit Lothar in Attigny stattfinden sollte, konnte Karl mit seinem dadurch verstärkten Heer kurzerhand die Stadt besetzen. Damit errang der jüngere Karl einen repräsentativen Vorteil gegenüber dem ranghöheren Stiefbruder. Lothar hätte sich wie ein Bittsteller zu seinem jüngeren Bruder bequemen müssen. Zudem sorgte er sich wahrscheinlich um seine Sicherheit – schließlich be-

503 So Boshof, Ludwig, S. 247.
504 Astronomus 63 f.
505 Nithard II 6; 8, vgl. Koch, Kaiserin Judith, S. 199 f.

saßen die Truppen Karls durch die Besetzung des Ortes eine strategisch bessere Position. Deshalb lehnte Lothar dieses Treffen ab. Kurz danach trafen Boten Ludwigs des Deutschen ein, der Karl seine Hilfe gegen Lothar anbot. Eine Offerte, die Karl gerne annahm. Nachdem auch Judith mit Verstärkung eingetroffen war,[506] verbreitete sich die Nachricht von einem Sieg Ludwigs über die Truppen Lothars. Das hob die Stimmung im Lager Karls gewaltig. Karl zog nach Osten und vereinigte sein Heer mit dem Aufgebot Ludwigs. Im Juni 841 kam es bei Fontenoy in Burgund zur blutigen Entscheidungsschlacht, in der Karl und Ludwig den Sieg über Lothar errangen.

Am Rande des Schlachtfelds begegnet uns ein alter Bekannter: Bernhard von Septimanien hatte abgewartet, wer den Sieg davontragen würde, und danach Karl seine Dienste angeboten. Judith war ebenfalls mit in die Schlacht geritten. Sie setzte sich nach dem Gemetzel für den Erzbischof von Ravenna ein. Dieser war Lothar mit seinem Gefolge und seinem gesamten Kirchenschatz in die Schlacht gefolgt. Da er bei der anschließenden Plünderung alles verloren hatte, schenkte ihm Judith ein silbernes Tragegestell mit der Bemerkung, sie besitze nicht mehr. Ludwig der Deutsche und Karl wollten den Erzbischof ins Exil schicken, doch Judith konnte durchsetzen, dass er wieder nach Ravenna zurückkehren durfte.[507] So trat Judith ein letztes Mal als Fürsprecherin in Erscheinung, bevor sie sich ins Privatleben zurückzog. Im Dezember 842 heiratete Karl der Kahle. Judith hatte ihn bis hierher begleitet. Sein Herrschaftsanspruch im westlichen Frankenreich war nicht zuletzt durch ihren Beistand gesichert. Nun kam sie wohl zu der Überzeugung, dass am Hof ihres Sohnes kein Platz für zwei Königinnen war. Zudem litt Judith vermutlich verstärkt unter gesundheitlichen Problemen. In den Quellen verlieren sich ihre Spuren nach der Schlacht von Fontenoy. Wahrscheinlich zog sie sich auf ihre Güter bei Tours zurück, wo sie am 19. April 843 starb und im Kloster des heiligen Martin bestattet wurde.[508] Was sie deshalb nicht mehr miterlebte, war der Vertrag von Verdun im August desselben Jahres, in dem Karl der Kahle, Ludwig der Deutsche und Lothar das Reich unter sich aufteilten. Damit haben wir den Ausgangspunkt unserer Darstellung erreicht, nämlich jene chaotischen und katastrophalen Verhältnisse, wie sie zu Beginn des

506 Nithard II 9.
507 Agnell. lib. pontif. 174.
508 Vgl. Koch, Kaiserin Judith, S. 203–207.

Buches beschrieben wurden. Sie führten zur Schwächung des westlichen Kaisertums und ermöglichten erst den Aufstieg der italienischen Fürstenhäuser und der römischen Adelsgeschlechter.

Judith galt lange Zeit als Inbegriff der bösen Stiefmutter schlechthin. Dieses Bild stammt vorrangig aus der älteren Forschung des 19. Jahrhunderts, der zufolge Judith für die erbitterten Auseinandersetzungen zwischen Ludwig dem Frommen und seinen Söhnen aus erster Ehe und somit für den Zerfall des Frankenreichs verantwortlich gewesen sein soll. Dieses einseitige Bild von der ränkeschmiedenden Kaiserin ist zwischenzeitlich gründlich revidiert worden, wobei die Sichtweise jetzt mitunter ins Gegenteil umschlägt und man Judith sogar als willenloses Opfer ihrer Stiefsöhne und eines skrupellos agierenden Bernhards von Septimanien betrachtet. Auch Ludwig der Fromme wird nicht mehr als schwacher Sohn eines großen Vaters gesehen, sondern als ein Tyrann, der seine Söhne gegeneinander ausspielte und nach seiner Pfeife tanzen ließ. Doch kann man Judith nicht von ihrer Verantwortung für den Lauf der Ereignisse freisprechen. Sie war eine willensstarke und selbstbewusste Herrscherin, die entgegen der idealisierten Vorstellung vom universellen Kaisertum – im Alltagsleben ohnehin nur das verklärte Wunschdenken hoher Kleriker – den Erbanspruch ihres eigenen Sohnes vehement durchsetzte. Aber wie wir gesehen haben, stand dahinter auch das Motiv der eigenen Absicherung. Judith war durchaus in der Lage, die Politik ihres kaiserlichen Gemahls maßgeblich zu beeinflussen, und tat dies auch.[509] Die Söhne Ludwigs des Frommen hätten wahrscheinlich auch ohne ihr Zutun die Reichseinheit nicht bewahrt. Denn, wie bereits ebenso in den vorherigen Kapiteln zu beobachten war, gab es auch im frühen Mittelalter die heftigsten Streitigkeiten innerhalb der eigenen Familie. Das scheint in der menschlichen Natur zu liegen.

509 Zu diesem Fazit vgl. Koch, Kaiserin Judith, S. 209–212.

THEOPHANU

Haben uns die Schicksale Irenes und Judiths nach Konstantinopel und ins Reich der Franken geführt, so kehren wir jetzt ins Rom der Päpste zurück. Marozias Sohn Alberich, »der Fürst und Senator aller Römer«, starb am 31. August 954. Er hinterließ als Erben seinen 16-jährigen Sohn Octavian, der in Rückbesinnung auf altrömische Traditionen nach dem ersten römischen Kaiser benannt worden war. Am Sterbebett Alberichs mussten die Römer schwören, Octavian nicht nur zu seinem Nachfolger, sondern auch zum nächsten Papst zu wählen. Es ist nicht bekannt, was Alberich zu diesem Schritt bewegte, hatte sich doch die langjährige Trennung der obersten geistlichen Gewalt des Abendlandes vom weltlichen Regime über die Ewige Stadt bewährt. Aber Alberich war gewiss nicht entgangen, dass sich während seiner Regierungszeit die politische Landschaft gründlich verändert hatte. Der einzige legitime Sohn des Ostfranken Arnulf von Kärnten, den seinerzeit Formosus zum Gegenkaiser gekrönt hatte, war Ludwig, genannt »das Kind«. Er wurde im Alter von sechs Jahren zum König erhoben und verstarb früh. Da nach seinem Tod kein Erbe aus der ostfränkischen Linie der Karolinger mehr vorhanden war, einigten sich die Herzöge auf einen Kandidaten aus ihren Reihen und wählten im Jahr 911 Konrad zum König, den Herzog von Franken – womit nun tatsächlich die Landschaft zu beiden Seiten des Mains gemeint ist. Konrad soll den Quellen nach so vorausschauend gewesen sein, kurz vor seinem Tod im Jahr 918 nicht seinen eigenen Bruder, sondern den mächtigsten Mann im Reich zum Nachfolger zu designieren.[510] Das war der sächsische Herzog Heinrich, der sich zur Sicherung seines Königtums mit den anderen ostfränkischen Adelsgeschlechtern arrangierte und die Ansprüche der Herzöge respektierte. Durch sein Eingreifen in die westfränkischen Thronwirren gelang es ihm, Lothringen mit der Kaiserpfalz Aachen seinem Herrschaftsgebiet einzuverleiben.

---

510 Widukind I 25 f.; ob die Nachfolge wirklich reibungslos vonstattenging, ist in der Forschung umstritten.

Nach karolingischer Tradition verkündete Heinrich noch zu Lebzeiten eine Nachfolgeordnung, mit der er seinen Sohn Otto I., später »der Große« genannt, zum Thronerben einsetzte. Dennoch sah sich Otto bei seiner Herrschaftsübernahme mit Erbschaftsstreitigkeiten konfrontiert. Außerdem gab er den auf Konsens mit dem Adel ausgerichteten Kurs seines Vaters auf und besetzte wichtige Schlüsselpositionen mit ergebenen Anhängern. Das erzeugte anfangs ein starkes Konfliktpotential, aber letztlich setzte sich Otto durch und schuf damit ein relativ homogenes Herrschaftsgebilde, das wir aufgrund seiner Geographie und seiner kulturellen Prägung nun durchaus als deutsches Königreich bezeichnen können.[511] Nachdem Ottos Herrschaft gesichert war, intervenierte er in Burgund und Italien gegen Hugo von der Provence und dessen Sohn Lothar II. Wie wir uns erinnern, hatte Hugo nach dem Tod Marozias die Witwe Rudolfs II. von Burgund geheiratet und Lothar mit deren Tochter, der jungen Adelheid, verlobt. Der damalige Konkurrent Hugos in Italien war der Markgraf von Ivrea, Berengar (II.). Hugo musste nach Burgund ausweichen. Dort wollte er ein neues Heer sammeln, verstarb jedoch im April 947. Lothar konnte sich als König noch drei Jahre in Italien halten, bis er erkrankte und ebenfalls starb – angeblich von Berengar (II.) vergiftet.[512] Er hinterließ die ungefähr 20 Jahre alte Königin Adelheid als Witwe. Obwohl die Ehe wie üblich arrangiert war, scheint das junge Paar wirklich verliebt gewesen zu sein. In den Urkunden Lothars wird die Königin als »unsere liebenswerte« oder – im Superlativ – als »unsere geliebteste Gattin und Teilhaberin der Herrschaft« tituliert.[513] Die Quellen heben die Schönheit und Klugheit der jugendlichen Adelheid ausdrücklich hervor.[514] Nach langobardischem Recht konnte das Königtum auch durch die Königin weitergegeben werden. Das war gar nicht im Sinne Berengars, der selbst die Nachfolge Lothars antrat. Er ließ Adelheid vorsorglich auf seine Burg am Gardasee verschleppen. Unter abenteuerlichen Umständen gelang es der jungen Königin, ihrem Gefängnis zu entkommen und in ein sicheres Kastell zu fliehen. Das Schicksal Adelheids lieferte dem seit kurzem verwitweten deutschen König den probaten Vorwand für sein Eingreifen in Italien. Wie es in einer Quelle

511 Die Bezeichnung *regnum Teutonicum* oder *regnum Teutonicorum* kam jedoch erst im 11. Jh. auf.

512 Flodoard ann. 950; Liutprand antap. V 10.

513 Vgl. Schiaparelli, Ugo e Lotario, S. 255, Nr. 3; S. 282, Nr. 14.

514 Widukind III 7; Hrotsvitha 470–479; Ann. Quedl. 951.

heißt, habe er »die Vermählung mit der herrlichen Frau« gesucht.[515] Aber unverkennbar beabsichtige er, selbst das italienische Königtum zu übernehmen. Wahrscheinlich hatte ihn auch Adelheid um seine Hilfe gebeten.

Der erste Italienzug Ottos verlief nach dem altbekannten Muster. Bei seiner Ankunft in Pavia floh Berengar von Ivrea schnell aus der Königsstadt, die dem Invasor bereitwillig die Tore öffnete. Otto nannte sich fortan zunächst »König der Franken und Langobarden« und wenig später »König der Franken und Italiener«. Von Pavia aus schickte er eine Gesandtschaft zu Adelheid und bat sie um ihre Hand. Das entsprach wohl ganz den Wünschen der jungen Königin, die sogleich mit großem Gefolge nach Pavia aufbrach und dort Otto heiratete.[516] Damit war der neue König Italiens aber keineswegs schon zufrieden. Seit der Ermordung Berengars I. im Jahr 924 war der Kaiserthron vakant. Die einstigen Ambitionen Marozias und Hugos wusste Alberich zu vereiteln. Doch Otto war nun der mächtigste Herrscher des Abendlandes, eine Tatsache, der auch sein Rang entsprechen sollte. Vermutlich noch vor seiner Heirat mit Adelheid hatte er deshalb eine Gesandtschaft nach Rom entsandt, die über seine Kaiserkrönung verhandeln sollte.[517] Einen neuen Kaiser – eben das wollte Alberich im Interesse der Unabhängigkeit Roms unter allen Umständen verhindern. Wir wissen nicht, welche diplomatische Antwort der Papst von Alberichs Gnaden den deutschen Gesandten gab. Jedenfalls kehrten sie unverrichteter Dinge zurück. Im Frühjahr 952 zog Otto mit seiner neuen Gemahlin Adelheid wieder über die Alpen. Berengar von Ivrea entschloss sich daraufhin zu einem bemerkenswerten Schritt. Er begab sich freiwillig in die Höhle des Löwen, reiste an den Hof Ottos und unterwarf sich. Auf dem folgenden Hoftag in Augsburg wurde Berengar mit dem Königreich Italien belehnt, d. h., er regierte dort fortan als Stellvertreter Ottos.[518]

Dem Fürsten der Römer war ein Romzug des deutschen Königs erspart geblieben. Aber Otto hatte damit nicht endgültig auf die Kaiserkrönung verzichtet. Einem Hugo von der Provence oder einem Berengar von Ivrea, die beide eine viel zu geringe Machtbasis hatten, konnte Alberich die Kaiserkrone vorenthalten, aber nicht dem König eines geeinten ostfränkischen Reiches, dem man dort schon kaiser-

515 Widukind III 9, vgl. Hrotsvitha 588–601.
516 Vgl. Hrotsvitha 637–665.
517 Flodoard ann. 952, vgl. RI I 3,3, Nr. 2203.
518 Flodoard ann. 952; Widukind III 10 f., vgl. RI I 3,3, Nr. 2238.

liche Ehren entgegenbrachte. Bereits nach der siegreichen Schlacht auf dem Lechfeld gegen die Ungarn war Otto von seinem Heer zum Kaiser ausgerufen worden.[519] Das alles hat Alberich wohl dazu bewogen, vor seinem Tod den Römern das Versprechen abzunehmen, seinen Sohn Octavian zum Papst zu wählen. Eine derartige Absprache widersprach zwar kanonischem Recht, dennoch wurde Octavian im Dezember 955 zum Papst ordiniert.[520] Er nannte sich fortan nicht mehr Octavian, sondern Johannes XII. Nachdem schon ein Sohn Marozias Papst gewesen war, saß nun ihr Enkel auf dem Stuhl Petri. Der neue Nachfolger des Apostelfürsten war noch sehr jung – vermutlich gerade 18 Jahre alt – und verfügte über keinerlei geistliche Ausbildung.[521] Er war anscheinend Spiel- und Vergnügungssüchtig und dem weiblichen Geschlecht sehr zugetan, was man ihm in Anbetracht seines Alters nicht unbedingt verdenken kann. Glaubt man seinen Gegnern, so verschleuderte er den Kirchenschatz und ganze Städte, die zum Patrimonium Petri gehörten, an seine zahlreichen Mätressen. Außerdem sei er ein notorischer Vergewaltiger gewesen, sodass viele Frauen nicht mehr gewagt hätten, ihre Gebete bei den Apostelgräbern zu verrichten. Wie einleitend schon erwähnt wurde, habe der jugendliche Papst den Lateranpalast in ein Bordell verwandelt und beim Glücksspiel heidnische Götter angerufen.[522] Unter seinem Pontifikat gewannen die Frauen aus dem Hause Theophylakts im öffentlichen Leben alsbald wieder an Bedeutung. Nach dem Tod Alberichs nahmen die Nichten Marozias – Theodora (III.), Marozia (II.) und Stephania – nach dem Vorbild ihrer Mutter und Tante den Titel Senatrix an.[523] Liest man die Papstregesten, so zeigt sich, dass Johannes seine klerikalen Verpflichtungen sehr wohl ernst nahm und kirchlichen Reformbestrebungen durchaus aufgeschlossen war. Gleichwohl regierte er wie ein weltlicher Fürst und suchte den Ruhm eines Feldherrn. Wenig erfolgreich war ein Feldzug des Papstes in Süditalien.

Als ein Problem erwies sich für den jungen Papst zunächst nicht der deutsche König, sondern sein italienischer Stellvertreter Berengar von Ivrea. Der Vizekönig von Italien nutzte eine Erkrankung seines Lehnsherrn und den Aufstand von Liudolf, Ottos Sohn aus erster Ehe, um sich zunehmend unabhängig zu machen und Rom zu

519 Widukind III 49.
520 Vgl. Reg. pontif., S. 463.
521 Vgl. Zimmermann, Parteiungen, S. 57.
522 Liutprand hist. Ott. 4; 10.
523 Vgl. Sickel, Alberich, S. 81, Anm. 1.

bedrängen. Während Berengar einen Kriegszug gegen Spoleto und Camerino unternahm, fiel sein Sohn und Mitregent in päpstliches Gebiet ein.[524] Wie einst die Päpste Stephan II. und Leo III. sich an die Karolinger um Hilfe wandten, so sandte Johannes XII. im Herbst 960 eine Delegation an den Hof König Ottos und bot ihm die Kaiserkrone an. Den Quellen zufolge hatte sich der Papst nicht ganz freiwillig zu diesem Schritt entschlossen. Offenbar musste er dem Drängen römischer Adeliger nachgeben. Die Gesandten nutzten die Gelegenheit, um sich ganz nebenbei beim deutschen König über die Amtsführung und den Lebenswandel des Pontifex zu beklagen.[525] Aber das Angebot des Papstes nahm Otto gerne an. Im Gegenzug sicherte er Johannes seine Unterstützung zu. Der deutsche König hatte schon seit langem auf die Erneuerung des Kaisertums hingearbeitet und nutzte nun die temporäre Notlage des Papstes. Vor Beginn seines Romzuges ließ er im Frühjahr 961 seinen sechsjährigen Sohn Otto II. zum Mitkönig erheben. Womöglich geschah dies auf Vorschlag Adelheids, deren erster Ehemann Lothar ebenfalls als Kind zum Mitkönig Hugos erhoben worden war. Dadurch war die Präsenz des Herrschers in Gestalt seines wenngleich noch recht jungen Sohnes gesichert, und von der Anwesenheit des Königs hing im Mittelalter ganz wesentlich die tatsächliche Ausübung der Macht ab. Als Regenten stellte Otto seinem Sohn die beiden Erzbischöfe Brun von Köln und Wilhelm von Mainz zur Seite, was übrigens aufzeigt, welch wichtige Funktion den Vertretern des geistlichen Standes bei der Verwaltung des ottonischen Reiches zukam.[526] Im Sommer zog Otto der Große begleitet von Adelheid und einem großen Heer gegen Süden.

König Adalbert, der Sohn und Mitkönig Berengars von Ivrea, leistete gegen die überlegenen Streitkräfte Ottos nur kurzen Widerstand. Nachdem auf Befehl des aufrührerischen Vizekönigs die Königspfalz von Pavia zerstört worden war, flohen er und seine Anhänger auf ihre abgelegenen Trutzburgen. Ungehindert konnten Otto und Adelheid in die Königsstadt einziehen, wo sie von den Großen des *regnum Italiae* – sie standen größtenteils in Opposition zu Berengar – feierlich empfangen wurden. Das erinnert zweifellos an die zahlreichen Italienzüge auswärtiger Herrscher, die wir inzwischen schon erleben durften. Der deutsche König verblieb einige

524 Translatio Epiph. 1; Liutprand leg. 5; hist. Ott. 4; Joh. diac. Venet., S. 25.
525 Liutprand hist. Ott. 1; Cont. Regin. 960, vgl. Benedikt v. S. Andrea 35 sowie RI I 3,3, Nr. 2433; II 5, Nr. 283.
526 Vgl. RI II 1, Nr. 303.

Monate in Pavia, ohne sich weiter um Berengar zu kümmern. Nachdem die üblichen Verhandlungen mit dem Papst abgeschlossen waren, reiste Otto im Januar 962 nach Rom weiter. Sein Einzug in die Ewige Stadt vollzog sich nach dem bereits bekannten Zeremoniell – allerdings mit dem Unterschied, dass Johannes XII. den König nicht auf den Stufen von St. Peter erwartete, sondern diesem entgegenzog. Bei der Kaiserkrönung Ottos wurde auch Adelheid – wie einst schon Ageltrude – nach byzantinischem Vorbild zur Kaiserin gekrönt.[527] Otto sah sich als Erneuerer des karolingischen Kaisertums. Die Nachwelt hingegen deutete seine Krönung als Übertragung des Kaisertums von den Karolingern auf die deutschen Könige. Wenn der Papst und die Römer gehofft haben sollten, dass der neue Kaiser in Rom auf seine Herrschaftsrechte verzichten würde, so irrten sie sich. Nach seiner Erhebung ließ Otto die Römer einen Treueeid schwören. Auch mussten sie geloben, Berengar von Ivrea und seinem Sohn Adalbert keine Hilfe zu leisten.[528] Der Kaiser blieb nicht einmal zwei Wochen in Rom. Aber in dieser Zeit absolvierte er ein bemerkenswertes Arbeitspensum. Eine Synode beschäftigte sich unter anderem mit dem Lebenswandel des Papstes, der eine offizielle Ermahnung einstecken musste.[529] Trotzdem bestätigte Otto ihm als »Vikar des Apostelfürsten Petrus« sämtliche Besitztümer des Kirchenstaates.[530] Ja, darüber hinaus erhielt der Papst die nominelle Herrschaft über Gebiete, die weder im Machtbereich Ottos lagen noch zuvor zum Patrimonium Petri gehört hatten. Johannes XII. behalf sich bei den Verhandlungen eines Tricks, indem er die Urkunde der sogenannten Konstantinischen Schenkung, jener berühmten Fälschung, die vermutlich zu Beginn des 9. Jahrhunderts angefertigt worden war, vorlegte.[531] Als Gegenleistung wurde das von Otto favorisierte Magdeburg zum Erzbistum erhoben – eine Verfügung, die allerdings erst später umgesetzt wurde.[532]

Der Papst dürfte heilfroh gewesen sein, als Otto und Adelheid sich Mitte Februar wieder auf den Weg nach Pavia machten. Der Kaiser begann von dort aus den Kampf gegen Berengar von Ivrea und dessen Anhängerschaft. Entgegen seinem kürzlich geleisteten

527 Die Krönung Adelheids wird in den zeitnahen Quellen nur von Hrotsvitha 1479–1482 und in der Vita Mathild. 11 erwähnt.

528 Liutprand hist. Ott. 3; Cont. Regin. 962.

529 Lib. pontif. II, S. 246, vgl. RI II 5, Nr. 298.

530 MGH Const. 1, S. 23, Nr. 12.

531 Vgl. MGH Const. 1, S. 54, Nr, 26, sowie RI II 5, Nr. 305; die Konstantinische Schenkung wurde bereits von Otto III. als Fälschung angesehen (MGH DO III, S. 818, Nr. 389).

532 Zimmermann PU, S. 281, Nr. 154.

Eid verbündete sich Papst Johannes XII. mit Berengars Sohn Adalbert.[533] Er bemühte sich sogar um eine gegen Otto gerichtete Allianz mit Byzanz und den Ungarn. Gleichzeitig schickte er wegen der jüngsten Klagen über das päpstliche Lotterleben eine Gesandtschaft zum Kaiser. Er entschuldigte sich mit seiner Jugend und versprach Besserung. Erst nachdem König Adalbert vom Papst freundschaftlich aufgenommen worden war, zog Otto ein zweites Mal mit seinem Heer nach Rom und belagerte die Stadt. Johannes ließ es sich nicht nehmen, persönlich die Verteidigung zu leiten und erschien auf den Mauern in Waffen und Rüstung.[534] Vor der Übermacht Ottos ergriff er aber bald die Flucht, und die Römer waren wohl zunächst erleichtert, ihn los zu sein. Der deutsche Kaiser ließ sie schwören, ohne seine Zustimmung zukünftig keinen Papst mehr wählen zu wollen. Kurz nach seinem Einzug in Rom berief Otto eine Synode ein, die den Papst absetzte, dem man neben missbräuchlicher Amtsführung seinen weltlichen Lebenswandel und den vermeintlichen Abfall zum Heidentum vorwarf.[535] An seiner Stelle wurde Papst Leo VIII. gewählt, gegen den vier Wochen später, im Januar 964, eine Revolte ausbrach. Obwohl Otto den Großteil seines Heers nach Norden entsandt hatte, gelang es ihm, den Aufstand niederzuschlagen. Aber nachdem er die Stadt verlassen hatte, vertrieben die Römer den neuen Pontifex. Johannes XII. kehrte zurück und ließ seinerseits Leo zum Usurpator erklären. Das Problem löste sich indes von selbst, da der jugendliche Nachfolger des Apostelfürsten im Mai 964 angeblich bei einem erotischen Abenteuer einen Schlaganfall erlitt und an den Folgen starb.[536] So endete das Pontifikat von Marozias Enkel. Die Römer ordinierten als Nachfolger einen Kandidaten, dem der Kaiser seine Zustimmung verweigert hatte. Die Folgen waren ein weiterer Romzug Ottos und die erneute Belagerung der Stadt. Der neugewählte Papst wurde abgesetzt und an seiner Stelle Leo VIII. restituiert. Otto hatte somit schon zwei Synoden zur Absetzung eines römischen Bischofs einberufen. Dadurch wurde den Römern sehr deutlich vor Augen geführt, dass nicht mehr die Päpste oder – wie zu Marozias und Alberichs Zeiten – die Anführer der Adelsclans die weltlichen Herren der Ewigen Stadt waren, sondern der Kaiser.

---

533 Liutprand hist. Ott. 10; Cont. Regin. 963.
534 Liutprand hist. Ott. 11; 15.
535 Vgl. hierzu und zu den folgenden Ereignissen Zimmermann, Papstabsetzungen, S. 77–92.
536 Vgl. Liutprand hist. Ott. 20.

Nachdem knapp ein Jahr später auch Leo gestorben war, einigte sich Otto, der inzwischen wieder in Deutschland weilte, mit den römischen Adeligen auf einen Kandidaten. Einer der kaiserlichen Bevollmächtigten bei der Wahl war übrigens Liutprand von Cremona. So bestieg Johannes XIII. den Stuhl Petri. Der neue Papst hatte gute Beziehungen zu den Crescentiern. Ein Hauptvertreter dieser Adelssippe war Crescentius de Theodora, der Sohn von Marozias Nichte Theodora (III.) und des Herzogs von Neapel.[537] Mit ihm eng verwandt oder gar identisch war ein Herr, der in den Quellen als Crescentius *a Caballo marmoreo*, ›vom marmornen Pferd‹, genannt wird und der bei der Absetzung von Johannes XII. auf der Seite des Kaisers stand. Sein Beiname leitet sich von seinem Wohnort her. Er übernahm offenbar den Adelssitz der Familie Theophylakts auf dem Quirinal. Davor standen einst die beiden monumentalen Dioskurenstatuen mit ihren Pferden, die heute den Brunnen vor dem Quirinalspalast zieren.[538] Johannes XIII. stärkte die verwandtschaftlichen Verflechtungen noch mehr und verheiratete den Sohn der Senatrix Stephania – ebenfalls ja eine Nichte Marozias – mit der Tochter des Crescentius a Caballo marmoreo.[539] Die Tuskulaner, ein anderes Adelsgeschlecht, das alsbald eine Rolle in den innerrömischen Parteikämpfen spielen wird – hauptsächlich als Konkurrenten der Crescentier –, stammte ebenso von Marozia ab. Erster Träger des Namens *de Tusculana* war ein gewisser Gregorius, den man später zum kaiserlichen Flottenadmiral ernannte. Man vermutet, dass er ein Sohn des Fürsten Alberich und somit ein weiterer Enkel Marozias war – neben dem unrühmlichen Papst Johannes XII.[540] Es erübrigt sich fast schon zu erwähnen, dass die Römer mit ihrem neuen Papst trotz seines Rückhalts bei den Crescentiern bald unzufrieden waren. Die Anführer der Miliz verhafteten ihn. Er wurde misshandelt und aus Rom verbannt. Das machte im Jahr 966 einen erneuten Romzug Ottos erforderlich. Obgleich die Römer Johannes XIII. freiwillig wieder in ihrer Stadt aufgenommen hatten, wurden die Anführer der Revolte zum Tod verurteilt. Den Haupträdelsführer hing man an den sogenannten *caballus Constantini*, das Reiterstandbild Mark Aurels vor dem Lateranpalast. Dann wurde er wieder abgenommen und in einer Spottprozession – nackt und verkehrt herum auf einem Esel sitzend – durch Rom geführt.[541]

537 Vgl. MGH Poetae Latini 5, 1.2, S. 341, Nr. 116.
538 Zimmermann, Parteiungen, S. 71; zum Wohnsitz vgl. Krautheimer, Rom, S. 282.
539 Vgl. Zimmermann, Parteiungen, S. 69 f.
540 Vgl. LexMA VIII, Sp. 1122 f.
541 Vgl. Zimmermann, Papstabsetzungen, S. 96 f.

Doch verlassen wir die römischen Wirren, um einen Blick nach Konstantinopel zu werfen. Das byzantinische Reich erlebte zur selben Zeit wie das Reich der Ottonen einen Aufschwung. Dort regierte der kriegerische Kaiser Nikephoros II. Phokas, ein bewährter General, der schon bei seiner Krönung als der »bleiche Tod der Sarazenen« gefeiert wurde.[542] Aber auch erfolgreiche Kriegsführung verschlang damals schon eine Unmenge an Geld. Das zwang Nikephoros zu Steuererhöhungen und zu einem eisernen Sparkurs, was ihm den zunehmenden Unmut der Bevölkerung einbrachte. Seine kaiserliche Gemahlin war bereits mit Romanos II., seinem Vorgänger verheiratet gewesen. Ihre Ehe mit dem älteren Nikephoros diente allein der Absicht, den minderjährigen Söhnen des Romanos den Thron zu sichern. Eigentlich war Nikephoros nur der Regent und Mitkaiser der beiden Kindkaiser. Persönliche Zuneigung spielte bei dieser Zweckgemeinschaft keine Rolle. Die Kaiserin hatte deshalb schon seit längerem eine Affäre mit dem ebenfalls erfolgreichen und beim Heer sehr beliebten Feldherrn Johannes Tzimiskes. Als sie den Umschwung der öffentlichen Meinung gegen Nikephoros bemerkte, beschloss sie, den Ehemann durch den Liebhaber zu ersetzen. Tzimiskes war leicht zu gewinnen, da Nikephoros ihn anscheinend von seinem Posten abberufen wollte. In einer Dezembernacht des Jahres 969 drang Tzimiskes mit seinen Schergen in den Kaiserpalast ein und überfiel den schlafenden Kaiser. Als sie mit dem blanken Schwert auf den Wehrlosen eindrangen, flehte dieser um den Beistand der Jungfrau Maria und die Hilfe Gottes. Daraufhin schlugen ihm die Mörder mit ihren Schwertknäufen die Zähne aus, zerschmetterten ihm den Kiefer und brachten ihn so zum Schweigen. Tzimiskes, der seine Gehilfen noch aufstachelte, gab dem schwer verletzten Kaiser persönlich den Todesstoß.[543] Die ehebrecherische Kaiserin ging selbstverständlich davon aus, dass ihr Geliebter sie heiraten würde – der Mörder des Kaisers war ja faktisch auch dessen Nachfolger. Doch der aufgebrachte Patriarch von Konstantinopel verlangte von Tzimiskes eine Kirchenbuße wegen des ruchlosen Mordes. Vorher wollte er ihn nicht zum Kaiser krönen. Tzimiskes kam der Forderung des Patriarchen nach und zog es anschließend vor, seine Herrschaft mit einer besseren Partie zu legitimieren. Die enttäuschte Kaiserin musste tatenlos zusehen, wie Tzimiskes eine unkompromit-

542 Liutprand leg. 10, später auch ein Beiname Ottos II.
543 Zu den Ereignissen vgl. Leon Diak. V 5–9; Skylitzes, S. 279; Zon. XVI 28.

tierte Schwester von Kaiser Romanos II. und somit eine Schwägerin seiner ehemaligen Geliebten heiratete. Die beiden jungen Söhne von Romanos II. behielten indes ihren kaiserlichen Status.

Johannes I. Tzimiskes wies einige Ähnlichkeiten mit Napoleon I. auf. Sein aus dem Armenischen stammender Beiname bedeutet ›der Kleine‹, was auf seine äußere Erscheinung gemünzt ist, und er war ein begnadeter Feldherr. Er führte sein Heer gegen die Araber bis nach Palästina und besiegte die in den Balkan vorgedrungenen Truppen von Swjatoslaw, des Fürsten von Kiew. Die Mutter des Fürsten, die Regentin Olga von Kiew – ebenfalls eine der starken Frauen des frühen Mittelalters –, hatte ein Jahrzehnt zuvor Kontakt zu Otto dem Großen aufgenommen. Sie bat ihn um einen Bischof, der sie bei der Christianisierung ihres Landes unterstützen solle.[544] Otto kam ihrem Wunsch nach und drängte sich so in die byzantinische Interessensphäre.[545] Die Beziehungen des deutschen Kaisers zu Konstantinopel waren unter Nikephoros Phokas ohnedies wenig glücklich. Otto bat ihn um eine purpurgeborene Prinzessin als Braut für seinen Sohn.[546] Doch als sich die Verhandlungen in die Länge zogen, drang Otto in den byzantinischen Machtbereich ein und marschierte im Frühjahr 967 nach Süditalien, wo er die Huldigung der Fürsten von Capua und Benevent entgegennahm.[547] Nikephoros schäumte vor Wut. Als Otto im folgenden Jahr bis nach Apulien vorrückte, kam es zu ersten Kampfhandlungen, bei denen die Byzantiner eine Niederlage hinnehmen mussten. Das Verhältnis verbesserte sich schlagartig, als Johannes Tzimiskes die Herrschaft übernahm. Der neue byzantinische Kaiser lenkte sofort ein. Das Kaisertum Ottos wurde in Konstantinopel nunmehr anerkannt, und die Verhandlungen über eine byzantinische Braut für dessen Sohn Otto II. wurden wieder aufgenommen. Allerdings verweigerte auch Tzimiskes die Hand einer purpurgeborenen Prinzessin. Im Gespräch war zunächst Anna, eine Tochter des Kaisers Romanos II.[548] Aber Tzimiskes musste zu Beginn seiner Regierungszeit gegen allerlei Widerstände ankämpfen. Er galt den Zeitgenossen als Mörder seines Vorgängers und Usurpator. Es schien ihm wohl nicht geraten, eine nahe Angehörige der alten Kai-

544 Regino 959; dort wird sie *Helena* genannt; in den griechischen Texten heißt die Fürstin, die von den skandinavischen Warägern abstammte, *Helga*.

545 Der Bischof hatte jedoch wenig Erfolg, vgl. Regino 662.

546 Liutprand leg. 6; 25 f.; 31; 57.

547 Liutprand leg. 36, vgl. RI II 1, Nr. 441b.

548 Sie wurde erst im Jahr 988 mit Wladimir I., dem Fürsten von Kiew, verheiratet, nachdem sich dieser zum Christentum bekehrt hatte.

serfamilie, die obendrein die Tochter seiner abservierten Geliebten, der vormaligen Kaiserin, war, mit dem Sohn des mächtigen Herrschers im Westen zu vermählen. Man einigte sich schließlich auf Theophanu, eine angeheiratete Nichte von Tzimiskes. Sie stand ebenfalls und in mehrfacher Hinsicht in verwandtschaftlicher Beziehung zum Kaiserhaus. Ihre Mutter Sophia Phokaina gehörte als Großnichte von Nikephoros Phokas der Kaiserfamilie an. Und Theophanus Vater, ein hoher kaiserlicher Würdenträger namens Konstantinos Skieros, war der Bruder der verstorbenen ersten Ehefrau von Tzimiskes.[549]

Theophanu war wohl gerade zwölf Jahre alt, als sie sich in Begleitung des Erzbischofs Gero von Köln, den man als Brautwerber nach Konstantinopel geschickt hatte, per Schiff auf den Weg nach Westen machte.[550] Sie hatte zweifellos eine ihrem Stand und Alter entsprechende Erziehung genossen. Vermutlich befanden sich in ihrem Gefolge byzantinische Hofdamen, die sich weiter um ihre Ausbildung kümmerten. Und wahrscheinlich reiste sie in Begleitung einer byzantinischen Delegation. Es gab am ottonischen Hof allerdings auch Stimmen, die rieten, die nicht-purpurgeborene Braut wieder nach Konstantinopel zurückzuschicken.[551] Eine Empfehlung von der Otto der Große schon im Hinblick auf die diplomatischen Beziehungen zu Byzanz absah. In Süditalien ging Theophanu an Land, wohin man ihr ein Geleit unter der Führung des Bischofs von Metz entgegengesandt hatte. Am 14. April des Jahres 972 erreichte die junge Prinzessin die Ewige Stadt. Dort wurde sie bereits vom Kaiser, seiner Gemahlin und ihrem 16-jährigen Bräutigam samt vielköpfiger Gefolgschaft erwartet. Der Empfang musste einer Prinzessin aus der Weltstadt Konstantinopel würdig sein, denn dadurch konnte die Gleichwertigkeit des ottonischen Herrscherhauses mit dem östlichen Kaisertum demonstriert werden. Man sparte nicht mit höfischer Prachtentfaltung und orientierte sich am byzantinischen Zeremoniell. Wie üblich hatte Theophanu kaum Gelegenheit, ihren zukünftigen Gemahl kennenzulernen, der schon am Weihnachtsfest des Jahres 967 in Rom zum Mitkaiser gekrönt worden war. Man führte Theophanu nach St. Peter, wo sie vom Papst mit Otto II. vermählt und gleich im Anschluss zur Kaiserin gekrönt wurde.[552] Erhal-

549 Vgl. Klein, Theophanu, S. 227.

550 Vgl. Widukind III 71; 73, der sie als *puella* bezeichnet; vgl. Klein, Theophanu, S. 227; Ennen, Frauen, S. 64, geht von einem Alter von 16 Jahren aus.

551 So Thietmar II 15, vgl. Fußbroich, Theophanu, S. 41.

552 Vgl. RI II 1, Nr. 536b; 2, Nr. 597e.

ten hat sich eine prächtige Abschrift der Heiratsurkunde Theophanus mit Goldschrift auf purpurfarbenem Pergament. Sie wird heute im niedersächsischen Staatsarchiv aufbewahrt.[553] Darin überträgt ihr Otto II. eine Anzahl großer Ländereien zur materiellen Absicherung. Zugleich wird Theophanu feierlich als Mitkaiserin in das Herrscherkollegium – bestehend aus Otto dem Großen, der Kaiserin Adelheid und ihrem Sohn Otto II. – aufgenommen. Das bedeutet aber nicht, dass Otto der Große faktisch irgendwelche Herrschaftsbefugnisse übertragen hätte. Wenige Monate später bei einem Besuch des Klosters St. Gallen soll sich sein Sohn darüber scherzhaft beklagt haben. Angeblich ließ Otto der Große im Skriptorium des Klosters seinen Stab fallen, um zu sehen, ob sich die Mönche bei ihrer Arbeit stören lassen. Otto II. kommentierte den Vorgang mit scheinbarer Verwunderung darüber, dass der Vater seinen Stab fallen ließ, da er doch die Herrschaft so fest in Händen halte und sie nicht einmal mit seinem Sohn teilen wolle.[554] Allerdings hatte Otto der Große schlechte Erfahrungen gemacht, als er einst seinem im Jahr 957 verstorbenen Sohn Liudolf aus erster Ehe Regierungsbefugnisse übertrug und dieser dann prompt einen Aufstand gegen den Vater anzettelte.

Theophanu reiste mit der Kaiserfamilie nach Deutschland und durfte am Osterfest des Jahres 973 in Quedlinburg an der Seite ihres Gatten und der Kaiserin Adelheid erleben, wie Otto der Große Gesandtschaften aus ganz Europa empfing.[555] Das war ein letzter Höhepunkt seiner Macht. Kurz darauf erkrankte der über 60-jährige Kaiser schwer und starb am 7. Mai in der Pfalz von Memleben. Bereits am folgenden Tag huldigten die anwesenden Großen des Reiches Otto II. als dem neuen Kaiser.[556] Er war vor Kurzem erst 18 Jahre alt geworden. Unterstützt wurde er anfangs von seiner Mutter Adelheid, die im ganzen Reich hochgeachtet war. Auch nach dem Tod ihres Mannes trug sie weiterhin den Titel einer Kaiserin (*imperatrix* und *augusta*).[557] Ottos engste Berater waren – neben seiner Mutter und Theophanu – Willigis, der spätere Erzbischof von Mainz, und Hildebald von Worms, die jedoch beide nicht zu den großen Adelshäusern des Reiches gehörten. Otto bereiste in den folgenden Monaten in Begleitung seiner schönen

553 Staatsarchiv 6 Urk. 11; MGH DO II, S. 29, Nr. 21.
554 Ekkeh. casu. 16, man nimmt an, dass der Ausspruch im Kern authentisch ist.
555 Widukind III 75; Thietmar II 31, vgl. RI II 2, Nr. 605d–f.
556 Widukind III 76; Thietmar II 44; zu den weiteren Quellen vgl. RI II 2, Nr. 605m.
557 Vgl. z. B. MGH DO II, S. 77, Nr. 65; siehe dazu das Kapitel über Ageltrude, die nach dem Tod ihres Sohnes als *olim imperatrix* ›einstige Kaiserin‹ tituliert wurde.

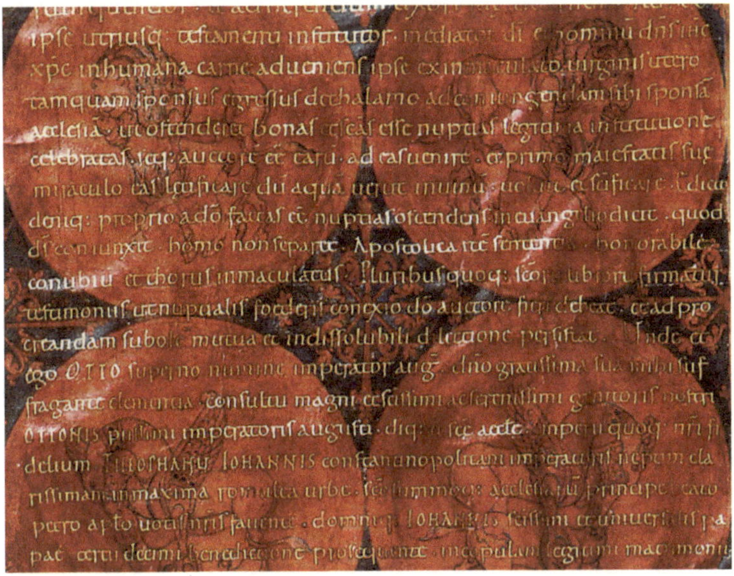

Abb. 31 Ausschnitt aus der Heiratsurkunde der Kaiserin Theophanu, Staatsarchiv Wolfenbüttel

griechischen Gemahlin und seiner Mutter das Reich und suchte nach Anerkennung und Unterstützung – wie schon erwähnt, war die Präsenz des Herrschers das wirkungsvollste Mittel mittelalterlicher Herrschaftsausübung. In den damaligen Schenkungsurkunden des jungen Kaisers begegnet uns die Kaiserwitwe überaus oft als unermüdliche Fürsprecherin für Kirchen und Klöster. Das war nicht nur ausschließlich ein Ausdruck von Frömmigkeit, obwohl das für Adelheid vielleicht das ausschlaggebende Motiv war. Dahinter standen auch machtpolitische Erwägungen, da die kirchlichen Institutionen sehr wichtig für die Verwaltung des ottonischen Reiches waren. Selbstredend konnte der junge Herrscher noch nicht mit einem Nachfolger aufwarten. Dadurch aber war die dynastische Kontinuität gefährdet, sollte dem Kaiser etwas zustoßen. Deshalb erhob Otto im April 974 Theophanu zur Mitherrscherin mit dem Titel *coimperatrix*.[558]

558 MGH DO II, S. 92, Nr. 76; der Titel erscheint auch in späteren Urkunden.

Theophanu war damit nicht nur die ›Teilhaberin der Herrschaft‹ (*consors regni*), wie dies Adelheid unter Otto dem Großen war, sondern eine echte Mitkaiserin mit dem Recht der Nachfolge.[559] Nach byzantinischem Vorbild – wie wir bei der Kaiserin Irene sehen konnten – wäre es Theophanu so bei einem frühen Tod Ottos möglich gewesen, selbst die Regentschaft zu übernehmen. Die Orientierung an einem Modell, wie man es in Konstantinopel kannte, verrät wohl die Urheberschaft der jungen Kaiserin. Ihr Status als Coimperatrix ist in der Geschichte des römisch-deutschen Kaisertums absolut einzigartig. Außer ihr trug sonst keine Frau diese Titulatur. Damit erscheinen Otto und Theophanu als gleichrangiges Herrscherpaar. So zeigt sie auch eine zeitgenössische Elfenbeintafel im byzantinischen Stil. Beide stehen in gleicher Größe nebeneinander und werden von Christus gekrönt und gesegnet. Der einzige Rangunterschied ergibt sich aus dem geringfügigen Detail, dass Otto auf dem Ehrenplatz rechts von Christus steht – also links vom Betrachter aus gesehen. Die Gleichrangigkeit betonte auch Otto, der sich gerade in jenen Dokumenten, in denen dieser Titel für Theophanu verwendet wird, selbst als Coimperator tituliert.

Im praktischen Alltag spielte die Rangerhöhung der Kaiserin kaum eine Rolle. Ihr Status als Mitkaiserin war nicht genauer definiert. Keineswegs übernahm sie als solche Herrschaftsaufgaben auf offizieller Ebene. In ihr Ressort fielen die üblichen Aufgaben einer frühmittelalterlichen Herrscherin. Welchen Einfluss diese auf die Politik nahm, hing von ihrem Charakter ab, und Theophanu war trotz ihres jugendlichen Alters schon eine sehr willenstarke Persönlichkeit. Adelheid machte der neuen First Lady am Hofe Platz und zog sich sukzessive aus der Politik zurück. An ihrer Stelle engagierte sich die junge Kaiserin als Fürsprecherin zugunsten von Kirchen, Klöstern und erprobten Gefolgsleuten des Kaisers. Allem Anschein nach war sich das Kaiserpaar aufrichtig zugetan. Im Jahr 977 wurde die erste Tochter geboren, die man nach ihrer Großmutter Adelheid nannte. Während Theophanus zweiter Schwangerschaft kam es offenbar zu Reibereien zwischen den beiden Kaiserinnen.[560] Die Witwe Ottos des Großen verließ in Begleitung ihrer Tochter Mathilde, die bereits im zarten Alter von elf Jahren zur Äbtissin des Klosters Quedlinburg geweiht worden war, den Hof und begab sich nach

559 Vgl. Klein, Theophanu, S. 230 f.
560 So zumindest nach Odilo epit. Adelh. 6.

Abb. 32 Otto II. und Theophanu werden von Christus gekrönt und gesegnet; byzantinische Elfenbeintafel aus Norditalien um 982, Musée national du Moyen Âge, Paris

Burgund. Jedoch vernachlässigte Otto die materielle Versorgung seiner Mutter und Schwester keineswegs und übertrug ihnen umfangreichen Grundbesitz. Im Sommer 978 kam die zweite Tochter des Kaiserpaars zur Welt, die nach ihrer Großmutter mütterlicherseits den Namen Sophia erhielt. Noch im Säuglingsalter übergab sie

Theophanu dem Nonnenkloster Gandersheim zur Erziehung.[561] Im folgenden Jahr wurde eine dritte Tochter geboren, die man nach ihrer Tante Mathilde benannte.[562] Kurz darauf war die Kaiserin erneut schwanger, und im Sommer 980 schenkte sie ihrem Gatten endlich den ersehnten Thronfolger Otto (III.), der als erstgeborener Sohn natürlich den Namen des Vaters bekam. Er hatte eine Zwillingsschwester, die jedoch bei der Geburt oder wenig später starb. Im Oktober 980 veranlasste Otto II. eine Schenkung an die Salvatorkapelle von Frankfurt »für das Seelenheil unserer Tochter«, wie es in der Schenkungsurkunde heißt.[563] Politischer Widerstand erwuchs dem Kaiser aus dem Kreise seiner Verwandtschaft. Schon im Jahr seiner Herrschaftsübernahme übertrug er das Herzogtum Schwaben dem Sohn seines Halbbruders Liudolf – der Vorgänger war vor kurzem verstorben, ohne einen Nachfolger zu hinterlassen. Das brachte Otto in Konflikt mit dem Herzog von Bayern, Heinrich, der bezeichnenderweise »der Zänker« genannt wird. Dieser war ein Neffe Ottos des Großen und erhob selbst Ansprüche auf das Herzogtum Schwaben. Die Herrschaft über zwei Herzogtümer hätte ihm eine fast königsgleiche Macht verliehen. Mit einigen unzufriedenen Bischöfen und im Bunde mit dem Herzog von Böhmen initiierte er einen Aufstand, der erst im Jahr 978 mit Waffengewalt niedergeschlagen werden konnte. Bei dem anschließenden Gerichtsverfahren gegen die Verschwörer kam Heinrich der Zänker glimpflich davon. Er erhielt eine Haftstrafe unter der Obhut des Bischofs von Utrecht.[564]

Kaum waren Ruhe und Ordnung wiederhergestellt und die Macht Ottos im Inneren gesichert, als im Westen des Reiches ein weiterer militärischer Konflikt ausbrach. Im Westfrankenreich – dort herrschten immer noch die Karolinger – war man naturgemäß wenig glücklich über den Verlust Lothringens. Auf einer Versammlung des westfränkischen Hochadels wurde deshalb unter Zustimmung des Herzogs Hugo Carpet, dem eigentlich mächtigen Mann im Staat, beschlossen, das Kerngebiet der Karolinger mit der Kaiserpfalz Aachen zurückzugewinnen. Eben dort hielten sich im Sommer 978 Otto und die mit der Tochter Sophia hochschwangere Theophanu auf. Sie wurden von dem plötzlichen Handstreich des westfränki-

561 MGH DO II, S. 227, Nr. 201.

562 Vgl. RI II 2, Nr. 771c; die Reihenfolge der Geburten ergibt sich aus den Namen der Töchter, die zuerst nach ihren beiden Großmüttern benannt wurden.

563 MGH DO II., S. 257, Nr. 229.

564 Vgl. RI II 2, Nr. 763b–c.

schen Königs völlig überrascht. Otto habe die Nachricht von dem Angriff nicht glauben wollen und sei selbst mit dem Pferd ausgeritten, um die herannahenden feindlichen Streitkräfte mit eigenen Augen zu sehen. Nur mit Mühe konnte sich das Kaiserpaar mitsamt ihrem Gefolge nach Köln retten. Abgesehen von der gelungenen Überraschung richteten die Westfranken nichts weiter aus. Sie plünderten Aachen und drehten den Adler, der von Karl dem Großen auf dem Giebel des Kaiserpalastes angebracht worden war, in die andere Richtung. Er blickte nun symbolträchtig und drohend nach Osten. Daraufhin zogen sie wieder ab.[565] Diese Aggression provozierte eine Strafaktion des deutschen Kaisers. Noch im selben Jahr fiel Otto in das Westfrankenreich ein und verwüstete mehrere Städte. Allerdings scheiterte er bei der Belagerung der Stadt Paris, die von Hugo Carpet verteidigt wurde. Der Kaiser begnügte sich damit, sein Heer vor den Toren der Stadt eine Siegesparade abhalten zu lassen, und trat im November den Rückweg an.[566] Besagter Hugo Carpet wurde übrigens im Jahr 987, nach dem Tod des letzten westfränkischen Karolingers, zum König gewählt und begründete so das französische Königshaus. Auch die späteren französischen Herrscherfamilien der Valois und der Bourbonen stammten aus Nebenlinien des Hauses Carpet. Als Ludwig XVI. während der französischen Revolution abgesetzt wurde, erhielt er den bürgerlichen Namen Louis Carpet. Kaiser Otto II. – um in die Zeit der Ottonen zurückzukehren – strebte eine baldige Aussöhnung mit den Westfranken an. Im Mai traf er sich mit dem damals noch regierenden Karolinger und erneuerte das alte Freundschaftsbündnis, das vor dem Angriff auf Aachen zwischen den beiden Reichen bestanden hatte.[567]

Die Aufmerksamkeit des Herrscherpaares richtete sich nun auf Italien. Dort hatten die Römer wieder einmal den Papst abgesetzt. Auf dem Stuhl Petri saß Benedikt VI., der aber zu seinem Nachteil nicht zur Partei der Crescentier gehörte. Unter Führung von Crescentius de Theodora wurde er gestürzt und in der Engelsburg eingekerkert. An seiner Stelle wählte man Bonifatius VII., der seinen Vorgänger ermorden ließ. Das darüber empörte Volk verbündete sich nun mit dem kaiserlichen Gesandten und vertrieb Bonifatius aus Rom. Der Papstthron war wieder vakant und die kaiserliche Partei einigte sich mit

565 Richer III 68–71, vgl. Ann. Sangall. 978; Rodulf. Glab. hist. I 3.
566 Richer III 73 f.
567 Richer III 80.

den Crescentiern auf einen Kompromisskandidaten. Das war offenbar Marozias Neffe, ein Sohn ihrer Schwester Theodora (II.) und somit ein Onkel des Crescentius de Theodora, der als Benedikt VII. ordiniert wurde.[568] Crescentius de Theodora zog sich ins Privatleben zurück und trat später als bußfertiger Mönch in das vom Fürsten Alberich gestiftete Kloster auf dem Aventin ein. Allerdings tauchte im Sommer 980 der zwischenzeitlich exkommunizierte Bonifatius VII. wieder in Rom auf und vertrieb seinerseits Benedikt VII., der nach Ravenna floh und den Kaiser um Hilfe bat.[569] Im Herbst reisten Otto und Theophanu mitsamt ihrem kleinen Sohn und dem Hof – aber ohne ein nennenswertes Heer – nach Italien. In der Königsstadt Pavia stießen Adelheid, Mathilde von Quedlinburg und Adelheids Bruder, der König von Burgund, dazu. Dabei soll sich das Herrscherpaar durch Vermittlung des Burgunderkönigs mit Adelheid ausgesöhnt haben.[570] Die Mutter Ottos II. akzeptierte jetzt wohl die kaiserliche Position ihrer Schwiegertochter. Man hatte es nicht eilig, nach Rom weiterzuziehen und Papst Benedikt VII. in sein Amt einzusetzen. Die höfische Gesellschaft verbrachte den Winter in Ravenna. Erst im folgenden Frühjahr ging es weiter in die Ewige Stadt. Der Usurpator Bonifatius raffte schnell die Kirchenschätze zusammen und floh eiligst nach Konstantinopel. Zu Ostern veranstaltete die Kaiserfamilie in Rom einen prächtigen Hoftag, zu dem sich Würdenträger und Gesandtschaften aus ganz Europa einfanden, darunter auch der Westfranke Hugo Carpet.[571]

Otto II. und Theophanu betrieben in der Folge eine völlig neue Italienpolitik. Weder Karl der Große noch Otto der Große wollten ihr Kaisertum zu sehr an die Stadt Rom und Italien binden. Wahrscheinlich unter dem Einfluss Theophanus betonte Otto die Universalität seiner kaiserlichen Regierung und deren Verbindung mit der Stadt Rom. Er nannte sich nun ›Kaiser und Imperator der Römer‹ (*Romanorum imperator augustus*).[572] Auch sollte sich seine Herrschaft in diesem Reichsteil nicht auf den Norden und den Kirchenstaat beschränken, sondern auf ganz Italien erstrecken.[573] Das musste ihn in Konflikt mit Konstantinopel bringen. Allerdings war dort inzwischen Tzimiskes, der Onkel Theophanus, gestorben. Es wird so-

568 Zur Abstammung vgl. RI II 5, Nr. 527.
569 Zu den Vorgängen vgl. Zimmermann, Papstabsetzungen, S. 99–102.
570 So nach Odilo epit. Adelh. 7.
571 Vgl. bes. Ann. Magdeb. 981.
572 Erstmals im Jahr 976, vgl. MGH DO II, S. 159, Nr. 142.
573 Vgl. Seibert, Eines großen Vaters, S. 309.

gar behauptet, er sei von einem Herrn namens Basileios Lakapenos, einem Onkel von Kaiser Romanos II. und einer der wichtigsten Höflinge des Tzimiskes, vergiftet worden. Lakapenos übernahm die Regentschaft für seine beiden Großneffen, die Söhne von Romanos II. Die Familie von Tzimiskes und damit auch die Familie Theophanus fiel in Ungnade und wurde verfolgt. Theophanu hatte damit keinen Grund mehr, auf die byzantinischen Interessen in Süditalien Rücksicht zu nehmen. Ein weiterer Gegner bei der Durchsetzung dieses Herrschaftsanspruchs waren die Sarazenen, die eben zu jener Zeit erneut in Kalabrien vordrangen. Trotz des Machtwechsels in Konstantinopel hielt es Theophanu für unklug, in Italien gleichzeitig gegen Byzanz und die Sarazenen zu kämpfen.[574] Otto hörte nicht auf den Rat seiner klugen Gemahlin. Im Herbst 981 zog das Kaiserpaar nach Süditalien, nachdem es die heißen Sommermonate in einem eigens errichteten Sommerpalast in den Abruzzen verbracht und Otto für die bevorstehenden Kämpfe Verstärkung aus Deutschland angefordert hatte.[575] Im November erreichten sie Neapel. Das etwas weiter südlich liegende Salerno konnte nach einer kurzen Belagerung eingenommen werden. Und im Frühjahr 982 eröffnete der Kaiser die Offensive gegen die Sarazenen. Er wurde auf dem Kriegszug weiterhin von Theophanu und dem kleinen Otto begleitet. Erst kurz vor der entscheidenden Schlacht gegen die Sarazenen bei Cotrone ließ er sie mit dem Tross unter dem Schutz bewährter Kriegsleute zurück.[576] Was dann folgte, war die katastrophalste Niederlage in der Geschichte der Ottonen. Der Kaiser scheiterte als Feldherr kläglich. Das kaiserliche Heer mit seinen schwergepanzerten Reitern geriet in einen Hinterhalt und wurde von den Sarazenen größtenteils vernichtet. Mit knapper Not entkam Otto dem Gemetzel. Er floh ausgerechnet auf einem byzantinischen Schiff. Als die Besatzung erkannte, wer ihr Passagier war, wollten sie ihn gefangen nehmen. Der Kaiser stürzte sich daraufhin in die Fluten und schwamm zum Ufer. Auf einem Pferd, das ihm ein jüdischer Kaufmann besorgt hatte, gelangte er bis nach Rom.[577]

Auch Theophanu konnte sich und ihren Sohn vor den anrückenden Sarazenen retten. Die Kaiserin, die ja von Anfang an von dem Unternehmen abgeraten hatte, soll ihrem Gatten wegen seines Ver-

574 Vgl. Wolf, Satura, S. 245–250.
575 Thietmar III 20.
576 Vgl. RI II 2, Nr. 874a; 3, Nr. 956g.
577 Thietmar III 20–22, vgl. auch Joh. diac. Venet, S. 27 f.; Ann. Sangall. 982; Richer III 96.

sagens heftige Vorwürfe gemacht haben.[578] Theophanu blieb in Rom, als der Kaiser im Frühjahr 983 nach Deutschland aufbrach, um dort auf einem Reichstag das weitere Vorgehen zu besprechen. Kritisch war zudem auch die Lage nördlich der Alpen, da die Niederlage des Kaisers in Italien einen Raubzug des dänischen Königs und einen Aufstand der slawischen Stämme östlich der Elbe zur Folge hatte. In dieser Zeit empfing Theophanu den byzantinischen Mönch Gregor, der vermutlich ein Verwandter der Kaiserin war.[579] Er gründete in Rom ein Kloster, doch als Vertrauter Theophanus blieb er im Gefolge der Kaiserin und wurde später der Beichtvater ihres Sohnes. Im Mai reiste Theophanu mit dem Hof nach Norditalien. Auch der Kaiser war inzwischen wieder vom Reichstag in Mainz zurückgekehrt. Unter dem Eindruck der Niederlage vom Vorjahr hatte man ihn auf der Reichsversammlung wohl dazu gedrängt, seine Nachfolge zu klären. Der kleine Otto war nun fast drei Jahre alt. Das war nach damaligen Gepflogenheiten das durchaus passende Alter, ihn zum Mitherrscher zu erheben. Wahrscheinlich hatte man dies auf dem Mainzer Reichstag so beschlossen. Am Pfingstfest des Jahres 983 gaben sich die Großen des ottonischen Reiches in Verona ein Stelldichein. Neben dem Kaiserpaar, der Kaiserin Adelheid und dem Erzbischof Willigis von Mainz waren zahlreiche deutsche und italienische Fürsten zugegen. Von ihnen wurde der dreijährige Otto III. einstimmig zum König gewählt.[580] Es war ein Novum, dass der deutsch-italienische König auf einer gemeinsamen Versammlung der Würdenträger beider Reichsteile erhoben wurde. Ganz offenkundig sollte damit die Einheit des Reiches demonstriert werden. Nach Abschluss der Feierlichkeiten übergab man den neugekürten kleinen König dem Erzbischof Willigis, der ihn über die Alpen brachte. In Aachen sollte er nach ottonischer Tradition die Königsweihe erhalten. Der Einfluss Theophanus auf die Italienpolitik des Kaisers offenbarte sich spätestens bei dem Abkommen mit Venedig, gegen das Otto einen Handelskrieg geführt hatte. In dem Vertragsdokument heißt es, dass die Vereinbarung durch die Vermittlung der Kaiserinnen Theophanu und Adelheid zustande gekommen sei.[581] Im Herbst besuchte das Kaiserpaar Rom. Dort war inzwischen Papst Benedikt VII. gestorben. Als Nachfolger setzte der Kaiser zum Missvergnügen der Römer

578 Alpert de episc. 1.
579 Vita Greg. abb. 15.
580 Thietmar III 24.
581 MGH Const. 1, S. 43, Nr. 19, vgl. Joh. diac. Venet, S. 28.

Johannes XIV. ein, den vorherigen Bischof von Pavia. Während des Sommers muss sich Otto II. die Malaria eingefangen haben. Um die Fieberanfälle schnell wieder loszubekommen, unterzog er sich anscheinend einer Behandlung, durch die sich der Krankheitsverlauf drastisch verschlimmerte.[582] Am 7. Dezember 983 starb der Kaiser im Beisein Theophanus, nachdem er seine privaten Besitzverhältnisse geregelt und ihm der Papst die Sterbesakramente gespendet hatte.

Der in jungen Jahren verstorbene Kaiser wurde in einem antiken Sarkophag mit einem Deckel aus Porphyr in einer Vorhalle von St. Peter beigesetzt.[583] In Rom brachen nach dem Tod Ottos II. sogleich Unruhen aus. Theophanu verließ mit kleinem Gefolge die Stadt und begab sich nach Pavia zu Adelheid. Zu den Begleitern Theophanus gehörten ihre Freundin Imiza, ihr Ratgeber Rotbertus und vermutlich ihre Schwägerin Mathilde von Quedlinburg.[584] In Deutschland erfuhr man vom Ableben des Kaisers erst drei Wochen später, kurz nachdem am Weihnachtsfest Otto III. in Aachen von den Erzbischöfen Willigis von Mainz und Johannes von Ravenna zum König gekrönt worden war – nach dem Willen des verstorbenen Kaisers waren auch hier jeweils ein Bischof aus dem deutschen und dem italienischen Reichsteil beteiligt.[585] Die ohnehin schon versammelten Fürsten berieten über die Nachfolge des Kaisers. Eigentlich hatte Otto II. alles geregelt. Sein unmündiger Sohn war gekrönter König und Theophanu als Coimperatrix dessen Regentin. Doch scheint dies für die deutschen Fürsten zu neuartig gewesen zu sein. Nach fränkischem Recht stand die Vormundschaft dem nächsten und ältesten Verwandten des Vaters zu, eine Verwandtschaftsbeziehung, die man als »Schwertmagen« bezeichnete. Und das war im vorliegenden Fall niemand anders als Heinrich der Zänker, der sich immer noch in Haft beim Bischof von Utrecht befand. Tatsächlich sprach sich eine Mehrheit für eine Vormundschaft durch besagten Heinrich aus, der alsbald aus der Gefangenschaft entlassen wurde. Der Erzbischof von Köln, in dessen Obhut sich der kleine Otto befand, übergab das Kind entsprechend der Rechtslage Heinrich. Doch der Zänker strebte selbst nach der Krone und begann, ein Netzwerk von Verbündeten aufzubauen. Auch der westfränkische König stand

582 So laut Richer III 96.

583 Während des Neubaus des Petersdomes wurden die Gebeine in einen einfachen Marmorsarg umgebettet und in den vatikanischen Grotten beigesetzt.

584 Zu Imiza und Rotbertus vgl. Gerbert epp. 14; 22; 37.

585 Thietmar III 26; zur Schnelligkeit der Nachrichtenübermittlung vgl. RI II 3, Nr. 956u.

in einem engen Verwandtschaftsverhältnis zu den Ottonen, seine Mutter war eine Schwester Ottos des Großen und seine Gemahlin eine Tochter Adelheids aus erster Ehe. Er hoffte auf Gebietsgewinne in Lothringen und unterstützte zunächst den Zänker, der sich von seinen Gefolgsleuten bereits als neuer König feiern ließ.

Theophanu in Pavia verfolgte die Geschehnisse aufmerksam und beriet sich vor allem mit ihren Vertrauten Imiza und Rotbertus. Einen anderen Getreuen, Gerbert von Aurillac, sandte sie nach Reims. Er sollte den westfränkischen Hof beobachten und sich dort für ihre Regentschaft einsetzen.[586] Dieser Gerbert – ein Gelehrter, dem schon die Erziehung Ottos II. anvertraut worden war – wurde später der Lehrer und politische Berater Ottos III. Im Jahr 999 bestieg er als Papst Silvester II. den Stuhl Petri. Gegen die Ansprüche des Zänkers formierte sich allerdings bald Widerstand, und es kam zu ersten Kampfhandlungen. Besonders der Erzbischof Willigis von Mainz mobilisierte die Anhänger des ottonischen Hauses. Bei einer spontanen Zusammenkunft auf der »Hesleburg« – heute Asselburg in Niedersachsen – bekundeten sie ihre Loyalität gegenüber dem Herrscherhaus. Heinrich ließ daraufhin den jungen Otto auf die Burg eines seiner Gefolgsleute verschleppen.[587] Willigis erkannte, dass die Anwesenheit der kaiserlichen Frauen in Deutschland dringend notwendig war, und sandte einen Boten nach Pavia. Ende April 984 brachen Theophanu, Adelheid und Mathilde von Quedlinburg nach Norden auf. Sie nahmen ihren Weg über Burgund, wo sich ihnen der burgundische König, der Bruder Adelheids, anschloss. Willigis war ihnen entgegengereist. Andere Adelige stießen während der Reise durch Deutschland hinzu, sodass die Kaiserinnen schließlich im Juni mit großem Gefolge den Ort »Rara« – Rohr bei Meiningen – erreichten. Die Gegenwart Theophanus und Adelheids brachte den endgültigen Umschwung. Die Mission Gerberts von Aurillac war ebenso von Erfolg gekrönt. Unter seinem Einfluss sprach sich der Erzbischof von Reims, der ranghöchste Kirchenfürst Frankreichs, für Otto III. und gegen Heinrich aus.[588] Da auch das Kriegsglück sich zunehmend der ottonischen Partei zuneigte, war der Zänker zu Verhandlungen bereit. Er kam mit dem inzwischen vierjährigen Otto nach Rara. Die Gespräche gestalteten sich schwierig, doch vor der

586 Vgl. Gerbert epp. 22.
587 Thietmar IV 1, vgl. RI II 3, Nr. 956q1.
588 Gerbert epp. 27.

geschlossenen Phalanx der deutschen und italienischen Anhängerschaft der Ottonen lenkte er ein. Den Quellen zufolge habe ihn ein strahlender Stern, der zur Mittagszeit am Himmel erschienen sei, dazu bewegt.[589] Es handelte sich wahrscheinlich um eine Sonnenfinsternis und bei der Wundergläubigkeit der Menschen des Mittelalters wird dies zweifellos auch der Zänker als göttliches Zeichen gedeutet haben. Er übergab den kleinen Otto seiner Mutter.

Theophanu war inzwischen eine blühende junge Frau von ungefähr 24 Jahren. Sie besaß eine gewinnende Persönlichkeit und diplomatisches Geschick. Beides scheint dem Zänker gefehlt zu haben. Sollte es in der Vergangenheit Spannungen zwischen Theophanu und Adelheid gegeben haben, so vereinte sie der Kampf um das Anrecht des kleinen Otto. Sie traten in der Folge stets gemeinsam auf. Zusammen übergaben sie noch in Rara den vierjährigen Otto zur Erziehung an den Grafen Hoico und geleiteten direkt im Anschluss Mathilde in das Kloster Quedlinburg, dessen Äbtissin sie war. Einmütig trafen sie sich im Herbst mit dem Herzog von Bayern und dem Erzbischof von Salzburg. Gemeinsam versammelten sie danach die Anhängerschaft der Ottonen in Speyer, um über die zukünftige Regierungsgewalt zu beraten. Denn die Frage der Regentschaft war immer noch ungeklärt. Einige hätten wahrscheinlich lieber die angesehene und erfahrene Adelheid der jungen Griechin vorgezogen. Aber Theophanu hatte als einstige Coimperatrix Ottos II. einen gewissen Vorrang. Außerdem standen ihr die beiden engen Vertrauten ihres verstorbenen Gatten zur Seite: Willigis, der nicht nur Erzbischof von Mainz, sondern auch Erzkanzler des Reiches war, und Hildebald, der Vizekanzler und Bischof von Worms. Der vorläufig letzte gemeinsame Auftritt der beiden Monarchinnen fand auf dem Hoftag im Juni 985 in Frankfurt statt. Hier erschien wieder Heinrich der Zänker, der zwar im Vorjahr den kleinen Otto übergeben hatte, mit dem aber sonst keine Übereinkunft getroffen worden war. Er hatte in der Zwischenzeit weiterhin gegen die Ottonen intrigiert und die Verbindung mit dem westfränkischen König gesucht. In Frankfurt nun unterwarf sich der Zänker Theophanu und Adelheid. Demütig und voller Reue bekannte er seine Vergehen und bat um Gnade. Das war das übliche mittelalterliche Prozedere, auf welches hin der Herrscher seinen Großmut unter Beweis stellen konnte. Die Kaiserinnen verziehen dem Zänker und verliehen ihm sein altes Herzogtum Bayern. Der

589 Ann. Quedl. 984; Thietmar IV 8, vgl. RI II 3, Nr. 956q2.

bisherige Amtsinhaber – ein treuer Anhänger der Ottonen – wurde mit dem Herzogtum Kärnten und der Markgrafschaft von Verona abgefunden.[590] Dass er damit einverstanden war, belegt einmal mehr die Fähigkeiten Theophanus als Diplomatin.

Nach diesem Hoftag in Frankfurt trennten sich einstweilen die Wege der beiden Kaiserinnen. Ein konkreter Streitpunkt scheint wohl Adelheids großzügiger Umgang mit den ihr als Witwenausstattung überlassenen umfangreichen Gütern gewesen zu sein, die sie überaus freigiebig an Kirchen und Klöster verschenkte. Theophanu vertrat den Standpunkt, dies seien Krongüter, die dem König erhalten bleiben sollten. Erzkanzler Willigis und Mathilde von Quedlinburg unterstützten sie hierbei.[591] Außerdem war in Italien die Präsenz des Herrscherhauses ebenfalls erforderlich. Adelheid als Erbin des *regnum Italiae* übernahm in Pavia die Aufgaben einer kaiserlichen Stellvertreterin. Bereits im Frühjahr war in Rom der exkommunizierte und vertriebene Bonifatius VII. wieder aufgetaucht. Nach der Ermordung des rechtmäßigen Papstes soll er in der Stadt eine wahre Schreckensherrschaft errichtet haben. Eine Palastrevolte beendete das Regime des verhassten Bonifatius, den man bald *Malefatius*, ›den Übeltäter‹, nannte. Die Römer ließen ihren Hass an seinem Leichnam aus, den sie brutal misshandelten und nackt zum sogenannten *caballus Constantini* vor dem Lateranpalast schleppten, wo sie ihn liegen ließen. Crescentius Nomentanus, der Sohn von Crescentius de Theodora und somit ebenfalls ein Nachkomme aus dem Hause Theophylakts übernahm danach in Rom die weltliche Herrschaft und setzte Johannes XV. als neuen Papst ein.[592] Dieser war ein gebildeter Mann, stand der ottonischen Partei nahe und fand gewiss die Zustimmung Theophanus. Von der Ordination des Papstes informierte man sie jedoch erst nachträglich, als sie sich gerade in der Nähe von Bamberg aufhielt – damals nur eine kleine Adelsburg. Wie wir schon gesehen haben, war die Herrschaftsausübung im ottonischen Kaiserreich mit einer unermüdlichen Reisetätigkeit verbunden. Ruhelos zog Theophanu mit ihrem vielköpfigen Gefolge kreuz und quer durch das ganze Land. Längere Aufenthalte waren die Seltenheit. Wenn keine Kaiserpfalz in der Nähe war, so kampierte man im Freien in Zelten. Häufig ist in den Regesten vom Hoflager die Rede.

590 Ann. Quedl. 985; Thietmar IV 8.
591 So Wolf, Satura, S. 280; Klein, Theophanu, S. 237, vgl. jedoch RI II 3, Nr. 972a; c.
592 Vgl. Zimmermann, Papstabsetzungen, S. 102 f.

Der kleine Otto teilte das permanente Reiseleben seiner Mutter. Begleitet wurde sie von der Hofkapelle, deren Mitglieder für die Gottesdienste zuständig waren, und der Kanzlei. D. h., Willigis von Mainz und Hildebald von Worms – als Erzkanzler und Vizekanzler die Vorsteher der Kanzlei – waren fast ständig um die Kaiserin. Hinzukamen ihre Vertrauten, Hofdamen und Berater und schließlich alle Bediensteten, die für die herrschaftliche Hofhaltung benötigt wurden. Da die Größe des Gefolges auch etwas über den Rang des Reisenden aussagte, diente der Umfang der kaiserlichen Reisegesellschaft nicht zuletzt auch der Herrschaftsrepräsentation. Man könnte deshalb sagen, das Reich wurde vom Pferdesattel aus regiert.[593]

Eine wirkliche Versöhnung mit dem Zänker erreichte Theophanu, indem sie ihn beinahe im wörtlichen Sinne mit ins Boot holte. Er begleitete die Kaiserin, den kleinen König und den Hof auf einer Schiffsreise entlang des Rheins, mit der so die wiederhergestellte Eintracht im Reich demonstriert wurde. Der Konflikt mit Frankreich und dem dort noch regierenden Karolingerkönig schwelte indessen weiter. Dieser war mehrmals in Lothringen eingefallen. Vermittels ihres Agenten Gerbert von Aurillac schloss die Kaiserin hinter seinem Rücken eine Allianz mit Hugo Carpet.[594] Eine Vermittlerrolle übernahm außerdem die Schwester Hugos, die Herzogin Beatrix von Oberlothringen. Im Frühjahr 986 starb der französische Karolingerkönig und ein gutes Jahr später sein Sohn und Nachfolger. Während der kurzen Regierungszeit des letzten Karolingers zog sich der Kleinkrieg an der Westgrenze hin. Der französische Hof war nun in zwei Lager gespalten. Die Königswitwe Emma, die Tochter Adelheids aus erster Ehe, trat für den Frieden mit den Ottonen ein. Doch eine mächtige Gegenpartei hoffte immer noch auf Gebietsgewinne in Lothringen. Emma wurde schließlich nach Burgund verbannt. Der Erzbischof von Reims handelte im Einverständnis Theophanus, als er nach dem Tod des letzten Karolingers Hugo Carpet zum französischen König krönte. Hugo war ihr Verbündeter und zum Erzbischof hatte die Kaiserin durch ihren bewährten Verbindungsmann Gerbert von Aurillac sehr gute Beziehungen.[595]

Die unangefochtene Stellung Theophanus und Ottos III. zeigte sich beim Hoftag in Quedlinburg am Osterfest des Jahres 986. Dort

593 Zum Itinerar der Kaiserin vgl. Wolf, Satura, S. 257–267.
594 Gerbert epp. 41; 47–51; 58.
595 Vgl. Wolf, Satura, S. 337; Klein, Theophanu, S. 240 f.

fand eine Festkrönung des jungen Otto statt, die sich an der einstigen Königskrönung Ottos des Großen orientierte. Die vier wichtigsten Herzöge des Reiches – darunter Heinrich der Zänker – dienten dem König während der Zeremonie als Truchsess, Kämmerer, Mundschenk und Marschall. Zugegen waren die Herzöge von Böhmen und Polen mit ihrem Gefolge.[596] Die Gegenwart dieser Würdenträger aus dem Ostteil des Reiches legt nahe, dass bei dieser Gelegenheit über die Grenzsicherung im Osten gesprochen wurde. Wie schon erwähnt wurde, war dort nach der Niederlage von Cotrone unter den Slawen ein Aufstand ausgebrochen. Tatsächlich überschritt im Sommer unter der nominellen Führung des inzwischen sechsjährigen Otto und der Kaiserin ein großes Heer die Elbe. Der Herzog von Polen stieß mit seinen Truppen hinzu und leistete dem König den Lehnseid. Unter anderem soll er dem kleinen König dabei ein Kamel geschenkt haben.[597] Der Feldzug war eine reine Machtdemonstration, mit der die Verhältnisse im Osten zumindest stabilisiert wurden. Wichtiger war als Ergebnis die Freundschaft mit dem Herzog von Polen. Die weitgestrickte Außenpolitik Theophanus begann, europäische Dimensionen anzunehmen. Der drohenden Haltung des feindlich gesinnten Dänenkönigs begegnete sie mit einem Bündnis zwischen dem König von Schweden und dem Herzog von Polen. Zugleich intensivierte sie die Kontakte zu Skandinavien durch den Ausbau der Handelsbeziehungen und die Entsendung christlicher Missionare. Mit dem Reich von Kiew, das eindeutig zur Interessensphäre von Konstantinopel gehörte, tauschte Theophanu Gesandtschaften aus.[598] Im Dezember 986 erreichte eine italienische Delegation den Hof und bat die Kaiserin dringend um ihr persönliches Erscheinen.[599] Theophanu versprach, im nächsten Jahr kommen zu wollen. Die geplante Italienreise musste wegen der unsicheren Verhältnisse in Frankreich und eines dort nach der Wahl Hugo Carpets entbrannten Thronstreits, in den der Herzog von Niederlothringen involviert war, immer wieder verschoben werden.

Die Anwesenheit Theophanus in Italien war notwendig geworden, weil Adelheid im Frühjahr 986 Pavia verlassen hatte, um in Burgund ihrer Tochter Emma in den französischen Thronwirren beizustehen. Im Herbst weilte sie als Fürsprecherin Emmas wieder am

596 Ann. Quedl. 986; Thietmar IV 9.
597 Thietmar IV 9.
598 Zur Außenpolitik Theophanus vgl. Wolf, Satura, S. 291–302; 333–338.
599 Gerbert epp. 82–84; 91.

deutschen Hof. Falls es denn größere Misshelligkeiten zwischen den beiden Kaiserinnen gegeben hat, so kam es nun offenbar zu einer Aussöhnung. Theophanu und Adelheid erschienen auf den folgenden Hoftagen wieder Seite an Seite. Zum Zeichen des Ausgleichs veranlasste Theophanu die nochmalige Bestätigung der Adelheid als Witwenausstattung überlassenen Güter.[600] Erst im Sommer 988 nahm der beabsichtigte Italienzug der Kaiserin konkrete Züge an. Sie gründete für den italienischen Reichsteil eine eigene Kanzlei. Doch eine Erkrankung verhinderte die Reise in den Süden erneut. Die Kaiserin berief einstweilen einen Hoftag in Konstanz ein, zu dem hauptsächlich italienische Würdenträger geladen waren. Von dort aus reorganisierte Theophanu die Finanzverwaltung Oberitaliens. Die Leitung übertrug sie ihrem Vertrauten Johannes Philagathos, der zum Erzbischof von Piacenza ernannt wurde. Philagathos war mit der Kaiserin eng befreundet.[601] Schon Otto II. hatte ihn zum italienischen Kanzler berufen, und am Hofe Theophanus wirkte er als Griechischlehrer des kleinen Otto. Zwar wurden im folgenden Frühjahr die Reisepläne wieder aufgenommen, doch erforderten die französischen Machtkämpfe weiterhin die Aufmerksamkeit und Präsenz der Kaiserin. Danach musste sie einen innerkirchlichen Streit schlichten, den ihre elfjährige Tochter Sophia ausgelöst hatte. Das Mädchen war wohl eine ebenso starke Persönlichkeit wie ihre Mutter. Als sie zur Nonne geweiht werden sollte, weigerte sie sich während der Zeremonie, den Schleier vom zuständigen Bischof von Hildesheim entgegenzunehmen. Stattdessen bestand sie eigenwillig darauf, dass Willigis, der Erzkanzler und Erzbischof von Mainz, die Weihe vornehmen solle. Mitten im Gottesdienst in der Klosterkirche von Gandersheim und vor dem ganzen Hof stritten sich die beiden Kirchenfürsten heftig um die Zuständigkeit. Da sprach Theophanu ein salomonisches Machtwort und befahl, dass beide die Weihe vornehmen sollen. Damit war der Frieden vorläufig wiederhergestellt.[602] Erst danach machte sich Theophanu auf den Weg nach Italien. Den kleinen Otto übergab sie der Obhut seiner Tante Mathilde von Quedlinburg und des Erzkanzlers Willigis. Sie reiste wie üblich mit umfangreichem Gefolge, aber – und das ist höchst bemerkenswert –

600 MGH DO III, S. 425, Nr. 36.
601 Thietmar IV 30; freilich wurde der Kaiserin auch – wohl zu unrecht – eine intime Beziehung zu Philagathos nachgesagt, vgl. Wolf, Satura, S. 293.
602 Thangmar 13; später sollte es über diese Kompetenzfrage zum Gandersheimer Streit kommen, der bedrohliche Ausmaße annahm.

ohne nennenswerte militärische Begleitung. Zu ihrer Gefolgschaft gehörten unter anderem der Bischof von Würzburg, die beiden Vorsteher der italienischen Kanzlei und Johannes Philagathos.

Ihr erstes Ziel war die Ewige Stadt, die sie Anfang Dezember des Jahres 989 erreichte. Zur Vorbereitung ihres Empfangs hatte sie den Bischof von Lüttich vorausgeschickt. In Rom regierte Crescentius Nomentanus – fast schon wie zu Zeiten Marozias und des Fürsten Alberich – als weltlicher Machthaber. Er arrangierte sich offenbar mit der diplomatischen und gewinnenden Kaiserin, die ihre Herrschaftsrechte in Rom ungehindert wahrnehmen konnte. Im Gegenzug änderte Theophanu nichts an den römischen Verhältnissen. Für ihren verstorbenen Gemahl veranstaltete sie am 7. Dezember, seinem Todestag, eine große Trauerfeier. Daneben traf sie sich mit dem Bischof Adalbert von Prag, der sich zu jener Zeit als Mönch in Rom aufhielt und den die Kaiserin ihren »lieben Freund« nannte.[603] Von Rom aus intensivierte Theophanu die Beziehungen zum Reich von Kiew und beauftragte den Papst, eine Gesandtschaft an den Hof des dortigen Fürsten zu entsenden. Daneben regelte sie die Besitzverhältnisse einiger süditalienischer Klöster.[604] Im März reiste Theophanu nach Ravenna weiter. Auch hier befasste sie sich mit den üblichen Regierungsaufgaben und ließ juristische und klerikale Streitfälle klären. Das Osterfest 990 verbrachte sie in Pavia, um dann im Mai wieder nach Deutschland zurückzukehren. Mit sich führte sie einen reichen Schatz an Reliquien, die sie während ihrer Reise gesammelte hatte und die zum Großteil für die Kirche S. Pantaleon in Köln bestimmt waren. So unspektakulär verlief die Italienreise Theophanus verglichen mit den typischen Italienzügen deutscher Herrscher, was zeigt, wie gesichert und unbestritten ihre Herrschaft auch im Süden des Reiches war.[605] In Deutschland, wo Otto III. stets an ihrer Seite war, wahrte Theophanu den Schein und ließ sämtliche juristischen Dokumente im Namen ihres Sohnes ausstellen. Aber in Italien, ohne die Begleitung des jungen Königs, musste die Kaiserin auch offiziell aus eigener Machtvollkommenheit handeln. Auch das war in der Geschichte des römisch-deutschen Reiches einzigartig. In den beiden aus der Zeit ihrer Italienreise überlieferten Urkunden tritt sie – eine Frau – als die regierende Kaiserin auf. Ja, sie ging noch einen

603 FBR I, S. 321, 445–454.
604 Vgl. MGH DO III (Theophanu), S. 876, Nr. 1.
605 Vgl. RI II 3, Nr. 1038.

Schritt weiter und nahm nach byzantinischem Vorbild die männliche Kaisertitulatur an. Wie eingangs schon zitiert, nannte sie sich »Theophanius, durch göttliche Gnade erhabener Kaiser«.[606] Doch das war eben die Ausnahme.

Im Frühsommer 990 erreichte sie Mainz, wo sie vom Erzkanzler Willigis und dem kleinen Otto erwartet wurde. Während Theophanus Abwesenheit offenbarte sich selbst Heinrich der Zänker als Wahrer ihrer Interessen, indem er versucht hatte, in den französischen Machtkämpfen auf einen Ausgleich in ihrem Sinne hinzuwirken. Ein triumphaler Höhepunkt von Theophanus Regentschaft war der große Reichstag von Quedlinburg am Osterfest des Jahres 991. Die Kaiserin ließ das Fest mit besonderer Pracht feiern. Wieder fanden sich neben den Würdenträgern aus Deutschland und Italien Gesandtschaften aus ganz Europa ein, die König Otto und der neben ihm thronenden Kaiserin Theophanu huldigten. Zur Repräsentation des Herrscherhauses waren auch die Kaiserin Adelheid, Theophanus ergebene Schwägerin Mathilde und ihre Tochter, die nach ihrer Großmutter benannte Prinzessin Adelheid, erschienen. Es soll sogar eine Delegation aus Kiew angereist sein.[607] Angeblich kam es in Quedlinburg erneut zum Zwist zwischen den beiden Kaiserinnen. Theophanu soll anschließend gesagt haben: »Wenn ich noch ein volles Jahr lebe, wird man die Herrschaft Adelheids mit der flachen Hand umspannen können« – vermutlich eine böswillige Übertreibung des Biographen der Kaiserin Adelheid.[608] Nach dem Reichstag reiste die Kaiserin nach Nijmegen, um endlich eine Schlichtung in den französischen Streitigkeiten herbeizuführen. Dort erkrankte sie plötzlich und starb überraschend am 15. Juni 991. Vermutlich litt sie schon seit längerem an einer Lungenkrankheit, die in Verbindung mit einer in diesem Jahr grassierenden Epidemie zum unerwartet frühen Tod der Kaiserin führte. Theophanu verschied für unsere Begriffe relativ jung. Sie erreichte ein Alter von ungefähr 31 Jahren. Nach ihrem letzten Willen überführte man den Leichnam in die Klosterkirche S. Pantaleon in Köln, die sie wohl schon zuvor zu ihrer zukünftigen Grabstätte erkoren hatte.[609] Sie wurde im Westwerk des Gotteshauses zur ewigen Ruhe gebettet. Dort, an diesem Ort der Stille, ruht die große Kaiserin heute noch.

606 MGH DO III (Theophanu), S. 876, Nr. 2 (= Reg. Farf. III, S. 114, Nr. 436).
607 Ann. Quedl. 991, vgl. RI II 3, Nr. 1028d.
608 Odilo epit. Adelh. 8.
609 Ann. Quedl. 991; Thietmar IV 15.

Abb. 33 Kaiser Otto III. thronend mit Krone, Adlerszepter und Reichsapfel, daneben geistliche und weltliche Würdenträger, Miniaturmalerei aus dem Evangeliar Ottos III., Bayerische Staatsbibliothek, München

Sie wurde 1965 in einen neuen Sarkophag aus weißem griechischem Marmor mit der Inschrift *domina Theophanu imperatrix* umgebettet. An ihrem Todestag feierte man über 800 Jahre lang jedes Jahr ihr zu Ehren einen Gedenkgottesdienst, bis das Kloster im Zuge der Säkularisierung im Jahr 1803 aufgelöst wurde. Im Jahr 1991, an ihrem tausendsten Todestag, wurde diese Tradition erneut aufgenommen. So gedenkt man auch heute noch in Köln mit einer katholischen Eucharistiefeier und einer anschließenden orthodoxen Liturgie dieser bedeutenden Herrscherin des frühen Mittelalters.

Abb. 34 Die vier Personifikationen der ottonischen Reichsteile: Sclavinia, Germania, Gallia und Roma mit Gaben für den Herrscher, Miniaturmalerei aus dem Evangeliar Ottos III., Bayerische Staatsbibliothek, München

Als mit Theophanu der leuchtende Stern des ottonischen Imperiums erlosch,[610] war ihr Sohn Otto III. gerade elf Jahre alt. Die vormundschaftliche Regierung lag jetzt ganz in den Händen von Erzkanzler Willigis und Vizekanzler Hildebald, unterstützt von Kaiserin Adelheid und Mathilde von Quedlinburg. Otto III. wurde an Christi Himmelfahrt des Jahres 996 in Rom zum Kaiser gekrönt. Unter dem Einfluss der klassischen Bildung, die ihm Theophanu angedeihen ließ, und der ehrgeizigen Devise *renovatio imperii Romanorum* –

610 Metapher frei nach dem Marienhymnus *Ave, praeclara stella maris.*

›Erneuerung des Römischen Reiches‹ – verlagerte sich während seiner Herrschaft der Regierungsschwerpunkt nach Italien. Das führte in Rom zum Konflikt mit Crescentius Nomentanus, der schließlich nach einer Rebellion hingerichtet wurde. Doch die Römer lehnten sich unter Beteiligung des kaiserlichen Admirals Gregorius von Tusculum, der wahrscheinlich ein Enkel Marozias war, gegen die kaiserliche Herrschaft auf und belagerten Otto III. in seiner Residenz. Dem jungen und wortgewandten Kaiser gelang es, die römische Bevölkerung durch eine eindrucksvolle Rede umzustimmen. Aber wenig später erkrankte er wie einst sein Vater an der Malaria und starb im Januar 1002 im Alter von 21 Jahren. Sein Nachfolger wurde Heinrich II., der Sohn Heinrichs des Zänkers. War es um die Beziehungen zwischen dem Imperium der Ottonen und Byzanz unter der Regentschaft Theophanus erstaunlich still, so wurden sie unter Otto III. wieder intensiviert. Mit Erfolg warb er in Konstantinopel um eine kaiserliche Braut, die jedoch erst in Italien eintraf, als der Kaiser bereits verschieden war. In Byzanz herrschte zu jener Zeit Basileios II., der ältere Sohn von Romanos II., den man wegen seiner militärischen Erfolge gegen die Bulgaren ›den Bulgarentöter‹ (*Bulgaroktonos*) nannte. Unter ihm erlebte das byzantinische Reich seinen glanzvollen Höhepunkt. Fraglich ist, inwieweit die Bevölkerungsmehrheit jener Zeit diese politischen Ereignisse überhaupt verfolgt hat, denn just als Otto III. von den Römern in seinem Palast belagert wurde, kämpften die von einer Hungersnot heimgesuchten Menschen in Italien und Deutschland ums nackte Überleben.[611] Im Zuge einer Klimaerwärmung, auch als mittelalterliche Klimaanomalie bezeichnet, kam es besonders um die Jahrtausendwende verstärkt zu extremen Wetterverhältnissen mit Dürreperioden und nachfolgenden Missernten und Hungersnöten.

Theophanu wird oftmals als herrschsüchtig und ehrgeizig dargestellt. Doch im Gegensatz zu Kaiserin Irene regierte Theophanu nicht anstelle ihres Sohnes, sondern für ihren Sohn. Das belegen die Regierungsdokumente ihrer Herrschaft, die – abgesehen von den beiden italienischen Urkunden – alle im Namen Ottos III. ausgestellt sind. Dass sie ihre erst einjährige Tochter Sophia zur Erziehung einem Kloster übergab, könnte herzlos erscheinen. Doch war dies zu ihrer Zeit üblich. Auch die anderen beiden Töchter der Kaiserin erhielten eine klösterliche Erziehung. Die Alternative wäre ein unstetes

611 Vgl. RI II 3, Nr. 1435e.

Reiseleben an der Seite ihrer Mutter gewesen. Kurz vor ihrem Tod bat die Kaiserin ihren Sohn, für die Ausstattung seiner Schwestern zu sorgen. Die Ausbildung Ottos III. beaufsichtigte Theophanu persönlich. Während der sächsische Graf Hoico die höfische und ritterliche Unterweisung übernahm, gab ihm unter anderem Johannes Philagathos Griechischunterricht. Otto III. war damit wohl der einzige römisch-deutsche Kaiser, der Griechisch konnte, neben Latein die abendländische Hochsprache jener Zeit – gerade im Hinblick auf die byzantinische Kultur. Zweifellos blieb die von byzantinischen Vorstellungen geprägte Herrschaftsauffassung Theophanus nicht ohne Wirkung auf Otto III. und sein Verhältnis zum Papsttum. Es ist bezeichnend für die Regentschaft der Kaiserin, dass sie nicht auf militärische Konfrontation setzte – zu ihrer Zeit das beliebte Mittel der Politik –, sondern Konflikte vor allem durch kluge Diplomatie beilegte und so zum Wohl des Reiches ihre Herrschaft und vor allem die ihres Sohnes sicherte. Sie mag uns als geschickte Machtpolitikerin von gewinnendem Charakter erscheinen, die mit viel Charme und Esprit gesegnet war. Daneben war Theophanu auch eine liebende Mutter, die innige Freundschaften pflegte – erinnert sei an ihre Hofdame Imiza, an ihre Schwägerin Mathilde von Quedlinburg oder an ihren Vertrauten Johannes Philagathos. Nicht zuletzt beeinflusste Theophanu durch ihre byzantinische Herkunft maßgeblich den erneuten künstlerischen Aufschwung des Westens – eine Entwicklung, die man auch als Ottonische Renaissance bezeichnet.

JOHANNA

Wir haben nun mehrfach feststellen können, dass es um das Ansehen und die Autorität des Papsttums im *saeculum obscurum* zeitweilig nicht zum Besten bestellt war. Wir sahen, wie Päpste von den weltlichen Machthabern beliebig abgesetzt oder eingesetzt wurden. Auf der anderen Seite gab es Frauen, die über beträchtlichen Einfluss verfügten. Sie waren oftmals sehr gebildet und übten als Königinnen oder Kaiserinnen Macht aus. Die Vesteratrix Theodora und besonders ihre Tochter Marozia herrschten sogar über das päpstliche Rom. Da ist es nur ein kleiner Schritt zu der Idee, eine Frau könnte – freilich als Mann verkleidet – selbst die Nachfolge des Apostelfürsten angetreten haben. Der früheste Bericht über die Päpstin Johanna in seiner allgemein bekannten Form erschien erstmals bei dem Dominikanermönch Martin von Troppau, später auch Martin Polonus genannt. In der dritten redigierten Version seiner Papst- und Kaiserchronik, die wohl kurz vor seinem Tod im Jahr 1278 entstand, berichtet er nach der Vita von Papst Leo IV., der im Jahr 855 starb, Folgendes:[612]

> »Nach diesem Papst Leo hat Johannes Anglicus aus Mainz den Papststuhl für zwei Jahre, sieben Monate und vier Tage innegehabt und ist in Rom gestorben, worauf eine einmonatige Sedisvakanz eingetreten ist. Wie man versichert, war dieser eine Frau, die als junges Mädchen von ihrem Liebhaber in männlicher Kleidung nach Athen geführt wurde und dort in verschiedenen Wissenschaften solche Fortschritte machte, dass niemand ihr gleichkam. Später hat sie in Rom Grammatik, Rhetorik und Dialektik gelehrt und berühmte Lehrer als ihre Schüler und Hörer gehabt.[613] Da sie in der Stadt Rom wegen ihrer Lebensführung und Gelehrsamkeit großes Ansehen genoss, wurde sie einstimmig zum Papst gewählt, dann

612 Leo IV. wird bei ihm fälschlicherweise als Leo V. gezählt.
613 Im Text heißt es, sie habe das *trivium* gelehrt, womit diese drei Fächer gemeint sind.

> aber während ihres Papsttums von ihrem Vertrauten geschwängert. Und da sie die Zeit der Geburt nicht wusste, ist sie auf dem Weg von St. Peter zum Lateran zwischen Kolosseum und der Kirche des heiligen Clemens von den Wehen überrascht worden und hat (ein Kind) geboren. An der gleichen Stelle ist sie gestorben und, wie man sagt, auch begraben worden. Da der Papst diesen Weg immer meidet, glauben die meisten, dass dies aus Abscheu vor dem Ereignis geschehen sei. Sie wird auch nicht in den Katalog der heiligen Päpste aufgenommen, da dem weiblichen Geschlecht in dieser Hinsicht eine Deformität zukommt.«[614]

Die Chronik Martins von Troppau galt im späten Mittelalter als das beliebteste und meistgelesenste Geschichtswerk. Aber der Dominikaner war nicht unbedingt ein zuverlässiger Autor. Es finden sich in seinem Werk zahlreiche Verwechslungen sowie unkritisch übernommene oder erdichtete Fabeln, Kuriositäten und Anekdoten.[615] Es wurde bald in die Volkssprachen übersetzt und daraus gerne abgeschrieben. Die späteren Berichte über die Päpstin Johanna gehen mehr oder weniger ergänzt, geändert und ausgeschmückt alle auf Martin zurück.[616] In einer zweiten Fassung seiner Chronik wird das Ende der Päpstin variiert. Johanna sei nach der Geburt ihres Kindes abgesetzt worden und ins Kloster gegangen. Zur Erinnerung an den Vorfall habe man ihr an der Stelle, an der sie niederkam, eine Statue errichtet und die Gasse, in der sich dies ereignet haben soll, fortan *vicus papisse*, ›Gasse der Päpstin‹ genannt. Ihr Sohn – eben das Kind, das zur Entdeckung ihres Geschlechts geführt habe – soll später Bischof von Ostia geworden sein. Nach dem Tod Johannas habe er sie in seiner Bischofsstadt beisetzen lassen, wo an ihrem Grab viele Wunder geschehen seien.[617] Die formelle Absetzung und der anschließende Rückzug ins Kloster wäre eigentlich das korrekte Verfahren bei der Absetzung eines unrechtmäßigen Papstes gewesen. Der frauenfeindliche Hinweis auf die vermeintliche Deformität des weiblichen Geschlechts jedoch entspricht eher den Anschauungen der damaligen Dominikaner, die am besten Thomas von Aquin

614 Martin v. Troppau chron., S. 428.

615 Auf die Verwechslung des Markgrafen Petrus mit Marozias erstem Ehemann Alberich (Martin Troppau chron., S. 430) wurde im entsprechenden Kapitel hingewiesen; zur Beurteilung des Autors vgl. Brincken, Herkunft.

616 Zur Rezeptionsgeschichte vgl. bes. Gössmann, Päpstin.

617 Ebenfalls Martin v. Troppau chron., S. 428.

zum Ausdruck bringt. Er entschied, dass die Priesterweihe an einer Frau wegen ihrer angeblichen Unvollkommenheit gegenüber dem männlichen Geschlecht wirkungslos abgleite.[618] Thomas von Aquin und Martin hielten sich etwa zur selben Zeit in Rom auf und dürften sich auch persönlich gekannt haben.

Einmal ganz abgesehen von der höchst unwahrscheinlichen Möglichkeit, dass es einem Menschen gelungen sein soll, der Öffentlichkeit fast sein ganzes Leben lang eine gelungene Travestieshow vorzuspielen – einer Frau, die zudem im Verborgenen ihre Sexualität sehr wohl ausgelebt haben soll –, stellt sich die Frage, ob sich dies in Anbetracht der historischen Fakten überhaupt so zugetragen haben kann. Die Chronologie des Pontifikats von Leo IV. darf als ziemlich gesichert gelten. Nach dem Buch der Päpste, dem *Liber pontificalis*, starb er am 17. Juni 855.[619] Da die Befürworter der Historizität der Päpstin Johanna sich auf Martin berufend entgegnen, dass die Päpstin ja aus den offiziellen Katalogen getilgt und der *Liber pontificalis* dementsprechend manipuliert worden sei, wollen wir diese Quelle außer Acht lassen. Das Todesdatum wird aber mit geringfügigen Abweichungen auch von anderen zeitnahen und unverdächtigen Quellen bestätigt.[620] Danach wird die Situation allerdings tatsächlich etwas verworren, und es scheint so, als ob der spätere päpstliche Bibliothekar, ein Herr namens Anastasius, die Viten der nachfolgenden Päpste aus einigen Handschriften des *Liber pontificalis* entfernt hätte – eine Lücke die jedoch später mit überlieferten Kopien geschlossen werden konnte. Der Bibliothekar Anastasius hatte dafür einen guten Grund. Er trat nämlich nach dem Tod Leos IV. als Gegenpapst auf und wollte offensichtlich die Spuren seiner gescheiterten Usurpation beseitigen.[621] Freilich gelang ihm das nicht, denn Geschichtsfälschung war auch im frühen Mittelalter – allen Verschwörungstheoretikern zum Trotz – kein leicht zu bewerkstelligendes Unterfangen. Später wurde ihm tatsächlich der Vorwurf gemacht, als Bibliothekar mehrere Schriften entwendet zu haben.[622] Zum Nachfolger Leos IV. wurde nach

618 Ausführlich in Sent. IV 25.
619 Lib. pontif. II, S. 134.
620 Die Ann. Bert. 855 geben August an; mehrere andere Quellen nennen fälschlicherweise das Jahr 856, vgl. RI I 4,2, Nr. 334. Zur Chronologie des Pontifikats vgl. auch die Kopie einer Urkunde vom 10. August 854 (Marini, S. 14, Nr. 13).
621 Lib. pontif. II, S. I–VIII, vgl. Herbers, Päpstin, S. 178–180.
622 Ann. Bert. 868.

einer knapp sechswöchigen Sedisvakanz Benedikt III. gewählt.[623] Kurz danach, im September 855, versuchte Anastasius sich des Papstthrons zu bemächtigen. Unterstützt von den Gefolgsleuten Kaiser Lothars I. drang er mit Waffengewalt in die Ewige Stadt ein und nahm Benedikt III. gefangen. Gute zwei Wochen später war der Spuk vorbei. Die aufgebrachten Römer vertrieben Anastasius aus dem Lateranpalast, woraufhin Benedikt III. erneut geweiht wurde.[624] Im Jahr 867 ernannte man den in den Laienstand zurückversetzten Anastasius zum päpstlichen Bibliothekar. Zur Datierung des Pontifikats von Benedikt III. existiert als eine vom *Liber pontificalis* unabhängige Quelle eine Originalurkunde vom 7. Oktober 855 für das Kloster von Corbie,[625] in dem zur Zeit Judiths der Abt Wala wirkte.

Schon rein chronologisch gibt es zwischen Leo IV. und Benedikt III. gar keinen Platz für eine Päpstin Johanna. Den besten Beweis liefert der Autor Tolomeo von Lucca, ebenfalls ein Dominikaner. In seiner gegen 1312 entstandenen Kirchengeschichte übernahm er zwar den Bericht Martins, allerdings mit dem Hinweis, dass außer Martin alle Schriftsteller, die er gelesen habe, auf Leo IV. direkt Benedikt III. folgen lassen.[626] Nicht besser sieht es nach dem Pontifikat Benedikts III. aus, wie dies ebenfalls vorgeschlagen wurde.[627] Der Papst starb im April 858. Auch hierfür liegen unabhängige Quellen vor.[628] Kurz zuvor, am 30. März, stellte er noch ein Privileg für den Erzbischof von Grado in Norditalien aus.[629] Drei Wochen später wurde im Beisein von Kaiser Ludwig II. der Diakon Nikolaus zum Nachfolger Petri ordiniert.[630] Auch hier ist die Chronologie durchgängig und keine Lücke für eine über zwei Jahre amtierende Päpstin Johanna vorhanden. Und wie sind die weiteren Angaben Martins zu beurteilen? Der Name Anglicus bedeutet ›der Engländer‹. Gleichzeitig aber soll die Päpstin aus Mainz stammen.[631] Spätere Dichtungen versuchten das Problem zu lösen, indem sie die Eltern Johannas von England nach Mainz übersiedeln oder ihren Liebhaber von dorther kommen

623 Ann. Bert. 855, vgl. Flodoard de triumph. XII 1; zu den weiteren Quellen vgl. RI I 4,2, Nr. 336.
624 Vgl. Zimmermann, Papstabsetzungen, S. 42–45.
625 Amiens Bibl. mun. Ms. 526 G, vgl. Zimmermann PU, S. 30, Nr. 17.
626 Tolomeo hist. eccl., Sp. 1013(a).
627 So Joan Morris, Pope John VIII. An English Woman alias Pope Joan, London 1985; zur Beurteilung vgl. Herbers, Päpstin, S. 177–187.
628 Ann. Bert. 858, zu den weiteren Quellen vgl. RI I 4,2, Nr. 420; 424.
629 Erwähnt in späteren Urkunden (Zimmermann PU, S. 1060, Nr. 561; S. 1161, Nr. 618).
630 Ann. Bert. 858; Vulgarius de causa Formos. 1; Flodoard de triumph. XII 1; Chron. Farf., S. 243, zu weiteren Quellen vgl. RI I 4,2, Nr. 421.
631 Zur Assoziierung mit »Engelpapst« vgl. Herbers, Päpstin, S. 193.

ließen.[632] Und dieser, ihr Liebhaber, habe sie in Männerkleidung zum Studium nach Athen geführt. Dass Frauen im Mittelalter auf Reisen, um unbehelligt zu bleiben, männliche Kleidung anlegten, kam vor, doch weshalb sollten Johanna und ihr Gefährte ausgerechnet nach Athen gereist sein? Wie wir schon im Kapitel über die Kaiserin Irene gesehen haben, war das mittelalterliche Athen ein kleines Nest und schon lange kein Hort der Bildung mehr – spätestens seitdem Justinian die dortige Akademie schließen ließ.[633] Die Vorstellung des Dominikaners reflektiert die antike Überlieferung von Athen als dem einstigen Zentrum griechischer Philosophie und hatte mit der mittelalterlichen Realität wirklich nichts gemeinsam. Und nur vermittels ihrer männlichen Verkleidung soll es Johanna möglich gewesen sein, große Gelehrsamkeit zu erwerben. Wir konnten indes schon mehrfach feststellen, dass es besonders in den Adelskreisen des frühen Mittelalters überaus viele hochgebildete Frauen gab, ja, dass sie an Bildung ihren männlichen Standesgenossen oftmals weit überlegen waren. Wie schon mehrmals erwähnt, galten auch Nonnenklöster als Stätten der Bildung. Eine beschwerliche Reise nach Athen und obendrein das Vortäuschen des männlichen Geschlechts waren dafür gänzlich überflüssig. Überdies – auch dies dürfte deutlich geworden sein – spielten im machtpolitischen Gefüge dieser Zeit hervorragende Leistungen in den Wissenschaften bei der Wahl zum Papst nur selten eine Rolle.

Was hat nun Martin bewogen, die Päpstin Johanna gerade zwischen Leo IV. und Benedikt III. einzufügen? Zum einen genoss Leo IV. den Ruf großer Bildung, womit ein Anknüpfungspunkt zur angeblich ebenfalls außerordentlich gelehrsamen Päpstin gegeben war. Große Gelehrsamkeit durfte zweifellos auch der Gegenpapst und spätere Bibliothekar Anastasius für sich in Anspruch nehmen, doch ihn unterschlägt Martin. Weitere banale Gründe kamen hinzu. Wie schon dargelegt, brechen einige Handschriften des *Liber pontificalis* nach der Vita Leos IV. ab. Es lag also nahe, die Erzählung an dieser Stelle einzufügen. Ja, es mochte Martin vielleicht so vorgekommen sein, also ob hier etwas unterschlagen worden sei. Zudem bot sich diese Stelle durch die streng schematische Arbeitsweise Martins an, dem nach der Biographie Leos IV. schlicht noch Platz zur Verfügung stand,

632 Zu den verschiedenen Varianten vgl. Döllinger, Papstfabeln, S. 49 f.

633 Vgl. Gregorovius, Geschichte I,2, S. 518, der auch eine Geschichte der Stadt Athen im Mittelalter verfasste.

den es auszufüllen galt.[634] Dennoch hat Martin die Anekdote von der Päpstin Johanna nicht einfach nur frei erfunden. Sein Hinweis, man habe Johanna nicht in die Papstkataloge aufgenommen, deutet darauf hin, dass der Autor in den schriftlichen Quellen nichts über die Päpstin gefunden hat. Aber er hielt sich ja lange in Rom auf und schöpfte sicherlich aus den römischen Lokaltraditionen, die wohl bereits die Legende von einer Päpstin kannten. Tatsächlich war Martin nicht der Erste, der von einer Frau auf dem Papstthron wusste. Der Mönch Johannes von Mailly – gleichfalls ein Angehöriger des dominikanischen Ordens – berichtet noch einige Jahre vor Martin in seiner *Chronica universalis Mettensis* (›Metzer Weltchronik‹) von einer Päpstin. Im Anschluss an das Pontifikat von Papst Urban II., der im Jahr 1099 starb, fügt Johannes von Mailly einen Papst, oder vielmehr eine Päpstin, ein, die als Frau das andere Geschlecht vorgetäuscht habe. Wegen ihrer großen Begabung sei sie zuerst Notar der Kurie, dann Kardinal und schließlich Papst geworden. Nachdem sie beim Ausritt ein Kind zur Welt gebracht habe, wodurch ihr wahres Geschlecht erkennbar geworden sei, soll man sie nach römischer Justiz mit den Füßen an den Schwanz ihres Pferdes gebunden und durch die Stadt geschleift haben. Anschließend habe das Volk sie gesteinigt. Dort, wo sie starb, sei sie begraben worden, und eine Inschrift bezeuge das Geschehen: »Petrus, Vater der Väter, du sollst das Gebären der Päpstin verraten.«[635] In Latein – der Sprache, in der die angebliche Inschrift abgefasst war – heißt das *P(etre), p(ater) p(atrum), p(apisse) p(rodito) p(artum)*, eine Alliteration, die mit dem sechsmaligen Buchstaben »P« abgekürzt werden kann.

Der Unterschied zu Martin von Troppau ist deutlich. Bei Johannes von Mailly hat die Päpstin keinen Namen. Ihr Pontifikat wird ans Ende des 11. Jahrhunderts datiert. Brutal ist das Ende der Päpstin, die nach einer römischen Gepflogenheit, die sonst nirgendwo bezeugt ist und die es niemals gab, an ihr Pferd gebunden, zu Tode geschleift und gesteinigt wird. Allerdings verfolgte Johannes von Mailly eine ganz andere Intention als Martin. Sein Werk gehört zur Gattung der mittelalterlichen Erbauungsliteratur. Jetzt mag man sich fragen, was an dem grausamen Tod der Päpstin unterhaltsam sein soll. Doch wurden in diese Art von Unterhaltungsliteratur gerne allerlei Kuriositäten und mahnende Beispiele eingefügt. Interessanterweise

634 So Döllinger, Papstfabeln, S. 14 f.
635 Chron. univers. Mett., S. 514, die Chronik wurde später bis zum Jahr 1509 fortgesetzt.

findet sich in dem Manuskript des Dominikaners die Randnotiz *require* (›prüfe‹). Der Autor war sich offenbar nicht ganz sicher, was den Wahrheitsgehalt seiner Schilderung anbelangt. Es ist zu vermuten, dass er etwas vom Hörensagen aufgeschrieben hat und im Nachhinein nach Belegen suchen wollte. Und wir wissen nicht, ob er seine Angaben wirklich noch überprüft hat. Der Verdacht liegt nahe, dass dies eher nicht der Fall war. Abgesehen von der Inschrift, auf die noch zurückzukommen sein wird, finden sich bei Johannes von Mailly keine Spuren einer möglichen römischen Lokaltradition. Sein Ordensbruder und Zeitgenosse Stephan von Bourbon hat in seinem Werk über die sieben Gaben des Heiligen Geistes diese Anekdote übernommen und verschärft.[636] Er spricht von einer »sonderbaren Verwegenheit, vielmehr Ungeheuerlichkeit«, die sich ereignet habe. Erst mit der Hilfe des Teufels sei es nämlich einer Frau möglich gewesen, Kardinal und Päpstin zu werden. Die vermeintliche Unholdin in Papstgewändern wird nun nicht mehr an den Schwanz, sondern an die Beine ihres Pferdes gebunden und zu Tode geschleift. Auch die Inschrift mit den sechs alliterierenden »P« verändert sich, nun lautet sie: »Hüte dich, Vater der Väter, das Gebären der Päpstin zu verraten«.[637] Seine Schilderung endet mit der Mahnung: »Seht, zu welch verabscheuungswürdigem Ende eine solch unbesonnene Vermessenheit führt.«

Das Werk Stephans von Bourbon gehörte nicht zur Erbauungsliteratur, sondern war als Vorlage für die Predigt gedacht, was gewiss für eine dementsprechende Verbreitung der Legende sorgte. Die kirchlichen Institutionen sind am unrechtmäßigen Pontifikat einer Frau unschuldig, da sie von ihr mit Hilfe des Teufels getäuscht wurden. Hier dringt das Motiv der Frau als Urheberin allen Übels durch, was wohl genügend über das Frauenbild des Dominikaners aussagt. Eine neue Variante präsentiert ein wenige Zeit später schreibender Erfurter Franziskanermönch in seiner *Chronica minor.*[638] Er fügt die Anekdote in die Zeit nach der Leichensynode ein, nachdem Papst Stephan VI. vom Volk gelyncht worden war und man als konkurrierende Nachfolger Johannes IX. und Sergius III. gewählt hatte. Allerdings beteuert er, dass der Name und die Amtszeit der Päpstin unbekannt seien. Neben der großen Gelehrsamkeit hebt der

636 Vgl. Gössmann, Päpstin, S. 26 f.; der Text ist wiedergegeben bei Döllinger, Papstfabeln, S. 10, Anm. 1.
637 *P(arce), p(ater) p(atrum), p(apissae) p(rodere) p(artum).*
638 Chron. min., S. 184.

Franziskaner auch ihre schöne Gestalt hervor. Ihr wahres Geschlecht sei während einer Sitzung des päpstlichen Konsistoriums enthüllt worden. Vor allen Anwesenden soll ein Dämon erschienen sein, der ihr die Worte zurief: »Papst, Vater der Väter, du sollst das Gebären der Päpstin kundtun«, was gleichfalls auf den sechs alliterierenden »P« basiert.[639] Eine Strafe oder das Ende der Päpstin werden nicht erwähnt. Dies könnte neben der anderen Datierung und der Berufung des Autors auf römische Quellen darauf hinweisen, dass er aus einer eigenständigen Überlieferungstradition schöpfte.[640] Allein bei diesen vier Autoren findet sich die früheste Erwähnung eines weiblichen Papstes und nur bei Martin von Troppau hat sie einen Namen. Sämtliche Notizen über die Päpstin bei vorher schreibenden Autoren sind längst als nachträgliche Einfügungen, Verfälschungen und Manipulationen entlarvt.[641]

Wir können festhalten, dass es unter Dominikanern und Franziskanern wohl eine mündlich überlieferte Ordenstradition gab, in der von einer Frau auf dem Papststuhl die Rede war. Die einzige Gemeinsamkeit ist die Inschrift beziehungsweise der Ausspruch mit den sechs verschieden gedeuteten alliterierenden »P«. Die postulierte Gelehrsamkeit der falschen Päpstin verweist auf die Vorstellungswelt jener Mönche, denen eine gebildete Frau besonders im Bereich der Lehre als ebenso paradox und gefährlich anmuten musste wie ein weiblicher Papst,[642] weshalb Frauen auch der Zugang zu den im Hochmittelalter aufkommenden Universitäten verwehrt blieb. Die von Johannes von Mailly und Stephan von Bourbon genannte drakonische Strafe, für die es im Rom des frühen Mittelalters so kein Beispiel gibt, dürfte eher auf motivische Vorbilder aus dem Bereich nördlich der Alpen verweisen. Wie eingangs erwähnt, wurde einst die Merowingerkönigin Brunichild von einem Pferd zu Tode geschleift. Für die Einfügung der Päpstin nach der Leichensynode und dem Schisma von 897 in der Erfurter Chronik boten sich die Missstände jener Zeit an, wodurch die Päpstin Johanna gleichsam zur Metapher für einen widerrechtlich eingesetzten Papst wurde.

Johannes von Mailly und ihm folgend Stephan von Bourbon hatten für ihre Datierung offenkundig einen anderen konkreten Grund. Nach der Wahl von Papst Paschalis II. im Jahr 1099 wurde nämlich

639 *P(apa), p(ater) p(atrum), p(apisse) p(andito) p(artum).*
640 So Gössmann, Päpstin, S. 30, vgl. jedoch Döllinger, Papstfabeln, S. 10, Anm. 2.
641 Wie bereits Döllinger, Papstfabeln, S. 6 f., feststellte.
642 Ausführlich dargelegt von Thomas von Aquin STh IIa IIae, q. 177,2.

ein neuer Erhebungsritus eingeführt. Im Streit mit dem Kaisertum wollte das Papsttum seinen Vorrang verdeutlichen. Man verwendete deshalb zwei Steinsessel aus rötlichem Marmor, den man für Porphyr hielt, einen purpurfarbenen Stein – jener Farbe also, die dem Kaiser vorbehalten war. Bei der zur Zeit von Paschalis II. eingeführten Zeremonie nahm der Papst zuerst auf der *sedes stercoraria*, dem ›Kotstuhl‹, Platz. Das war eine Demutsgeste, die zeigen sollte, dass Gott den von ihm Erwählten aus dem Schmutz erhebt. Dann setzte er sich nacheinander auf die beiden Marmorstühle, als Sinnbild für die Besitzergreifung durch den Papst.[643] Für diesen Zweck verwendete man zufällig oder vielleicht sogar bewusst als Symbol der Demut antike Latrinenstühle. Wichtig war ja vor allem die kaiserliche Farbe. Das heute noch in den vatikanischen Museen vorhandene Exemplar ist sehr prunkvoll – deshalb wurde es wohl ausgewählt – und gleicht eher einem Thron als einem Nachtstuhl. Wahrscheinlich stand er einstmals in einer senatorischen Villa oder im Kaiserpalast. Die Öffnung auf der Sitzfläche ist jedoch identisch mit dem typischen Ausschnitt einer römischen Latrine.[644] Mochte den meisten Klerikern der Sinn dieser kreisrunden Öffnungen unbekannt gewesen sein, so verstand das einfache Volk zudem die Bedeutung der Zeremonie auf den durchbrochenen Stühlen überhaupt nicht. Schon bald kam das Gerücht auf, das Prozedere diene einer Überprüfung der Männlichkeit des Papstes. Diese volkstümliche Erklärung wurde allenthalben geglaubt und verselbstständigte sich. Wie man später behauptete, nähmen zwei Geistliche die Untersuchung vor, die nach erfolgter Feststellung der Virilität des Papstes verkündeten »er hat Hoden«, woraufhin das Volk mit einem freudigen »deo gratias« geantwortet habe.[645]

Diese angebliche Prüfung der Männlichkeit des Papstes würde nur dann einen Sinn machen, wenn sich zuvor schon einmal eine Frau unter Vortäuschung des männlichen Geschlechts auf den Papstthron gemogelt hätte. So förderten die Marmorstühle die Legende von der Päpstin. Johannes von Mailly und Stephan von Bourbon fügten ihren weiblichen Papst chronologisch eben gerade zu einer Zeit ein, als die durchbrochenen Stühle erstmals Verwendung fanden und

643 Lib. pontif. III, S. 144, beschrieben bei Zoepffel, Papstwahlen, S. 195–218; zur imperialen Bedeutung vgl. Schimmelpfennig, Papsttum, S. 156.
644 Vgl. Hensen, Stille Örtchen; häufig werden die Stühle auch als Bade- oder Gebärstühle gedeutet.
645 Nach Hemmerlein, De nobilitate, vgl. Döllinger, Papstfabeln, S. 38, Anm. 5.

scheinbar ausgeschlossen werden sollte, dass der neue Papst eine Frau war. Das hat womöglich auch Martin von Troppau beeinflusst. Denn im *Liber pontificalis* wird bei Benedikt III. und seinem Nachfolger Nikolaus I. die Bedeutung des Papstthrons (*pontificale solium*) explizit hervorgehoben, obwohl es sich damals noch nicht um einen durchbrochenen Sessel handelte.[646] Für die vermeintliche Herkunft der Päpstin aus Mainz könnte außerdem vielleicht die Prophetin Thiota Pate gestanden haben, die im Jahr 847 im Rheingebiet auftauchte und Offenbarungen verkündete, die sie glaubte, von Gott empfangen zu haben.[647] Bald schon wurde das Pontifikat der Päpstin Johanna, der zuweilen auch andere Namen gegeben wurden, als historisch angesehen. Gegen Ende des 15. Jahrhunderts erschien die Vita der Päpstin in dem offiziellen von Papst Sixtus IV. in Auftrag gegebenen Werk des Bartolomeo Platina über das Leben der Päpste.

Es wurde eingangs schon erwähnt, dass im Mittelalter das Wissen um die Bedeutung der antiken Bauwerke und Denkmäler längst verloren war und sich im Volksmund allerlei abenteuerliche Legenden um die Monumente des Altertums rankten. Es genügt, an die bereits genannten Beispiele zu erinnern: den Obelisken vor dem Petersdom als Grabstätte Julius Caesars, der Torre delle Milizie, von dem aus Nero den Brand Roms besungen haben soll, der Giebel des Serapistempels, den man für den Giebel Neros hielt, oder das Reiterstandbild Mark Aurels, das man zum *caballus Constantini* erklärte. Ebenso verhält es sich mit den materiellen Zeugnissen zur Päpstin Johanna. Wir haben eine verwitterte Statue, eine alte Inschrift – beides heute nicht mehr vorhanden – und die durchbrochenen Marmorstühle. Die Statue, die man laut der zweiten Fassung Martins von Troppau für Johanna errichtet habe, sah noch Martin Luther während seines Rombesuchs. Später wurde sie entfernt. Es soll eine Frauengestalt mit Zepter, weitem Gewand und einem Kind gewesen sein. Verschiedentlich wird statt des Zepters auch ein Palmwedel genannt. Nun gibt es eine ganze Reihe antiker römischer Göttinnen und weiblicher Personifikationen, die mit wallendem Gewand, Kind und Zepter oder Palmwedel dargestellt wurden. Dies gilt ebenso für orientalische Göttinnen, die im antiken Rom sehr beliebt waren. Beispielsweise trägt auch die ägyptische Isis in der römischen Ikonographie oft ein langes Gewand und wurde gelegentlich mit dem Horusknaben (*Harpokrates*)

646 Lib. pontif. II, S. 140; 142; 144; 152, vgl. Herbers, Päpstin, S. 191.
647 Ann. Fuld. 847.

abgebildet. Üblicherweise hält sie das Sistrum in der Hand, das man je nach Erhaltungszustand als Überrest eines Stabes deuten könnte, manchmal aber auch einen richtigen Stab. Je nach Ausformung ihres Kopfschmucks und nach dem Grad der Verwitterung kann dieser durchaus für eine Bischofsmitra gehalten werden. Bei der Kirche S. Clemente, in der Nähe der Via del Papa, fand man wohl tatsächlich ein altes Götterbild, das vermutlich nicht mehr ganz intakt war. Weil man es für eine Darstellung der Päpstin hielt, wurde es nicht zerstört, sondern dort aufgestellt.

Mit der Kirche S. Clemente erklärt sich auch die erwähnte Inschrift. Die Kirche wurde nämlich über einem antiken Mithrasheiligtum errichtet. Im Mysterienkult dieses römischen Lichtgottes war der *pater patrum* der höchste Weihegrad – also eine Art lokaler Oberpriester. Wir können deshalb unschwer davon ausgehen, dass die besagte Inschrift der Päpstin das Fragment einer Weihinschrift zu Ehren des Gottes Mithras war. Bereits die Abweichungen in der Überlieferung zeigen, dass die Inschrift nicht ausgeschrieben auf dem Stein stand. Zudem waren Abkürzungen in der römischen Epigraphik üblich. Und der vollständige Name des Priesters war vermutlich unlesbar. Die Inschrift dürfte also so ausgesehen haben: *PAP PATER PATRVM P P P*, wobei die Alliteration natürlich ins Auge sticht und wohl die Aufmerksamkeit erregte. *PAP* oder auch *PET* steht für den Namen des Priesters, vielleicht Papirius oder Petronius, und die drei »P« sind eine gängige Abkürzung für *propria pecunia posuit*. Das bedeutet, ›er (der Priester) hat von eigenem Gelde errichtet‹, womit der Altar gemeint ist, auf dem die Inschrift ursprünglich stand.[648] Somit bleibt nur jene Gasse, die man nach der Päpstin *vicus papisse* oder *papissae* benannt habe. Sie hat es tatsächlich gegeben. Es war eine kleine, enge Seitengasse in der Nähe von S. Clemente neben dem Weg zum Lateran. Ihr richtiger Name lautete im Mittelalter offenbar *vicus Papessa*, was aber nicht ›Gasse der Päpstin‹ bedeutet. Sie soll nach einer Frau aus dem Adelsgeschlecht der Pape benannt worden sein.[649] Und natürlich mieden die Päpste auf ihren Prozessionen diese Gasse, die zu eng war und überhaupt nicht direkt zum Lateran führte. Die dichte Bebauung des hohen Mittelalters wurde in der frühen Neuzeit abgerissen. Übrig blieb nur ein Torbogen,

648 Statue, Inschrift und der Zusammenhang mit den durchbrochenen Stühlen wurden bereits von Döllinger, Papstfabeln, S. 32–41, überzeugend erklärt; zur Legende vgl. Kerner/Herbers, Päpstin.
649 Vgl. d'Onofrio, Papessa, S. 174–179.

der noch erhalten ist und an dem jene, die davon überzeugt sind, dass es die Päpstin wirklich gegeben habe, heute immer noch Blumen niederlegen. Ein weiterer Anhaltspunkt deutet wiederum auf das Pontifikat von Paschalis II. hin. Kurz vorher war die Kirche S. Clemente während der Plünderung durch die Normannen zerstört worden. Beim Wiederaufbau zu Beginn des 12. Jahrhunderts wurde die Kirche komplett neu errichtet. Bei den Bauarbeiten könnte man auf die Inschrift aus dem Mithräum und das antike Götterstandbild gestoßen sein, die man beide als Zeugnisse eines weiblichen Papstes interpretierte.

All diese Faktoren haben seit dem 13. Jahrhundert zur Verbreitung der Legende von der Päpstin Johanna und ihrer scheinbaren Glaubwürdigkeit beigetragen. Sucht man nach dem Ursprung des Mythos, so verweist eine Reihe von Indizien sehr deutlich auf das *saeculum obscurum.*[650] Es gab in der Person Marozias eine mächtige Frau, die über Rom herrschte und die ihren Sohn zum Nachfolger des Apostelfürsten einsetzte. Wie oft mochte die Senatrix Marozia an der Seite von Papst Johannes XI. die Via del Papa zum Lateranpalast hinaufgeritten sein? Konnte nicht zu ihrer Zeit schon gespöttelt worden sein, da reitet die eigentliche »Päpstin«? Die Übergänge vom Spott zum Gerücht und zur späteren Legende sind fließend. Schon der Mönch vom Monte Soratte geißelte in Anspielung auf den Propheten Jesaja die Herrschaft Marozias als »Weiberregiment über Jerusalem«.[651] Weiteren perfekten Stoff zur Legendenbildung lieferte wahrscheinlich das skandalumwitterte Pontifikat von Marozias Enkel Johannes XII., dem zahlreiche Mätressen nachgesagt wurden. Er stand gewiss nicht im Verdacht großer Gelehrsamkeit. Aber auch er zog sicherlich oftmals in festlicher Kavalkade[652] und in Begleitung seiner Kurtisanen die Via del Papa entlang. Als Geliebte dieses Papstes wird unter anderem eine Dame namens Stephana genannt, die schon die Mätresse seines Vaters, des Fürsten Alberich, gewesen sein soll. Stephana, so heißt es, sei mit einem Kind des Papstes schwanger gewesen und an einer Fehlgeburt gestorben.[653] Was wenn sich das in aller Öffentlichkeit, während eines Ausritts seiner Heiligkeit und gar in der Nähe von S. Clemente zugetragen hat?

---

650 Wie dies in der Vergangenheit schon vorgeschlagen wurde, vgl. Döllinger, Papstfabeln, S. 3 f., sowie erneut Herbers, Päpstin, S. 193.
651 Benedikt v. S. Andrea 30 nach Jes 3,12.
652 Kavalkade = feierlicher Reiterzug.
653 Liutprand hist. Ott. 4.

Abb. 35 Die zu Beginn des 12. Jahrhunderts wiederhergestellte Kirche S. Clemente am Prozessionsweg zwischen Colosseum und Lateran

Oder nachts eine Hebamme in die päpstlichen Gemächer des Lateranpalastes gerufen werden musste? Somit haben wir alle Puzzlesteine beieinander, die zusammen mit den vermeintlichen materiellen Zeugnissen zur Legende von der Päpstin Johanna führten. Ausgehend von Marozia und Johannes XII. - womit sich auch der Name der Päpstin bei Martin von Troppau erklärt - entstand im Laufe der Zeit unter dem Volk die Sage von einer Frau, die als Papst geherrscht und ein Kind geboren habe. Zur Zeit von Paschalis II. fand man während der Bauarbeiten bei S. Clemente zudem eine Inschrift und eine Statue, die das Gerücht scheinbar bestätigten. Zur selben Zeit wurden die durchbrochenen Stühle in das päpstliche Erhebungszeremoniell eingeführt, die nach Meinung der Laien einer Überprüfung der Männlichkeit des Papstes dienten. Dies dürfte die Entstehung der Legende von der Päpstin Johanna erklären und zeigt überdies eindrucksvoll, welch nachhaltigen Einfluss die einstige Herrin Roms auf die mündliche Überlieferung und die spätere Legendenbildung hatte.

QUELLEN UND QUELLENSAMMLUNGEN

Acta pontif. Rom. = Acta pontificum Romanorum inedita (ed. Pflugk-Harttung)
Agnell. lib. pontif. = Agnellus von Ravenna, Liber pontificalis eccl. Ravennatis (ed. Deliyannis)
Agobard epp. = Agobard von Lyon, Epistolae (ed. Dümmler)
Agobard lib. apol. = Agobard von Lyon, Liber apologeticus (ed. van Acker)
Alkuin epist. = Alkuin, Epistolae (ed. Dümmler)
Alpert de episc. = Alpert von Metz, De episcopis Mettensibus libellus (ed. Pertz)
Ann. Alam. = Annales Alamannici (ed. Pertz)
Ann. Bert. = Annales Bertiniani (ed. Waitz)
Ann. Camald. = Annales Camaldulenses (ed. Mittarelli/Costadoni)
Ann. Fuld. = Annales Fuldenses (ed. Kurze)
Ann. Fuld. cont. Ratisb. = Annales Fuldenses continuatio Ratisbonensis (ed. Kurze)
Ann. Laubac. = Annales Laubacenses (ed. Pertz)
Ann. Laures. = Annales Laureshamenses (ed. Pertz)
Ann. Magdeb. = Annales Magdeburgenses (ed. Pertz)
Ann. Mett. = Annales Mettenses priores (ed. v. Simson)
Ann. Quedl. = Annales Quedlinburgenses (ed. Giese)
Ann. reg. Franc. = Annales regni Francorum (ed. Kurze)
Ann. Sangall. = Annales Sangallenses maiores (ed. v. Arx)
Ann. Vedast. = Annales Vedastini (ed. v. Simson)
Ann. Xant. = Annales Xantenses (ed. v. Simson)
Anon. Val. = Anonymus Valesianus (ed. König)
Astronomus = Vita Hludowici Pii imperatoris (ed. Tremp)
Auxilius in def. = Auxilius, In defensionem sacrae ordinationis papae Formosi (ed. Dümmler)
Benedikt v. S. Andrea = Benedikt von Sankt Andrea, Chronicon (ed. Pertz)
Bonifat. epist. = Bonifatius, Briefe (ed. Tangl)
Capit. de villis = Capitulare de villis (ed. Boretius)
Cassiod. chron. = Cassiodor, Chronica (ed. Mommsen)
Cassiod. var. = Cassiodor, Variae (ed. Mommsen)
Cat. abb. Nonant. = Catalogi abbatum Nonantulanorum (ed. Waitz)
Cat. reg. Langob. = Catalogus regum Langobardorum (ed. Waitz)
Cat. reg. Langob. Ottobon. = Catalogus regum Langobardorum, Cod. Ottobon. (ed. Sandmann)
Chron. Casinensis = Chronica S. Benedicti Casinensis (ed. Waitz)
Chron. Farf. = Gregorius Catinensis, Chronicon Farfense (ed. Balzani)
Chron. min. = Chronica minor auctore Minorita Erphordensi (ed. Holder-Egger)
Chron. Novalic. = Chronicon Novaliciense (ed. Pertz)
Chron. univers. Mett. = Chronica universalis Mettensis (ed. Waitz)
CIL = Corpus Inscriptionum Latinarum
Cont. Regin. = Continuator Reginonis (ed. Kurze)
Einh. vita Karoli = Einhard, Vita Karoli Magni (ed. Holder-Egger)
Ekkeh. casu. = Ekkehard IV. von St. Gallen, Casuum S. Galli continuatio (ed. Pertz)
Ennod. epist. = Magnus Felix Ennodius, Epistulae (ed. Vogel)
Erchempert = Erchempert, Historia Langobardorum Beneventanorum (ed. Waitz)

Ermold. in hon. = Ermoldus Nigellus, In honorem Hludowici (ed. Dümmler)
Eun. hist. = Eunapios von Sardes, Historien (ed. Blockley)
FBR = *Fontes rerum Bohemicarum*
Flodoard ann. = Flodoard, Annales (ed. Pertz)
Flodoard de triumph. = Flodoard, De triumphis Christi (ed. Migne)
Flodoard hist. Rem. eccl. = Flodoard, Historia Remensis ecclesiae (ed. Stratmann)
Frechulf epp. var. = Frechulf von Lisieux, Epistolae variorum (ed. Dümmler)
Fredegar = Chronicarum quae dicuntur Fredegarii Scholastici (ed. Krusch)
Georg. Mon. = Georgios Monachos, Chronicon (ed. Boor)
Georg. Pisid. in Heracl. = Georgios Pisides, In Heraclium ex Africa redeuntem (ed. Pertusi)
Gerbert epp. = Gerbert von Aurillac, Epistolae (ed. Weigle)
Gesta Bereng. imp. = Gesta Berengarii imperatoris (ed. v. Winterfeld)
Greg. M. epist. = Gregor der Große, Registrum epistolarum (ed. Ewald/Hartmann)
Greg. Tur. hist. Franc. = Gregor von Tours, Historia Francorum (ed. Krusch/Levison)
Herim. Aug. chron. = Herimanni Augiensis chronicon (ed. Pertz)
Hinkmar de ordo = Hinkmar von Reims, De ordine palatii (ed. Krause)
Hrabanus ad Iud. = Hrabanus Maurus, Ad Iudith augustam (ed. Dümmler)
Hrabanus epp. = Hrabanus Maurus, Epistolae (ed. Dümmler)
Hrotsvitha = Roswitha von Gandersheim, Gesta Ottonis (ed. v. Winterfeld)
Hugo Farfensis, Destructio = Hugo Farfensis, Destructio monasterii Farfensis (ed. Balzani)
Invect. in Rom. = Invectiva in Romam (ed. Dümmler)
Iord. Get. = Jordanes, Getica (ed. Mommsen)
Johannes descr. = Johannes v. Rom, Descriptio Lateranensis eccl. (ed. Valentini/Zucchetti)
Joh. diac. Venet. = Johannes diaconus Venetus, Chronicon Venetum (ed. Pertz)
Karl II. epp. = Karl der Kahle, Epistulae (ed. Migne)
Kedr. = Georgios Kedrenos, Synopsis historion (ed. Bekker)
Konst. de admin. imp. = Konstantinos VII. Porphyr., De administrando imp. (ed. Moravcsik)
Konst. de cerim. = Konstantinos VII. Porphyr., De cerimoniis (ed. Bekker)
Leo = Leon Grammatikos, Chronographia (ed. Bekker)
Leo v. Ostia = Leo von Ostia, Chronica monasterii Casinensis (ed. Hoffmann)
Leon Diak. = Leon Diakonos, Historias (ed. Hase)
Leporace = Leporace, L'imperatrice Ageltrude
Lib. hist. Franc. = Liber historiae Francorum (ed. Krusch)
Lib. largit. = Liber largitorius vel notarius monasterii Pharfensi I (ed. Zucchetti)
Lib. pontif. = Liber Pontificalis (ed. Duchesne)
Ligurinus = Guntheri poetae Ligurinus (ed. Assmann)
Liutprand antap. = Liutprand von Cremona, Antapodosis (ed. Becker)
Liutprand hist. Ott. = Liutprand, Historia Ottonis (ed. Becker)
Liutprand leg. = Liutprand, Relatio de legatione Constantinopolitana (ed. Becker)
Loewenfeld = Loewenfeld, Acht Briefe aus der Zeit König Berengars
Malch. = Malchos von Philadelphia (ed. Blockley)
Manaresi = Manaresi, I placiti del regnum Italiae
Marini = I papiri diplomatici (ed. Marini)
Martin v. Troppau chron. = Martin v. Troppau, Chronicon (ed. Weiland)
Meand. frg. = Menander Protektor, Fragmente (ed. Müller, FHG IV)
MGH = Monumenta Germaniae Historia (online unter: www.dmgh.de)
Mich. Syr. = Michael Syrus, Chronikon (ed. Chabot)

Nikeph. hist. = Nikephoros, Breviarium historicum (ed. Mango)
Nithard = Nithardus, Historiarum libri IIII (ed. Müller)
Odilo epit. Adelh. = Odilo von Cluny, Epitaphium Adelheidae imperatricis (ed. Pertz)
Oros. = Orosius, Historia adversum paganos (ed. Zangemeister)
Pasch. vita Wal. = Paschasius Radbertus, Ex vita Walae abbatis Corbeiensis (ed. Pertz)
Paul. Diac. hist. Langob. = Paulus Diaconus, Historia Langobardorum (ed. Bethmann)
Paul. Diac. vita Greg. = Paulus Diaconus, Sancti Gregorii Magni Vita (ed. Grisar)
PG = Patrologia Greca (ed. Migne)
Prok. bell. Goth. = Prokopios, Bellum Gothicum (ed. Veh)
Prok. bell. Vand. = Prokopios, Bellum Vandalicum (ed. Veh)
Prok. hist. = Prokopios, Historia arcana (Anékdota) (ed. Veh)
Reg. Farf. = Gregorius Catinensis, Regestum Farfense (ed. Giorni/ Balzani)
Reg. pontif. = Regesta Pontificum Romanorum (ed. Jaffé)
Reg. Subl. = Il regesto Sublacense del secolo XI (ed. Allodi/Levi)
Regino = Regino von Prüm, Chronica (ed. Kurze)
RI = Regesta imperii (online unter: www.regesta-imperii.de)
Richer = Richer von Reims, Historiarum (ed. Hoffmann)
Rodulf. Glab. hist. = Rodulfus Glaber, Historiarum (ed. Waitz)
Sakkelion = Sakkelion, Romanou basileos tou Lakapenou epistolai (Deltion 2, 1885)
Schiaparelli, Berengario = Schiaparelli, I diplomi di Berengario I
Schiaparelli, Guido e Lamberto = Schiaparelli, I diplomi di Guido e di Lamberto
Schiaparelli, Lodovico = Schiaparelli, I diplomi italiani di Lodovico III
Schiaparelli, Ugo e Lotario = Schiaparelli, I diplomi di Ugo e di Lotario
Script. incert. = Scriptor incertus de Leone Bardae filio (ed. Bekker)
Skylitzes = Johannes Skylitzes, Synopsis historion (ed. Thurn)
Sokr. = Sokrates Scholastikos, Historia ecclesiastica (ed. Hansen)
Soz. = Sozomenos, Historia ecclesiastica (ed. Hansen)
Thangmar = Thangmar von Hildesheim, Vita Bernwardi (ed. Pertz)
Thegan = Thegan, Gesta Hludowici imperatoris (ed. Tremp)
Theod. Stud. epist. = Theodoros Studites, Epistolarum (ed. Migne)
Theophan. Conf. = Theophanes Confessor, Chronographia (ed. Boor)
Thietmar = Thietmar von Merseburg, Chronicon sive gesta Saxonum (ed. Holzmann)
Tolomeo hist. eccl. = Tolomeo von Lucca, Historia ecclesiastica (ed. Muratori, RIS XI)
Translatio Epiph. = Translatio s. Epiphanii ex Italia in Hildesheim (ed. Pertz)
Vic. Vit. = Victor von Vita, Historia persecutionis Africanae provinciae (ed. Halm)
Vita Fulg. = Vita S. Fulgentii episcopi (ed. Migne)
Vita Greg. IX = Vita Gregorii Papae IX (ed. Muratori, RIS III 1)
Vita Greg. abb. = Vita Gregorii abbatis, Porcetensis posterior (ed. Holder-Egger)
Vita Liutb. = Vita S. Liutbirgae (ed. Menzel)
Vita Mathild. = Vita Mathildis reginae antiquior (ed. Schütte)
Vita Philar. = Niketas von Amnesia, Vita Philareti (ed. Fourmy/Leroy)
Vulgarius de causa Formos. = Eugenius Vulgarius, De causa Formosiana (ed. Dümmler)
Walahf. carm. = Walahfrid Strabo, Carmina (ed. Dümmler)
Widukind = Widukind von Corvey, Rerum gestarum Saxonicarum (ed. Hirsch)
Zimmermann PU = Zimmermann, Papsturkunden
Zon. = Zonaras, Epitome historion (ed. Dindorf)
Zos. = Zosimos, Historia Nea (ed. Veh)

LITERATURHINWEISE

Bei der hier aufgeführten Forschungsliteratur handelt es sich um die Titel, auf die in den Anmerkungen oder im Abbildungsnachweis mit Kurztitel verwiesen wurde. Es ist dies jedoch nur eine kleine bescheidene Auswahl. Die angegebene Spezialliteratur bezieht sich hauptsächlich auf die Herrschaft Marozias und beschränkte sich hinsichtlich der anderen Themen oftmals auf allgemeine Darstellungen.

Ausbüttel, Frank M.: Theoderich der Große. Der Germane auf dem Kaiserthron, Darmstadt 2003.

Bertolini, Francesco: Storia di Roma. Dalle origini sino alla caduta dell'Impero d'Occidente, illustrata da Lodovico Pogliaghi, Milano 1886.

Boshof, Egon: Einheitsidee und Teilungsprinzip in der Regierungszeit Ludwigs des Frommen, in: Peter Goodman, Roger Collins (Hg.): Charlemagne's Heir. New Perspectives on the Reign of Louis the Pious (814–840), Oxford 1990, S. 161–189.

Boshof, Egon: Ludwig der Fromme, Darmstadt 1996.

Brincken, Anna-Dorothee v. den: Zu Herkunft und Gestalt der Martins-Chroniken, in: Deutsches Archiv für die Erforschung des Mittelalters 37, 1981, S. 694–735.

Claude, Dietrich: Die ostgotischen Königserhebungen, in: Herwig Wolfram, Falko Daim (Hg.): Die Völker an der mittleren und unteren Donau im fünften und sechsten Jahrhundert, Wien 1980, S. 147–186.

Coates-Stephens, Robert: Dark Age Architecture in Rome, in: Papers of the British School at Rome 65, 1997, S. 177–232.

Döllinger, Johann Josef Ignaz von: Die Papstfabeln des Mittelalters. Ein Beitrag zur Kirchengeschichte, Stuttgart [2]1890.

D'Onofrio, Cesare: La Papessa Giovanna. Roma e Papato tra storia e leggenda, Rom 1979.

Dümmler, Ernst: Geschichte des Ostfränkischen Reiches, Bd. 3: Die letzten Karolinger. Konrad I., Leipzig 1888.

Ennen, Edith: Frauen im Mittelalter, München [6]1999.

Fedele, Pietro: Ricerche per la storia di Roma e del papato nel sec. X, in: Archivio della società Romana di storia patria 33, 1910, S. 177–247; Archivio della società Romana di storia patria 34, 1911, S. 75–115; 393–423.

Fedele, Pietro: Teodora nella liturgia, in: Scritti varii di erudizione e di critica in onore di Rodolfo Renier, Torino 1912, S. 157–169.

Filippi, Elena (Hg.): Maarten von Heemskerck. Invento urbis, Milano 1990.

Fleckenstein, Josef: Über die Herkunft der Welfen und ihre Anfänge in Süddeutschland, in: Gerd Tellenbach (Hg.): Studien und Vorarbeiten zur Geschichte des großfränkischen und frühdeutschen Adels, Freiburg im Breisgau 1957, S. 71–136.

Fried, Johannes: Papst Leo III. besucht Karl den Großen in Paderborn oder Einhards Schweigen, in: Historische Zeitschrift 272, 2001, S. 281–326.

Fußbroich, Helmut: Theophanu. Die Griechin auf dem deutschen Kaiserthron, Köln 1991.

Gössmann, Elisabeth: »Die Päpstin Johanna«. Der Skandal eines weiblichen Papstes. Eine Rezeptionsgeschichte, Berlin [3]1998.

Goetz, Hans-Werner (Hg.): Weibliche Lebensgestaltung im frühen Mittelalter, Köln u. a. 1991.

Goez, Werner: Papstwahl, 1. Geschichte, Lexikon der Päpste und des Papsttums, Sp. 600–604.

Gray, Nicolette: The Paleography of Latin Inscriptions in the Eighth, Ninth and Tenth Centuries in Italy, Papers of the British School at Rome 16, 1948, S. 38–162.

Gregorovius, Ferdinand: Geschichte der Stadt Rom im Mittelalter. Vom V. bis zum XVI. Jahrhundert, hg. von Waldemar Kampf, 7 Bd., München [2]1988.

Grierson, Philip: Catalogue of the Byzantine Coins in the Dumbarton Oaks Collection and in the Whittemore Collection, Bd. 3.1: Leo III to Michael III, 717–867, Washington D. C. 1973.

Grisar, Hartmann: Geschichte Roms und der Päpste im Mittelalter, Bd. 1: Rom beim Ausgang der antiken Welt. Nach den schriftlichen Quellen und den Monumenten, Freiburg im Breisgau u. a. 1901.

Hamilton, Bernard F.: The House of Theophylact and the Promotion of the Religious Life among Women in Tenth Century Rome, Studia monastica 12, 1970, S. 195–217.

Hartmann, Martina: Die Königin im frühen Mittelalter, Stuttgart 2009.

Hensen, Andreas: Stille Örtchen im Römischen Reich, in: Archäologie in Deutschland 1, 2012, S. 8–13.

Herbers, Klaus: Die Päpstin Johanna, in: Historisches Jahrbuch 108, 1988, S. 174–194.

Hofmeister, Adolf: Markgrafen und Markgrafschaften im italischen Königreich in der Zeit von Karl dem Grossen bis auf Otto den Grossen (774–962), in: Mitteilungen des Instituts für Österreichische Geschichtsforschung Ergänzungsbd. 7, 1907, S. 215–435.

Jordan, Heinrich: Topographie der Stadt Rom im Alterthum, Bd. 2, Berlin 1871.

Kerner, Max/Herbers, Klaus: Die Päpstin Johanna. Biographie einer Legende, Köln u. a. 2010.

Klein, Hans H.: Theophanu Coimperatrix, in: Der Staat 32, 1993, S. 219–244.

Koch, Armin: Kaiserin Judith. Eine politische Biographie, Husum 2005.

Krautheimer, Richard: Rom. Schicksal einer Stadt 312–1308, München [3]2004.

Lamberz, Erich (Hg.): Concilium universale Nicaenum secundum. Concilii actiones I–III, Berlin u. a. 2008.

Lilie, Ralph-Johannes: Byzanz unter Eirene und Konstantin VI. (780–802). Mit einem Kapitel über Leon IV. von Ilse Rochow, Frankfurt am Main u. a. 1996.

Liverani, Francesco: Delle opere, Bd. 2, Macerata 1859.

Löwe, Heinz: Eine Kölner Notiz zum Kaisertum Karls des Großen, in: Rheinische Vierteljahrsblätter 14, 1949, S. 7–34.

Loewenfeld, Samuel: Acht Briefe aus der Zeit König Berengars, in: Neues Archiv der Gesellschaft für ältere deutsche Geschichtskunde 9, 1884, S. 513–539.

Maleczek, Werner: Otto I. und Johannes XII. Überlegungen zur Kaiserkrönung von 962, in: Mediaevalia Augiensia, 2001, S. 151–203.

McKitterick, Rosamond: Frauen und Schriftlichkeit im frühen Mittelalter, in: Goetz, Hans-Werner (Hg.): Weibliche Lebensgestaltung im frühen Mittelalter, Köln u. a. 1991, S. 65–118.

Meier, Mischa: Kaiser Phokas (602–610) als Erinnerungsproblem, in: Byzantinische Zeitschrift 107, 2014, S. 139–174.

Meneghini, Roberto: Die Kaiserforen Roms (Antike Welt-Sonderheft), Darmstadt 2015.

Müller, Barbara: Führung im Denken und Handeln Gregors des Großen, Tübingen 2009.

Ohnsorge, Werner: Das Kaisertum der Eirene und die Kaiserkrönung Karls des Großen, in: Saeculum 14, 1963, S. 221–247.

Panaino, Antonio: Women and Kingship. Some Remarks about the Enthronisation of Queen Boran and her Sister Azarmigduxt, in: Josef Wiesehöfer, Philip Huyse (Hg.): Eran und Aneran. Studien zu den Beziehungen zwischen dem Sasanidenreich und der Mittelmeerwelt, Stuttgart 2006, S. 221–240.

Rochow, Ilse: Kaiser Konstantin V. (741–775). Materialien zu seinem Leben und Nachleben. Mit einem prosopographischen Anhang von Claudia Ludwig, Ilse Rochow und Ralph-Johannes Lilie, Frankfurt am Main u. a. 1994.

Schieffer, Rudolf: Die Karolinger, Stuttgart [4]2006.

Schieffer, Theodor: Die Krise des karolingischen Imperiums, in: Josef Engel, Hans Martin Klinkenberg (Hg.): Aus Mittelalter und Neuzeit, Bonn 1957, S. 1–15.

Schimmelpfennig, Bernhard: Das Papsttum. Von der Antike bis zur Renaissance, Darmstadt [6]2009.

Schneidmüller, Bernd: Die Welfen. Herrschaft und Erinnerung, Stuttgart u. a. 2000.

Schreiner, Peter: Konstantinopel. Geschichte und Archäologie, München 2007.

Seibert, Hubertus: Eines großen Vaters glückloser Sohn? Die neue Politik Ottos II., in: Bernd Schneidmüller, Stefan Weinfurter (Hg.): Ottonische Neuanfänge, Mainz 2001, S. 293–320.

Sickel, Wilhelm: Alberich II. und der Kirchenstaat, in: Mitteilungen des Instituts für Österreichische Geschichtsforschung 23, 1902, S. 50–126.

Strömer, Wilhelm: Die süddeutschen Welfen unter besonderer Berücksichtigung ihrer Herrschaftspolitik im bayrisch-schwäbischen Grenzraum, in: Karl-Ludwig Ay, Lorenz Maier, Joachim Jahn (Hg.): Die Welfen. Landesgeschichtliche Aspekte ihrer Herrschaft, Konstanz 1998, S. 57–96.

Speck, Paul: Kaiser Konstantin VI. Die Legitimation einer fremden und der Versuch einer eigenen Herrschaft, 2 Bd., München 1978.

Treadgold, Warren: The Bride-Shows of the Byzantine Emperors, in: Byzantion 49, 1979, S. 395–413.

Treadgold, Warren: The Historicity of Imperial Bride-Shows, in: Jahrbuch der Österreichischen Byzantinistik 54, 2004, S. 39–52.

Tsamakda, Vasiliki: The Illustrated Chronicle of Ioannes Skylitzes in Madrid, Leiden 2002.

Vitello, Massimiliano: »Nourished at the Breast of Rome«. The Queens of Ostrogothic Italy and the Education of the Roman Elite, in: Rheinisches Museum für Philologie 149, 2006, S. 398–412.

Wilpert, Joseph: Die römischen Mosaiken und Malereien der kirchlichen Bauten vom IV. bis XIII. Jahrhundert, Freiburg im Breisgau 1916.

Wolf, Gunther: Satura mediaevalis. Gesammelte Schriften, Bd. 2: Ottonenzeit, Heidelberg 1995.

Wolfram, Herwig: Die Goten. Von den Anfängen bis zur Mitte des sechsten Jahrhunderts, München [5]2009.

Zimmermann, Harald: Parteiungen und Papstwahlen in Rom zur Zeit Kaiser Ottos des Großen, in: Römische Historische Mitteilungen 8/9, 1964/66, S. 29–88.

Zimmermann, Harald: Papstabsetzungen des Mittelalters, Graz u. a. 1968.

Zimmermann, Harald: Das dunkle Jahrhundert. Ein historisches Porträt, Graz u. a. 1971.

Zoepffel, Otto: Die Papstwahlen in ihrer Entwickelung vom 11. bis zum 14. Jahrhundert, Göttingen 1871.

ABBILDUNGSNACHWEIS

Abb. 1–6; 9 f.; 15; 20; 23 f.; 35: Michela Altmayer
Abb. 13, 21, 32: akg-images, Berlin
Abb. 7 f.: aus Meneghini, Kaiserforen, Abb. 122; 124
Abb. 11; 30 f.; 33 f.: commons.wikimedia.org, public domain
Abb. 12: aus Grisar, Geschichte Roms
Abb. 14; 18; 22: aus Krautheimer, Rom, Abb. 194; 197; 206
Abb. 16 f.: aus Filippi, Heemskerck, Taf. 19 f.
Abb. 19: aus Bertolini, Storia di Roma
Abb. 25: aus Wilpert, Mosaiken
Abb. 26: aus Ausbüttel, Theoderich, Abb. 23
Abb. 27; 29: aus Tsamakda, Illustrated Chronicle, Fig. 3; 70
Abb. 28: Classical Numismatic Group, www.cngcoins.com

DANK

Mein herzlicher Dank gilt meiner lieben Großcousine Roswitha Seger und meiner geliebten Frau Michela Altmayer. Sie haben die Mühe auf sich genommen, den Text durchzulesen und so die Zahl möglicher Fehler und Irrtümer zu reduzieren. Bedanken möchte ich mich auch bei Herrn Stefan Gücklhorn für sein engagiertes Lektorat sowie für seine Vorschläge und Anregungen. Gewidmet ist das Buch der Königin meines Herzens.

PERSONENVERZEICHNIS

FSC
www.fsc.org
MIX
Papier aus verantwortungsvollen Quellen
FSC® C083411

Bibliografische Information der Deutschen Nationalbibliothek
Die Deutsche Nationalbibliothek verzeichnet diese Publikation in der Deutschen Nationalbibliografie; detaillierte bibliografische Datensind im Internet über http://dnb.d-nb.de abrufbar.

Lektorat: Stefan Gücklhorn, Wiesbaden
Covergestaltung: büropecher, Köln
Abbildung: Jean Fouquet, Madonna mit Kind, um 1450.
Linker Flügel des »Melún-Diptychons«, © akg-images, Berlin
Layout und Satz: Anja Carrà, Weimar
Der Titel wurde in der Rotis serif und der Rotis sans serif gesetzt.
Gesamtherstellung: CPI books GmbH, Leck – Germany

ISBN: 978-3-7374-1067-0

www.verlagshaus-roemerweg.de